SOURCES of POWER

How People Make Decisions

如何作出
正确决策

[美] 加里·克莱因 Gary Klein 著

中国青年出版社 CHINA YOUTH PRESS 中商文传媒

图书在版编目（CIP）数据

如何作出正确决策 /（美）克莱因著；黄蔚译 .
—北京：中国青年出版社，2016.2
书名原文：Sources of Power : How People Make Decisions
ISBN 978-7-5153-4019-7

Ⅰ.①如… Ⅱ.①克… ②黄… Ⅲ.①经济决策 Ⅳ.① F202

中国版本图书馆 CIP 数据核字（2015）第 308378 号

如何作出正确决策

作　　者：［美］加里·克莱因著
译　　者：黄　蔚
责任编辑：肖妩嫔
美术编辑：李　甦
出　　版：中国青年出版社
发　　行：北京中青文文化传媒有限公司
电　　话：010-65511270/65516873
公司网址：www.cyb.com.cn
购书网址：zqwts.tmall.com
印　　刷：河北华商印刷有限公司
版　　次：2016年4月第1版
印　　次：2022年1月第5次印刷
开　　本：787×1092　　1/16
字　　数：290千字
印　　张：22
书　　号：ISBN 978-7-5153-4019-7
定　　价：58.00元

版权声明

在这个高风险的世界，每个人都是决策者。只有洞察到决策的最深本质，在不确定时刻作出最优选择，才能更好地掌控命运，胜算一筹。

SOURCES OF POWER

目录

第十七章 总 结 ·········· 343

示例目录

图目录

表目录

SOURCES
OF
POWER

致 谢
Acknowledgements

我非常有幸能够与优秀的同事合作完成优秀的项目，亦十分感谢在本书写作过程中给我帮助的朋友及同事。首先值得"大书特书"的是巴兹·瑞德，他极具耐心，数次审阅书稿，查找前后矛盾、论证不强之处，并指出提升章节整体写作质量的方法。整个写作过程中，他一直给予我鼓励。譬如，他十分支持我去耶路撒冷休假，正是在那里，我写出了本书的第一稿。

芭芭拉·劳对本书各版稿件都做出了精心修订，因此我必须诚挚地向她致以谢意。微观层面上，她努力确保本书每一处细节都精准无误 宏观层面上，她也会留意书中某一处改动是否会和其他章节对应处出现不一致的情况。玛丽·亚历山大在各版本稿件的综合编辑与修正中，也展示出了极大的耐心。

诸多同事还审阅并订正了本书技术层面上的内容。我很感谢他们所提供的反馈。这些同事包括：丽贝卡·布里斯克、茱莉亚·庞氏、李·毕池、简思·拉斯姆森、迈克·多哈提、卡洛琳·扎姆波科、柏丝·克兰德尔、马文·索德森、史蒂夫·沃尔夫、莱昂·希尔格、斯图尔特·德雷福斯、比尔·埃尔文以及戴夫·克林格。

我还要感谢以下同事对书稿编辑工作的支持：德瓦拉·克莱因、丽贝卡·克莱因、凯伦·盖切尔-雷特、戴恩·齐德斯特、肯·克拉克、迈克尔·艾米斯、宝拉·约翰以及罗斯·欧尔兹夫斯基。黛比·格赛尔、特雷萨·兰尼、汤姆·斯克鲁格斯、柏斯蒂·奈特、贾森·切兰卡以及莎伦·莫雷在书稿写作中亦有协助。

我还必须承认，胡伯特·德雷福斯所提出的自然主义决策观点及其研究对我影响巨大。二十多年以来，德雷福斯的观点以及我们两人之间的友谊，都让我受益匪浅。

除此之外，我还感谢出资支持本书中所述研究的各位合同监察人员，他们对研究框架中的诸多方面提出了意见。其中，贡献较为卓著者包括：朱迪斯·欧拉萨努、迈克尔·德利灵思、迈克尔·卡帕兰、米尔特·卡兹、杰夫·格罗斯曼、丹尼斯·里德姆、欧文·雅各布、肯·波夫、史蒂夫·斯内德、艾德·京、苏珊·艾迪、艾伦·马尔兹、戴夫·阿特曼、保尔·凡·瑞博、比尔·瓦涵、盖瑞·马莱茨基、迈克·马克法伦、马瑞利·戈麦斯、乔瑟芬·兰德尔、史蒂夫·里克莱尔、雷·帕莱兹、安吉洛·米拉贝拉、杰克·索尔派、吉姆·班克斯、史丹·哈尔品、张·法莱森、莱克斯·米切尔、艾德·萨拉斯、詹·佳能-鲍尔斯、艾弗·鲍尔默、乔治·布兰德、拉瑞·米勒、休·伍德、凯洛·波玛、鲍勃·艾格莱斯顿、约翰·莱默、田边郁雄以及罗恩·罗法洛。

最后，我要感谢我的妻子海伦，她不仅尽到了为人妻的职责，还在许多方面予我以协助。

加里·克莱因

gary@klein-inc.com

www.decisonmaking.com

SOURCES
OF
POWER

Chronicling the Strengths Used in
Making Difficult Decisions

第一章

高效决策的有力工具

个体如何在困难条件下作出优质决策

过去二十五年间，决策领域的关注点一直都是"决策者的局限性"，即决策者无法完全保持理性并且成功地进行决策。众多的书籍指出了人类思维所固有的局限之处，并列举出了应对策略，包括：利用培训使个体的思维更加清晰；通过决策支持系统来监控并指导心理过程；此外，还有一些专业系统致力于加强计算机的决策能力，避免人类所犯下的种种失误。

本书的视角与上述书籍截然不同，力求实现一种观点层面上的平衡状态。笔者致力于将人类在解决问题方面所具有的优势和能力记录下来，原因在于，它们经常被以往书籍轻描淡写，甚至完全忽视。

1985年，我开展了自己的第一项研究，探讨消防人员在时间极其有限的情况下，如何作出"生命和死亡"之间的决策。该项目之后又扩宽了对象范围，延伸到飞行员、护士、军事领导者、核电厂操作员、国际象棋大师等诸多专业领域的执业人员。如今，越来越多的研究者已经走出实验室，将目光集中到自然主义决策视角上来，去探讨人类如何在现实情境下，依据自身经验作出决策。我们努力去理解人类如何应对周边环境中的典型困难和压力，包括：信息缺失、时间有限、目标模糊以及情况多变等。为了开展这些研究，我和我的研究团队曾经长住消防站，近距离观察过重症监护室，还曾乘坐M-1坦克、美国海军"宙斯盾"巡航舰、黑鹰直升机以及空中预警机等。我们在实地研究领域收获颇多。

我们的关注点并不是"人类为何无法在执行任务中使用理想策略"，而是"个体如何在困难条件下仍可作出正确决策"。每个人在特定领域都能够依据自身经验，快速作出高效决策，包括日常生活中的购物以及高风险的救火等。去超市购物乍看起来并非是令人惊叹的技能，但是，如果将经验丰富的美国购物者和刚刚赴美的俄罗斯移民进行对比，则可清晰地看出两者之间的差异所在。再将目光转向高风险的决策情境，譬如，一位消防指挥官在时间极其有限的情况下，如何指挥自己的多名队员在四层楼的公寓中执行任务呢？我们的研究着眼点恰恰是这个高风险的世界。从现实来看，消防指挥官的决策质量均令人满意。

示例一

撕裂的动脉

1985年夏天的一个星期六下午，我的研究助理克里斯·布莱泽维克，正陪同我坐在克里弗兰德的一座消防站中。之前一天，因为要趁着换班时间采访某位消防指挥官，我们起床很早，导致睡眠时间只有几个小时。克里斯当晚为了赶上工作进度还要通宵熬夜。我们的床铺设在二楼。一旦警报响起，我们必须在二十五秒之内下楼上车（不，我们不会顺着杆子滑下来。当然，该消防站设有竖杆。但是，很多消防队员在滑杆下楼时摔坏了脚踝，于是这些竖杆也就弃之不用了）。为了节省时间，笔者睡觉的时候甚至都戴着眼镜。当天，报警电话只响了一次，在凌晨三点钟左右。接着，警报突然响声大作，我们全都从床上跳起来，飞速下楼，穿上消防服和消防靴，在时间限制之内登上了消防车。赶到现场，发现火势不旺——是一间小车库着火了。

第二天下午3:21，急救队的警报再次响起，克里斯和我都感觉有些许倦怠。三分钟之后，消防车开到某住宅区的一间普通房屋前。当时是夏天，不少年轻的女士都穿着比基尼在自己家的草坪上晒太阳，火势一起，众人纷纷跑到邻居的院子当中。

停车之后，我们看到一名男子面孔朝下趴在地上，身下满是鲜血，他的妻子则伏在他的身上。急救队随即展开救援，妻子简要介绍了一下情况，原来当时她和丈夫正在梯子上修葺房屋。丈夫失足滑下，手臂卡在一块玻璃板上。他愚蠢地拔出了自己的胳膊，结果，割破了一条动脉。救援队的领导，M中尉之后告诉我们说，该男子已经失去了两个单位的血液。如果失血达到四个单位，他将必死无疑。看着自己的生命从手臂中渐渐流失，该男子休克过去。

M中尉需要做的第一个决策，就是评估问题之所在。不需要妻子介绍情况，当他跑向受伤男子的时候，他就已经作出了自己的判断。从出血量来看，该男子显然已经有动脉被撕裂；而根据包扎该男子患处的毛巾位置，他已经知道具体是哪条动脉受到损伤。接下来的决策就是如何处理患处。实际上，此时已经不需要深思熟虑了。M中尉迅速地开展了按压疗法。然后，他应该检查是否有其他身体部位受伤，譬如，如果脖子受伤，救援人员就不应该再移动该男子。不过，M中尉并没有做任何额外检查，因为，他可以看出该男子已经危在旦夕，所以没有时间去考虑其他受伤部位了。

M中尉成功止血，接着，他指挥部下将该男子抬上担架，送入救护车中。他指派最强壮的部下去承担最繁重的担架工作，即使这名成员相对而言经验最为浅薄。M中尉认定，该男子的强壮对于迅速移动伤患而言必不可少，而该成员所接受的培训，已经足以令他可以将担架抬到救护车中而不致失手了。

去医院的路上，医护人员给受伤男子穿上了可充气的裤子。该裤子可以降低该男子双腿的压力，稳定其血压。到达医院时，我低头看了一下手表，下午3：31。从警报响起，至此只过了十分钟而已。

此示例充分展示了决策的过程。M中尉成功处理了诸多决策点（decision points），而且在每个点上花费的时间都极少。他根据自身的经验，清楚地知道自己应该怎么做。当然，仅仅说他运用了自身的经验并不是问题的全部答案。真正的挑战在于，如何在诸多经验当中进行抉择。

我们发现，人类在日常生活和工作中，会使用多种多样的能力，并将其作为"力量之源"。传统的力量之源包括：演绎逻辑思维、概率分析以及数据方法。与之相比，自然情境下的力量之源，通常并非分析性质的，它们包括"直觉"、"心理模拟"、"比喻"以及"讲故事"所具有的力量。直觉的力量，使得我们可以迅速理清情境状况。心理模拟的力量，使得我们可以想象行动步骤如何展开。比喻的力量，使得我们能够将当前情境与过往类似情境进行对比，借此充分利用自身经验。讲故事的力量，可以帮助我们巩固自身经验，以便于我们自身或者其他人在未来再次利用该经验。这些领域在先前的决策领域研究中，并没有得到充分的探讨。

在自然情境下，如何更高效地思考与决策

本书会介绍自然主义决策研究领域新近取得的诸多成果。同时，书中亦将描述如何令科学研究走出实验室情境，去研讨现实情境下的任务，以及经验丰富的个体如何在典型情境下作出决策。自然主义决策情境的特征包括：时间有限、风险较高、决策者经验丰富、信息不足（信息缺失、模糊或者有误）、目标不清、程序不明、线索学习、特定背景（如高目标、高压力）、动态情境以及团队协调。

我们希望研究时间有限条件下的决策者。据我们推测，消防指挥官百分之八十的决策，是在一分钟之内完成的。恰如我们在"撕裂的动脉"示例中所述，绝大多数决策甚至在几秒钟内即已完成。我们也研究过下快棋的国际象棋手，他们走每步棋的时间仅仅约为六秒。

在没有时间限制的情况下，我们的研究成果同样成立。譬如，设计工程师完成任务的时限是数周或者数月，在他们身上，我们的研究成果仍然可行。他们坚持认为，鉴于其任务特性，他们的时间也是非常有限的，不过，与消防队员和国际象棋手对比来看，设计工程师的任务简直如同度假般放松。

自然主义决策的对象往往具有高风险。如果消防队员决策失误，那么其后果可能是人员死亡。如果一名设计工程师决策失误，则成千上万的美元或许就会被浪费殆尽。

我们的研究兴趣点是那些经验丰富的决策者，因为只有对某领域熟稔的个体，方才有资格作出高风险的决策。此外，经验本身就是力量之源，也是我们的研究兴趣点所在。我们所研究的消防指挥官，平均拥有二十三

年从事消防工作的经验，国际象棋手则普遍下过几千盘棋。与之相比，在绝大多数实验室情境下的研究中，经验都被视为混淆因素加以排除。因为拥有经验的实验参与者可能对实验任务怀有成见，影响实验结果；又或者他们将使用多种策略，扰乱研究结果。为避免这些情况，研究者只好设置一些新奇的决策任务，确保所有研究者的起始经验完全相同：全部为零。

我们还希望了解人类在面对不确定性时如何作出决策。不确定性多是由于信息不足而造成的。所谓信息不足，包括信息缺失、模糊或者不可靠——其产生原因包括信息传递出现失误、对手故意欺骗等。

我们还对目标不清的任务深感兴趣。绝大多数情况下，人们所作出的决策都是十分艰难的，人们无法完全理解自己究竟想达成什么目标。举个例子，当消防指挥官赶赴火场时，他们并不知道自己将达成哪些目标：是需要灭火；抑或火势过猛，只能防止火势蔓延；也许，他们不需要灭火，而是应该尽快开展搜救；或者，他们必须再多打几次电话，争取更多资源；还是说，该火场并不值得费力营救，放任烈火燃烧即可。与之相比，实验室情境下的研究则会设定明确的目标，因为只有清晰的目标才方便加以测量。如果目标并不明了，则很难判断哪些决策是正确无误的。

自然主义决策通常还是程序不明的。与之相比，传统的实验室研究，则力求将"决策"与"问题解决"区分开来，不要求实验参与者自创或者修正固定流程。

所谓线索学习，指的是个体需要去感知事物模式，然后作出决策。在实验室研究中，所呈现的刺激都是毫不模糊的："如果你选择甲选项，你将有百分之二十的机会赢得十万美元；如果选择乙选项，则有百分之百的机会赢得一万五千美元。你会选择哪个？"至于模糊刺激的任务，读者可试想，一名才能出众的赛马场裁判，他发现某场比赛中的某匹马在泥地中表现更佳。在检查过赛道之后，他认为，由于当天清晨曾经下雨，赛道与平常相比稍显湿润。此时，他必须确定，是不是因为赛道过湿，才导致马匹表现超常。

绝大多数任务都有其特定的背景，包括：较高层次的目标、要求各异的任务类型等。对于这些情况必须加以考虑。背景还包括一些情境因素，譬如噪声、光照不足、干扰较多以及其他压力源等。

动态情境（即不断改变的情况）也是自然主义决策过程中极其重要的一个因素。情境之所以瞬息万变，或许是因为接收到了新信息，或许是因为旧有信息被证伪，又或者是因为目标大幅度改变等。在我们对消防队员的研究中，发现每次执行任务中的情境平均要发生五次变化。我们对美国海军指挥官的调研也发现了类似的结果。某些变化较为细微，譬如，指挥官了解到的某些情况发生了微调；某些变化则比较显著，使得指挥官必须改变自己认识当前情境的方式。

最后，我们希望探讨人们如何以团队形式作出决策。对于我们所研究过的绝大多数领域而言，团队在其中都扮演着或多或少的角色：消防指挥官需要负责一个消防连队；直升机飞行员需要与导航人员或其他直升机合作，又或者需要率领三人组成的驾驶舱舱员。单独决策者的情况极少出现，国际象棋手或许是特例之一，他们基本不需要与他人相互协调沟通。

自然主义决策领域试图理解上述特征如何发挥作用。本书的侧重点——我们所取得的科研成果将告诉读者，人类如何在自然情境下，使用多种力量之源，进行思考和决策。笔者试图探讨力量之源的本质，它们能带给我们什么，它们何时又会给我们带来麻烦等。同时，本书还描述了我们应用力量之源的部分方法，可以用于培训或者设计决策系统当中。绝大多数章末尾都会有一节专门讲述"实际应用"。之所以要探讨"实际应用"，其中的一个原因就在于，很多应用研究者都指出，好理论的实际应用价值是最强的。如果我们所研究的对象并无过多实用价值，那么这个研究对象也许本身就无关紧要。

本书有些章节会列出一系列"关键要点"，有些章节不会列出"关键要点"。因为有些章节文笔直白、简明扼要，完全不需要罗列出"关键要点"。而有些章节则涵盖了诸多内容，需要适当加以总结。因此，笔者会列举出"关键要点"。

SOURCES
OF
POWER

Learning from the Firefighters

第二章
向优秀决策者学习

压力情境下的有效决策

在研究初期，笔者的关注对象是消防人员。研究团队和我正是在此过程中，逐步形成了自然主义决策的研究方法以及基本模型。1984年，我们开始着手执行此任务，当时，联邦政府已经发布公报，鼓励研究者提交书面报告，探讨"人们如何在压力情境下作出决策"。发布此公报的具体部门是美国陆军行为与社会科学研究学院，该机构负责研讨战场环境下"人性"因素的作用。该公报作为一个新项目，重点招募若干小公司进行投标，其中就包括了笔者的企业。陆军的全部目的用简单的一段话即可说明：

课题描述：指挥官、情报分析师和其他部队人员，通常需要在不确定性极高、时间极其有限的情况下作出决策。所谓"不确定性"，包括信息的缺失、不完整、模糊以及未来战果不明等。研究目的包括：（一）透彻了解决策者在上述情境下的认知过程（以及记忆、判断或者问题解决）；（二）指出促进认知过程的方法，提升决策人员在不确定性高、时间有限情况下所作决策的质量。

我的研究团队撰写了一份短篇书面提案，并且赢得了这份合约。多年之后，笔者在与几名陆军研究学院的非军方工作人员聊天时，终于发现了我们的报告获得青睐的原因。他们对我解释道，美国政府在20世纪70年代到20世纪80年代曾经花费了数百万美元，用以探讨"人们如何进行决策"。陆军根据这些项目的成果，设计了非常昂贵的决策辅助系统，帮助作战人员。不幸的是，上述绝大多数系统的效果令人失望，没有人真正地去使用它们。

经过十年之久的研究和巨额花销，相关工作质量仍然停滞不前。

这些非军方工作项目的负责人，还希望探讨"应该如何培训官兵作出更优质的决策"。部队人员流动性较高，每两年或四年皆有定额人员进出。即使为部队服役时间长达二十年的军官，每隔几年亦须轮换工作岗位。譬如，一名新任职的坦克指挥官，针对基础知识的培训时间只有六个月，之后的一年，他就要进入到对速度管控的学习阶段。也就是说，在他进行下一次轮换工作之前，他只有一年多一点的时间去培训其他人员。这些军官如何更加迅捷地提升技能呢？再一次，决策研究项目的结果极其令人失望。新任职的中尉在指挥坦克连队时，究竟应该如何作出更加有效的决策，上述实验并没有给出答案。部队的确颁布了"如何作出决策"的相关条令，可惜，官兵们通常都将其束之高阁。

逐渐完善的决策研究

回想当年笔者所设计的决策研究，甚是粗鄙。为了这个项目，我们设计出了决策的识别模型，并在接下来的几年中不断跟进实验结果，但是很可惜，当年计划中基本上每一个重大关节都有错误。

接下来的几段文字，我将列举出我们的实验要点，并说明本团队原本的假设是什么（读者可自行判断哪些假设较为合理，哪些则有所疏漏）。

一、消防指挥官。我们希望研究消防指挥官——他们负责扑灭城市和郊区的火灾。他们需要决定如何灭火，如何分配手下人员。他们经验丰富，而且时常需要处理威胁人命的情境。如果有人受伤或者死亡，他们需要担负起责任。指挥官需要在时间极其有限的情况下开展工作。救火工作之后，会安排大批的科学团队人员对他们进行问询。

二、观察者。我们计划训练大学本科生作为观察者，将他们分配到消防站或者无线电通信站中，与消防调度员共同工作。借此，他们可以迅速发现新火情，并且在现场观测决策进程。我们计划，在灭火过程中，观察消防指挥官，并在灭火之后，对其进行采访。之所以雇用大学生，而不安排要价更高、经验也更丰富的研究人员，是为了节省大量经费，因为研究人员在消防站的大部分时间都是无所事事的。

三、极端案例。我们认为，最应该引发起研究者兴趣的决策案例，应该是决策最为艰难的情况。譬如，究竟是应该尽力灭火，还是应该在确保火势不蔓延的前提下，任大火燃烧。常规工作，如"应在何处停车"，则不在研究兴趣之列。

四、双选项假设。我们假设，在时间极其有限的情况下，指挥官无法构思出过多的行动选项。相反，他们必须在两个选项之中作出抉择：一个选项从直觉上而言较为合理；另一个选项则作为对比，衡量最优选项究竟是什么。

五、类比。我们预期，类比推理出现的概率将很高。我们相信，指挥官可以将自身经验作为一个"记忆银行"，将眼前火情与过往类似情况相互对比。用此方法，他们可以依据自身经验迅速作出决策。

六、数据分析。我们确信，为了验证双选项假设，我们必须计算出指挥官在多个选项间进行衡量的次数，并将其与他们在两个选项间进行衡量的次数作出比较。

这六点预期中，只有两点效果较佳，其他几点则不太完善。

一、以消防指挥官作为研究对象非常合理——也许这是实验设计中最为亮眼的部分。当时，我对这一点并不确信。有位朋友是美国空军若干研究项目的负责人，他问我："这些消防员和军队有什么关系？"他坚称，我的研究对象选择有误，因为士兵需要在情报不利的情况下进行作战，而消防队员则不需要面对这种情况。"两者简直是风马牛不相及的。"他自信地说。

我的朋友并没有意识到针对消防员进行研究的价值所在。实际上，这些消防员成功地向我们展示了，人类如何在压力情境下作出高风险的决策。我们新近研究的结果证实，部队指挥官和消防指挥官所使用的决策策略很相似。

二、安排大学本科生去消防站？这个安排是愚不可及的。俄亥俄州最大的几个城市——克里弗兰德、辛辛那提和哥伦布市，并没有为我们提供足够充足的高价值火情案例。我们的观察者终日静坐，却没有收集到任何数据。所幸，研究初期，通过对消防部门官员的访谈，我们及时意识到了这一情况，并且放弃了这一安排。

即使有价值的火情案例数量足够多，我们也不应该使用训练欠缺的本科生作为科研人员。研究初期阶段，我们必须亲自到研究现场开展工作。只有掌握了详细情况之后，才可以将工作转手给他人。尽管在实验室标准化的情境下，训练经验欠缺的研究助理较为轻松。但是，在实地观察的初期阶段，研究人员必须拥有丰富的经验和成熟的技能方可胜任。

三、研究极端案例是非常明智的。假如我们一味采访消防指挥官常规案例的情况，他们只会说一些大而泛之的套话。作为研究对象的非常规案例，同时也是消防指挥官最感兴趣的部分——他们在执行过极端任务之后，回到消防站，会向每一个人夸夸其谈。我们请他们讲述的是最有趣的故事，他们也非常乐于配合。

四、在双选项假设中，我们预期，指挥官在时间极其有限的情况下，会将候选项缩减到两个：一个最优选项和一个对比选项。这是皮尔·索尔伯格在1976年针对求职行为开展的研究中所发现的成果。

索尔伯格在麻省理工学院斯隆恩管理学院开设了相关课程，教授学生如何进行经典的决策分析，我们可以称之为"理性选择策略"。决策者需要做到以下几点：

（一）确定候选项。

（二）确定衡量上述候选项的方式。

（三）斟酌每一个衡量维度。

（四）进行评定。

（五）选择得分最高的选项。

在博士论文中，索尔伯格研究了自己的学生在执行日常任务中所采用的决策策略，所谓日常任务就是"在获得学位之后如何进行职业选择"。索尔伯格对学生说，他们可以完全信赖理性选择策略。

但是他大错特错了。他的学生并不乐于进行系统性的思考。相反，他们全都本能地进行决策。通过采访自己的学生，索尔伯格发现，他可以计算出对方最中意的职业选择，并预测其最终选择结果，准确率可以达到百分之八十七——这些访谈是在学生宣布自身求职结果三周之前进行的。

索尔伯格努力教导学生如何进行理性决策，但是，在学生们需要作出人生中重要的理性决策时，他们却弃之不用。索尔伯格是一名优秀的观察者，他决定着手探究学生们实际采用的决策策略。

求职阶段学生们究竟做了什么？如果接受采访，学生们会说，自己尚未作出决定。对他们而言，所谓"决定"，就是索尔伯格教授的内容：在两个或者更多的选项之中作出细致选择。为了确信自己已经作出了决定，学生们必须经过一系列评价阶段。他们需要额外挑出一个选项，然后，将其与最优选项进行对比，以表明最终选项的确在各个评价维度上都占据优势。一旦他们得到了自己想要的结果（甚至是通过自欺欺人或者刻意美化最优选项的方法），之后他们才会宣布自己的决定。实际上，索尔伯格在三周之前，就已经通过他们的直觉预测出了最终结果。学生们实际上并不是在进行决策，他们只不过是在验证自身想法而已。

我们假设，消防指挥官将会采取同样的行为模式。我们认为，这个假设——他们不会考虑过多选项，只会比较两个选项——是非常大胆的。事实表明，这一假设竟然是过于保守了。消防指挥官根本不会比较两个选项。实际上，他们根本就不会在选项中进行比较。这一点令我们非常不安，我们在实际进行访谈之前，在与一位消防指挥官的首次非正式会面中就发现了这一事实。当时，我们请那位指挥官给我们讲一讲他所做过的艰难决策。

"我没什么决策可做。"他对目瞪口呆的我们说道，"我想不起来自己作出过什么决策。"

对于刚开始着手从事决策研究的学者而言，这绝不是一个好消息。雪上加霜的是，他坚称，消防指挥官从来就不需要做什么决策。我们继续向他施压。在火场中当然要作出决策——是否需要呼叫支援；如何分配自己的属下；如何控制火势；等等。

他承认，在救火过程中确实有不同的选项，但是，正确做法通常是显而易见的。我们马上意识到，他对于决策的定义和索尔伯格的学生相同——先列举出不同选项，再对其进行评价，从中选出最优。这种在两个或者多个选项中进行衡量，比较其优劣，我们称之为"对比性评价"。他仍然坚称，自己没有做过这种事，因为时间确实太紧张。列举出多个选项之后，高楼大厦就已经被烧垮，更别提衡量比较的时间了。

索尔伯格的理论是我的最爱，在此研究中，我们不断地去审视双选项理论。很可惜，却没有找出支持该假设的证据。

五、类比。我们预期，类比案例的出现范围会很广泛。结果，该情况出现很少。没有哪场火灾会令消防员回想起过往的火情。我们的研究对象都拥有超过二十年的工作经验，过往的经历在他们的脑海中已经混合起来了。少数情况下，指挥官的确会采取类比思维，但是，这也仅限于救火工作中的某一方面，并没有拓展至全局。以下示例恰好说明了上述情况。

示例二

降落的广告牌

长官Ⅴ，拥有约二十五年的灭火经验。某次，他带领队员去扑灭一间公寓的火灾。他抬起头，看到屋顶有几块广告牌。之后，他回想起先前的一次火灾中，广告牌的木质支撑结构被烧毁，广告牌轰然落到街道上。他马上命令队员将围观民众疏散开，防止被落下的广告牌撞伤。

上述事例中，消防长官先前的经验，令他得以认识到潜在的危险，并且迅速作出了正确的决策，避免了事故的发生。这些记忆只是救火工作中的一部分，而非全部。

六、数据分析。我们本以为，数据分析工作会相当直截了当。本来的预期是，先计算实验参与者使用索尔伯格"最优选项与对比选项"评价策略的次数，再将其与使用更加全面的决策矩阵的次数进行对比。实际上，消防指挥官所使用的策略，与我们起初的设想截然不同。

讲述故事，分享经历

我们不再守株待兔地静候火灾发生，而是请消防指挥官回想过去几周到几个月内所扑灭的大型火情。我们将每一次重点灭火案例都作为"故事"看待，让访谈随着故事的走向而进行。此研究方法既可以让我们了解决策过程所发生的情境，同时也可提升消防长官们的参与兴趣与热情，因为他们非常乐于分享自身的经历。

在其他研究中，我们也发现了同样的情况。擅长某项业务的人，非常乐于向有欣赏力的听者介绍自己的过往。有一次，我们的数据收集员采访一位负责森林火灾的消防指挥官。当时，队员们正在与爱达荷州的一场森林火灾相拼搏，该火势已经蔓延了六座山峰，队员们足足花费了两周时间才将火势控制住。即使在这种情况下，收集员也得到了消防队员们的配合。事实上，有些消防队员虽然并不在受访名单上，但是在目睹了收集员的工作情况后，就自告奋勇地要求自己接受采访。他们非常渴望向其他人和自己解释，在那些关键情况下都发生了什么。

我们的研究并不仅仅包括消防指挥官所讲述的故事。选择恰当的案例进行调研同样重要。为了更好地分析故事，我们会以表单形式预设若干策略，如果受访者没有说明这些策略，我们就会主动询问他们。通常情况下，采访需要两名工作人员：一名工作人员重点负责采访，确保故事的讲述顺畅；另一名则在旁做笔记，审阅表单中的策略是否都有被提及。

认知策略清单

多年以来，我们已经归纳出若干套认知策略清单。譬如，个体对于瞬息万变的情境如何理解，导致缺乏经验的人员决策意志发生动摇的情况包括哪些等。我们已经分析出专业知识会在工作中的哪些阶段发生作用，由此，我们即可确定在什么时候深入探讨这些情况。我们还不断改进访谈中及访谈后图解工作过程的方法。此外，新成员入职之后，首先需要参加一个短期访谈培训班，之后，再辅助他人进行采访工作，至少在六个月之后，才可以自己主导采访。

在针对消防指挥官开展的研究中，我们需要建立访谈工作的框架，组织参与者讲授自身的故事。罗伯塔·卡尔德伍德，是我们科研团队中的一员，他带头制定了本公司的访谈工作指导纲要，将访谈工作进一步标准化，使得实验参与者讲述自身故事的过程愈加流畅、访谈者引导故事走向的方式亦愈加成熟。

找到决策关键点

早期进行的采访中，我们会询问受访者是否可以回忆出工作中的特殊案例，以及他们在其中运用了哪些特殊的专业知识。一旦有这些案例存在，我们就会邀请受访者进行细致的介绍，用自己的语言讲述相关经历。在对故事有了宏观的理解之后，我们就会重新审视整个事件，探明其内容及发生时间。我们会着力确定所谓的"决策关键点"——也就是消防长官面临多种行为选项的时间点在哪里。我们会询问受访者是否考虑过其他的行动选项，如果有，那么最终决策又是如何作出的。如果指挥官没有考虑过其他选项，我们会问其原因何在，为什么当时的情境使得行动选项仅有一个。我们会将访谈过程进行录音，并誊录大量的笔记，因为访谈时我们并不确定研究内容和之后的研究重点在哪里。

SOURCES

OF

POWER

The Recognition-Primed
Decision Model

第三章

RPD决策模型：
最有效的决策思维

专注于有意义的选项

在开展访谈的过程中，我们听到了很多故事——救死扶伤、火势失控、餐厅和公寓轰然倒塌等。我们既听过英勇无比的事迹，也听过失误连连的惨剧。有的故事中，团队配合精诚无间——年轻的消防员爬到屋顶，挖出洞使浓烟排出；有的故事中，团队合作则荡然无存。有位小队长曾经痛苦地回忆道，他曾经带队去救火，当天更高阶的指挥官并不是他平时的上司。该官员下令，消防队员要爬上屋顶开一个洞放烟。小队长不得不跟官员当面解释，说明屋顶属于"海绵性"结构，无法承受过多的重量。"我之前没有跟这个人共事过。如果是我平时的长官，他肯定会相信我的判断。"我们问小队长什么是"海绵性屋顶"。他告诉我们，房间内的火势烘烤屋顶，导致其支撑结构脆弱不堪，最后会坍塌落地，伤害到屋顶下的人们。我们问海绵性屋顶具体是什么样子的，他回答这无法用具体的言语表述。对于消防员新手来说，所有的屋顶都令他们感觉像是海绵一般。

示例三

脏衣物通道失火

最开始火警响起时，火情还局限在一座四层楼建筑的地下室，仅仅有火苗出现，一般火灾而已。指挥官迅速到达，却并没有看到异常状况。没有冒烟的痕迹。他找到了楼房侧面通向地下室的门，进去之后，发现火焰正从脏衣物通道中冒出来。这种情况非常容易处理，因为垂直燃烧的火焰会沿着直线蔓延。鉴于建筑外并无烟雾，因此可以推断火势刚刚兴起。

对付垂直燃烧火焰的方法是从高处洒水。因此，指挥官派一名队员上到一楼，另一名队员上到二楼。两个人都说火势已经蔓延过去了。指挥官走出楼外，走到建筑的正面。现在，他看到，浓烟已经从楼房的屋檐处冒出来了。很明显，火焰一路向上，冲到了四楼，遇到屋顶阻碍之后，浓烟遂喷涌而出。既然消防队赶到时楼外尚无浓烟，那么上述过程一定是刚刚发生的。

他很清楚地意识到，迅速扑灭火焰的可能性此时已经消失了。他需要将工作重点转移到搜救上来，将楼内每一个人都疏散出去。同时，他呼叫总部请求支援。脏衣物通道附近的楼梯先前是工作重点，现在，大家的注意力则转向了正面的楼梯，将其作为疏散通道加以使用。

上述事例比较具有典型性。我们为了最大限度地研究决策过程，总是要求受访者回想自己处理过的最棘手情况。但是，决策过程究竟体现在何处呢？消防指挥官看到火势垂直蔓延之后，马上就知道应该如何进行处理。随后，一瞬之间，该决定就已被否决，因为火焰已经弥漫开来。在情况发生改变之后，指挥官仍然知道应该如何处理。乍看起来，他从来没有决策过任何事情。他并没有按照双选项假设所预测的那样，将最优选项与其他选项进行对比。他根本没有比较过任何选项。

如果说"决策"意味着在两个或者多个选项之间主动地作出比较性的评价，那么示例中的指挥官似乎并没有作出任何决策。因此，我们尝试着将定义的范围拓宽：所谓"决策"，就是其他合理选项出现时的选择点，此时，指挥官有可能选择另一选项。换言之，即使个体主观上没有意识到其他选项，只要其他选项存在，而且指挥官了解该选项，那么这也属于一次决策。我们将重点关注这些决策点。同时，我们并不关注那些琐碎的选项，而将注意力集中在那些有意义的选项上（比如，我希望马上在房顶开洞，但是其他人有可能希望稍安勿躁，待情况更加明朗后再说）。

为了突出决策点并确定问题的类型，我们设计出了一套开展采访的标准化方案，此外，为了使工作更加轻松，我们还制定出一套访谈编码系统。每次访谈都进行录音。之后，访谈者会重听录音，写出对访谈内容的总结，归纳出背景信息、事件时间线以及我们所观测到的决策点。

人的潜意识会选择最先想到的可行选项

当时，我们还面临一个难题：数据与假设并不相符。我本来预期，在真实案例中，指挥官会使用双选项策略；我本来预期，在真实案例中，将大量出现类比推理；我本来预期，在真实案例中，人们会在不同选项当中犹豫不决。以上我所有的期待，全都没有实现。看来，我们还是要探明，消防指挥官究竟是如何进行决策的。

我们着力去寻找两道谜题的答案：一、消防指挥官如何可靠地列举出各个优质选项；二、他们如何在不进行相互比较的情况下衡量某个选项的优劣。分析的结果非常明朗。消防指挥官并不拒绝去比较各个选项；相反，他们并不需要去比较各个选项。笔者太过执着于消防指挥官根本没有去做的事，却忽略了真正的研究结果：消防指挥官在开始行动之初，就有能力构思出最优的策略。这才是那些精彩绝伦的故事带给我们的启示。即使面临极端复杂的情境，消防指挥官们也丝毫不以为奇，他们了解自己应该如何行动。

消防指挥官的秘诀在于，他们的经验丰富，即使着手处理的是非常规情况，亦可将其视为某一原型的示例，由此，他们也就立刻知道应该如何行动了。正是由于他们丰富的经验，他们才能够专一思考，即能确定什么是合理的行动，所以他们就无须浪费精力去思考其他选项了。他们并非"顽劣乖张"，只不过是记忆内容较为丰富而已。我们现在将此策略称之为"识别启动决策"（recognition-primed decision making）。

根据决策者是否会比较不同选项的优劣，我们会将决策点进行分类。分类过程中，我们异常谨慎。如果决策者同时比较两个或者多个选项的优劣，该决策点即为"比较性评价"。如果决策者设计出一种先前从未采纳过的行动方案，则这种情况属于另一类决策点。如果决策者依据自身经验规划行动部署，并不去比较多个选项的优劣，那么其属于"识别启动决策"的类别。

将决策点分门别类并不容易。在收集到156个决策点之后，我们针对"如何将其分类"进行了广泛的探讨，通过交流，众人对每类决策点的定义也愈加清晰。为了确保分类合理可靠，我们会安排两名人员，对每一决策点进行评判，其中，至少有一名工作人员必须是采访执行者，而另外一名工作人员则必须认真听过访谈录音。如果两人观点相互矛盾，则会安排第三名工作人员进行仲裁（本团队近期的研究，验证了"三重分类方法"的可靠性）。

如果我们对于"消防指挥官的行为究竟属于哪种决策点"存有疑问，则会将其归结为"比较性评价"一类。之所以这样做，是为了避免我们因急于验证识别决策模型，而对其有所偏好。此外，我们还发现，消防指挥官有时候并不会单纯地比较各个选项的优劣，而是会构思出新的行为策略。

示例四

天桥救援

某中尉前去救援一名从高速公路天桥上坠落受伤的女子。该女子或许处于酗酒或者吸毒后的状态，还很可能怀有自杀倾向。救援队赶到现场后发现，女子并没有摔到地面，而是撞到了高速公路标志牌的金属支撑物上，不断摇晃。

中尉马上就意识到了情况很危急。该女子意识已经恍惚，瘫痪在一根金属柱上。她随时可能坠落到下方的人行道上摔死。由于金属柱周围无法设立支撑物，假如中尉派队员去救她，那么救援人员自己反而会危险重重。因此，中尉下令队员不可以攀爬上金属柱救人。

两名队员无视该命令，还是爬上了金属柱。一位队员扶住了女子的肩膀，另一位抓住了女子的双腿。

一辆云梯消防车赶赴到现场。为确保安全，中尉并没有调动这辆云梯消防车参与救援，而是命令该车到下方的高速公路疏导车辆和人员，提前防范该女子坠落。中尉并不希望女子撞到高速移动的车辆上。

现在，问题是如何将女子转移到安全地带。

首先，中尉思考了一下是否可以使用"营救背带"，这是抬升被困者的标准装备。背带需要绑到人体的肩膀和大腿部位，以扣环固定。正思索中，中尉突然想到，要使用这个装备，被营救者必须采取坐姿或者面孔朝上。他又思考了一下如何使该女子采取坐姿。之后又意识到，这有可能导致她坠落下去。

然后，中尉考虑了是否应该将营救背带绑在女子的背后。但他又想到，如果向上拉扯女子，将对其后背造成巨大的压力，甚至会令她拦腰折断。中尉不能冒这个令女子再次受伤的巨大风险。

第三，中尉再次思索了使用营救背带是否可行——这是确保受害者安全的另一方法，但并不使用"扣环式"背带，而是使用"皮带式"背带。尽管如此，其缺点与扣环式背带相同，需要女子采取坐姿，或者从后背绑上背带。于是，他也否定了这个选项。

随后，他想到了一个新奇的主意：使用"云梯背带"——云梯背带非常坚固，一般情况下，消防队员在攀爬云梯救死扶伤时，会将该背带扣在消防衣上，登顶之后，他们会将背带固定到云梯顶端。之后，即使消防员失足滑下梯子，亦可确保自身安全无虞。

中尉的想法是，找到一条云梯背带，滑到女子附近，从后面扣上扣子（只需一个扣子即可），在绳结上绑上一条绳索，将女子抬升到天桥上来。他又思索了一遍，觉得这个主意不错，因此他命令属下拿出云梯背带和绳索，绑在了女子身上。

与此同时，云梯消防车已经赶到了高速公路下方，消防车团队成员升起了梯子。爬上梯子顶端的消防员恰在女子下方，他喊道："我能抓到她！我能抓到她！"中尉不予理会，命令自己的手下开始往上抬女子。

这一次，他发现了一个问题：消防员都是彪形大汉，云梯背带经过反复使用已有磨损。偏偏该女子身材瘦小，且只穿了一件薄衬衫。雪上加霜的是，她还神志不清。随着绳索的抬升，大家都意识到了这些问题。正如中尉所说："她从背带上滑了下来，就像一根意大利面条。"

所幸，云梯消防车队员恰好在女子正下方。他抓住了该女子，确保了她的生命安全。结局还算圆满。

之后，中尉与自己的团队返回消防站，反思工作中哪里出现了疏漏。他们又拿营救背带做了实验，发现中尉当时的判断无误：全部无效。

最后，他们发现了正确的营救方法。他们应该使用绑在云梯背带上的绳索，将其绑在女子身上，接着再抬起她。恰恰是因为可使用的装备过于丰富，他们反而忘记了可以使用绳索把人提升上去。

此次营救让我们观察到了决策过程中若干重要的方面。首先，中尉对于各种行动选项的反复斟酌，只花费了一分钟左右的时间。乍看起来，时间似乎过短，但如果我们尝试着进行同样的思维活动，就会发现，这个时间极其合理。

其次，决策者虽然考虑到了若干选项，但从没有将它们相互进行比较。他轮流思考每个选项，依次进行评价，逐一否决，再去思考下一个最可行的行动方案。为了将其与"比较评价方法"加以区别，我们将此策略称作"单一评价方法"。所谓"单一评价"，指的是决策者虽然会反复考虑多种可能选项，但每次只会评价单一选项的可行程度。

区分比较评价和单一评价策略并非难事。点菜的时候，读者很可能会比较不同菜式，找出自己最喜欢的佳肴。这属于一种比较评价，因为你在衡量某一道菜是否比其他菜更加美味可口。与之相比，如果你驾车来到一处不熟悉的街区，发现燃油不足，开始寻找服务站，最终又选择了你找到的第一家正规服务站。这就属于单一评价，因为你的目的并非光顾该街区最优秀的服务站。

单一评价与比较评价的区分，与诺贝尔经济学奖得主赫伯特·西蒙的研究息息相关。西蒙于1957年提出了一种决策策略，他称之为"满意度模型"（satisficing），即人类将选择最先想到的那个可行选项。满意度模型与最优化模型完全不同，后者侧重于寻找最佳策略。万中选优非常困难，而且耗时较多。满意度模型的效率相对更高。单一评价策略的基础正是满意度。西蒙本来使用"满意度"这一概念描述商业人士的决策行为。鉴于消防指挥官在工作中的时间压力更大，因此这一策略对他们而言也就更加适用。

我们的识别决策模型已经开始显现出雏形。经验丰富的消防指挥官可以将眼前情况归结到某一原型之中，并且知道自己应该如何处理。如果他们的第一选择无法生效，他们才会考虑其他选项——他们的终极目的，并不是为了寻找最佳选项，而是选择第一个想到的合理选项。

接下来还有另一个谜团。如果人类不去比较不同的选项，那么他们又是如何评价某一选项的可行性呢？我们所能指出的所有评价过程，都需要进行一定程度的比较：衡量每个选项在各标准上的符合程度；衡量每个标准的重要程度；以表格形式清晰地呈现数据结果；找出最佳选项。如果指挥官并没有在多个选项之间进行比较，那么他们又是如何判定某一行动是否合理的呢？

答案就在"天桥救援"这一示例当中。为了评估某一行动是否合理，中尉会在脑海中设想，自己若执行该行动，将产生怎样的结果。消防指挥官们会运用"心理模拟"的力量，在大脑中审视整个行动的流程。假设他们发现了潜在问题——譬如，营救装备效果不佳——他们就会转而去评价下一选项，依次类推，直到合理行动方案确定为止。之后，他们就会着手开始执行任务。诚如示例所示，这一策略并非那么简单易行，但其优点在于最终遴选出的方案往往效果最佳。

正式开展研究之前，我们本认为，新手会不自主地选择自己能够想到的第一个方案，而专家则会进行深入思考并且比较不同选项的优劣所在。如今看起来，仅仅构思一个行动选项的是专家，而执着于比较不同方法优劣的则是新手。

在某一案例中，我们研究了经验不足的指挥官如何处理待办工作。这让我们从另一个角度，认识到了高效决策应该包含哪些因素。

示例五

圣诞节大火

美国中西部地区油罐区星罗密布：从得克萨斯和奥克拉荷马油田开采的原油，经过错综复杂的输油管道运至此处，储存于无数个大型储油罐中，再由此运送至中西部地区的其他市镇。本示例就发生在一个油罐区内。该区域有二十个储油罐，每罐皆高四十五英尺，直径达一百英尺，可储存超过六万桶原油。

圣诞节之夜，天气异常寒冷，一个储油罐猛然爆裂开来。原油喷涌而出——情况本就不容乐观——雪上加霜的是，原油又开始燃烧了。一个大型油罐，随即变成了一个巨型火把，并且引发了其他储油罐相继燃烧起来。最后，绝大多数油罐都未能幸免，火势大作。电话线路亦燃起了熊熊火焰。燃油喷溅到管道内，猛烈寒风又让火焰蔓延至远方。

火灾发生地是一处乡村农场，地下遍布着输油管道。如果火势继续蔓延，则整个城镇都将燃烧殆尽。

附近的消防站接到了火警电话。这些消防站内的消防员都是志愿者，过去处理的都是谷仓或者仓库内的火灾，每年也就只能处理两次房屋火灾而已。现在，他们面对的则是高达五十到一百英尺的火墙。这些消防员从未目睹过如此雄雄烈火。正如一名消防指挥官对我们所说："我们的大脑已经呆若木鸡了。"

在消防队员观察火情之际，两个燃烧的储油罐之一破裂开来。燃烧的原油涌上高速公路，包围了另一个储油罐——该储油罐标号为"91"，装满了石油。输油管公司的工作人员告诉消防指挥官，如果火势继续向南蔓延，将会波及一处二十英寸高的丙烷输气管道。泄漏的原油在重力影响下向北流动，"像一只小妖怪似的'蠕动'"，奔向一家大型化工厂。

由于天气寒冷，每个人都裹得严严实实，很多队员还戴着面罩。因此，大家都看不清其他人属不属于同单位人员，也很难认清谁才是指挥官。雪上加霜的是，该地区并无水源。油类火灾本应该使用泡沫扑灭，但消防指挥官却只能找到一千加仑灭火泡沫。

简而言之，队员们并无救火资源，也并不清楚应该如何开展灭火工作。他们担心，火势会蔓延到其他储油罐。他们不知道是否应该疏散镇内居民。这让他们迷惑不解。

整整两天，救火行动毫无进展。一位消防站指挥官下令，挖沟渠，阻止原油乱窜。另一位指挥官则认为，应该抽出91号油罐中的原油。但是，没人知道输油管道是否能够正常工作，众人也不敢轻举妄动，以免原油泄漏到其他地方。还有一位指挥官给能源公司打电话，请求关闭掉下行输油线路的电源，但能源公司并没有马上予以配合。消防站各单位全都自行其是，缺乏统一的规划。

第二天清晨，能源公司终于关掉了电源。队员们现在可以接近91号油罐了。行动计划是，如果能够争取到足够多的泡沫，那么就从高处向起火点喷洒泡沫。寒风凛冽，气温极低，云梯消防车应该停在哪里？消防员是否可以拿着软管，从91号油罐的边缘沿云梯向上攀爬呢？油罐附近的壕沟使得救援人员无法靠近，壕沟周围也遍布非常危险的沟壑。最终，一辆云梯消防车成功行驶到91号油罐附近，消防员亦开始向油罐边缘喷洒泡沫。结果，大风将泡沫悉数吹走。突然之间，附近的一个油罐又开始起火，火势沸腾，慑人心魄。为了防止发生大爆炸，消防指挥官忙令部下全部撤退。

第二天，一位长官询问石油公司的工作人员，附近所有的输油管道是否全部关闭。工作人员答道，没有人知道答案，因为，管道错综复杂，无法理清。受此问题启发，工厂人员开始梳理每根管道的走向，并且找出了燃料来源：一根长达二十二英寸的管道，一直源源不断地将新油输入到燃烧的油罐当中。第二天，众人将所有类似的管道悉数关闭了。

第三天，志愿者消防指挥官终于作出了决策：他们决定不采取任何行动。他们放任大火继续燃烧，将所有的精力都投入到工作谋划上。一位消防指挥官事后告诉我们说，这是他们第一个有效的决策。

谋划工作是这样进行的。首先，他们思考了一下存在哪些行动方案选项，各选项的优缺点是什么。最终，在对泄漏原油火灾的重重疑惑中，众人终于作出了深思熟虑的决策——长官们实际对火情知之甚少，他们甚至草草装配了一座高塔，派人沿油罐侧面向上攀登，从空中喷洒灭火泡沫。观察人员在油罐侧面发现了数道裂缝，原油从中不断泄漏出来。鉴于此，消防员抓紧用泵喷洒泡沫，水车也抓紧时间工作。因为先前有些耽搁，水车必须先进行冷却，方可投入使用。之后，泡沫泵也开始出现故障。迫不得已，指挥官们放弃了努力，召唤消防队员下来。

接着，消防队又草草组建了一个喷嘴，用于喷洒泡沫。可惜，喷嘴被大风吹歪，紧接着，又被大火产生的热量烤坏。消防队从临近的一处空军基地协调到了更多的泡沫，但是，不同种类的泡沫之间却无法相互共通使用。到最后，消防志愿者们放弃了努力，抛下了自尊，去征求顾问的意见。他们邀请的顾问团队叫作"靴子和傻子"，该团队曾经同世界闻名的油井火灾消防员瑞德·阿戴尔共事。

"靴子和傻子"团队赶到现场，大致观察了一下总体情况，他们表示，需要巨量的泡沫才能灭火。志愿者消防指挥官争辩道："我们没有那么多的泡沫。""靴子和傻子"团队答道："你们当然没有。我们已经协调过了。泡沫明天就到。"

从那时开始，在专家的指导下，灭火工作进展顺利。在接下来的两天之内，全部火情都被扑灭。尽管没有人员严重受伤，大火造成的损失据估计仍然高达一千万到一千五百万美元。

通过上述示例我们知道，审慎考虑各行动选项优劣的情况，还是有可能出现。通常，这出现在专业经验不足或者逻辑思维代替了典型情境识别的前提条件之下。上述案例中，尽管消防指挥官参加工作已有多年，却没有扑灭如此严重火灾的经验。对新人而言，"深思熟虑各个选项"的做法更加可行，他们只有经过全面的思考，才能下定决心。这也是普通人在购车或者购房时所采用的决策策略——必须从零开始刻苦研习，确定自身最中意的商品特征，然后衡量各选项之优劣。

比较不同的决策策略

表格一显示了在我们的研究中，各种决策策略的出现次数。

第一类，"在预定选项中进行选择"，所指的当然是消防指挥官接受他人提出的多种建议，并从中进行选择的情况。此类策略并没有在研究中出现过。

第二类，"比较性评价"，此类策略共出现过十八次，其中半数出现在油罐火灾的救援当中，因为志愿者消防员大多经验尚浅。

表格一　研究中出现过的决策类型

决策策略类型	案例数
在预定选项中进行选择	0
比较性评价	18
新异行动选项（或创新性行动选项）	11
识别型决策（单一比较）	127
决策点数合计	156

第三类，"新异行动选项（或创新性行动选项）"，突出示例就是"天桥救援"。此类决策共出现过十一次。

第四类，"识别型决策"，基本占到了全部决策点的百分之八十之多。另需指出，此类决策都是在非常规性的事件中发现的。如果案例属于典型情况，那么其所占比例将会更高。

RPD决策模型

RPD决策模型也称识别启动决策模型，这一模型融合了两种认知过程：一是决策者衡量当前情境，以识别哪种行动方案较为合理；二是通过心理模拟，评价各种行动方案。

图一介绍了识别启动决策模型的基本策略。变式一中，决策者会将当前情境归结到某一典型类型或者自己所熟识的类型当中（譬如，一场典型的仓库火灾，或者公寓火灾，或者工厂火灾，或者搜救工作），之后再采取行动。他们非常了解，哪些目标富含意义（因此可以分出轻重缓急），哪些线索重要无比（因此可以从容地处理海量信息），预期接下来会出现哪些情况（因此他们会随时做好准备，预防不测），在当前情境下典型的应对方式是什么。通过识别当前情势，并将其归结为某一典型类别，决策者亦可识别出哪些行动方案的效果最佳。针对情境的识别，涵盖了对于"潜在目标"、"相关线索"、"预期"和"典型行动"的识别。也就是说，决策者最为看重的并非目标或者预期，而是去思量当前情况的本质。

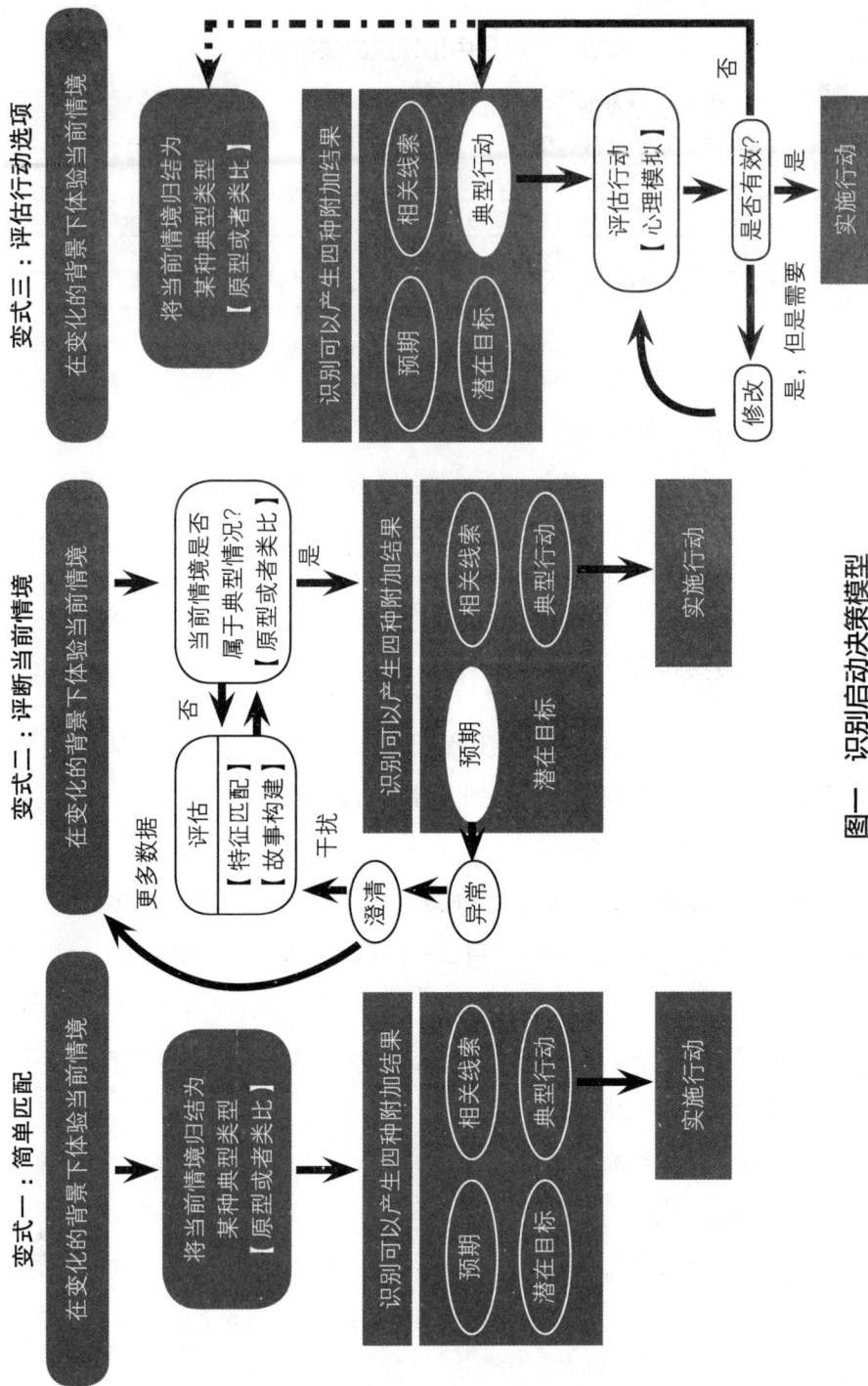

图一　识别启动决策模型

有些情况会更加复杂，如同图一中的变式二与变式三所示。在变式二中，由于信息不足，无法将当前情况归结到某一典型案例或者类别当中，又或者当前情况符合多种类型的特征，那么决策者就需要将更多的注意力投入到评估当前情境之上。为了评估和判断当前情境，决策者或许应该收集更多信息。还有一种情况是，决策者误解了当前局势，直到与预期不符的情况出现，方才意识到自己的错误所在。此时，决策者必须再次核查当前情势的特点最符合哪种类型，借以应对这种异常或者模糊状态。他们会考虑到与预期不符的情况，重新构建出故事进程（读者请参考本书第五章和第六章，查阅具体示例）。

变式三中，决策者会设想出行动方案实施的进程，进而评估单一选项。如果预见到困难的出现，决策者就会调整行动方案，甚至舍弃此方案，另择他路（此内容将在本书第五章和第六章详加叙述）。

读者不妨可以按照下列方法理解三个变式。变式一基本上是一种"如果……那么……"类型的反应，属于基于规则对前提条件做出回应的方式。而所谓的"专业知识"，就是要有能力识别出前提条件具备哪些特征。变式二则类似于"如果（？）……那么……"的情况，决策者要对当前情境的本质进行深思熟虑。变式三采取了"如果……那么（？）……"的形式，决策者需要审慎判断采取的行动将导致哪些后果。图二整合了上述三种变式的特点。

识别启动决策模型中同时包含了其他模型的成分，但是其整合版本则是前人所未曾提出过的。我们对此模型相当有信心，原因有很多。第一，我们的研究结果表明，此种类型的策略使用频率较高。

第二，在对数据进行编码时，我们是比较保守的。只要受访对象体现出任何比较多个选项的迹象，甚至只是一瞬之间，我们也会将其编码为"比较性评价"。只有在受访对象利用自身经验，构想出行动方案，而且没有在意识层面针对多个选项进行比较，并选择了第一个可接受方案的情况下，我们才会将其编码为"识别决策点"。

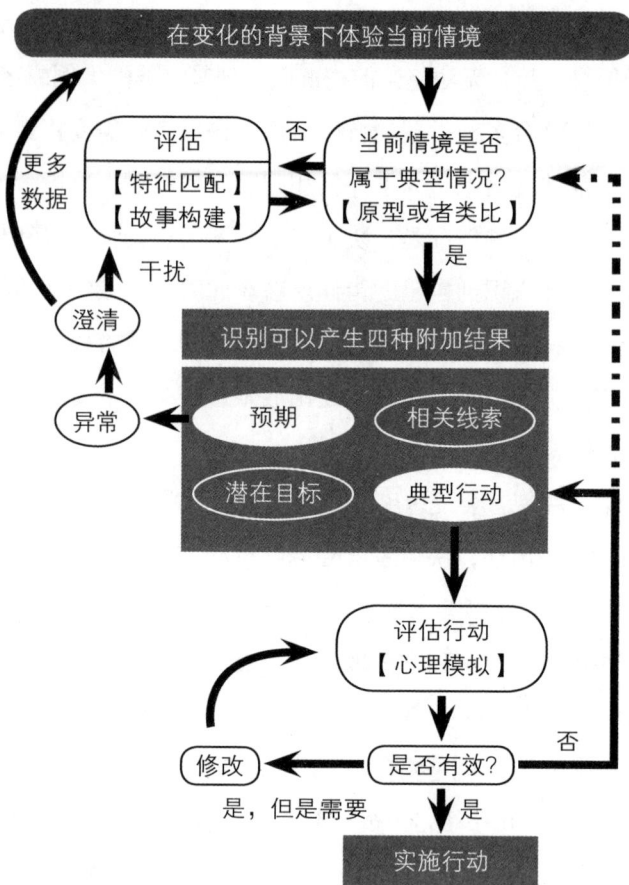

图二　识别启动决策模型整合版

　　第三，我们对数据的采集也相当保守。对任何一个决策点，我们都会反复询问消防指挥官，是否有曾考虑过多个行动选项。即使在消防指挥官说明他们只想到了一种方案时，我们也会向他们展示其他方案，希望找出索尔伯格所提出的"双选项模型"的证据。即使如此，数据结果仍然支持我们的预期。

　　如果我们从一开始就坚持"单选项假设"的观点，只提那些能够诱导出我们理想结果的问题，那么这无异于自欺欺人。实验执行者对于被研究对象是存在一定影响力的。学界将其称为实验的"需求特征"。如果实验执行者明确指出，他们希望得到支持单选项假设的数据，那么某些受访对象就会为我们提供类似的数据。因此，刚开始执行实验时，我们力图想要验证的是双选项假设，需求特征是站在识别策略的对立面的。这就使得我们对自己的研究结果更有信心。

第四，研究的关注点是最艰难的决策，而非简单的决策。假设面对困难的决策难题，消防指挥官也不会在多个选项之间进行比较，那么识别模型在其他决策案例中的应用必定将更为广泛。

第五，识别启动决策模型同时也被其他决策者们广泛接受。当我们在学术会议上介绍研究成果时，与会人员纷纷表示："这当然就是人们作出决策的方式啊。"我们的研究结果虽然与最初的构想大相径庭，却让每一个人都觉得它准确无误。我们逐渐意识到，研究结果越是看起来平平无奇，就越具有深远的效力。当然，识别启动策略也是使用最为广泛的一种决策方式。

我们可以将识别启动决策模型与经典模型相互对比。先前广为人知的是詹尼斯和曼于1977年所提出的理论模型，该模型认为：由于分析事物会带来压力，所以人类都会竭力避免去进行决策。詹尼斯和曼进而指出了提升决策质量的若干方法：

- 充分考虑到多种可能选项。
- 大范围地调查目标。
- 审慎地衡量各选项的代价、风险和优点。
- 在评价各选项时，积极搜寻信息。
- 及时吸收全部新信息。
- 重新审视每个选项的积极与消极结果。

詹尼斯和曼的建议，并没有完全考虑到时间压力较大情况下的决策情况。与之相比，识别启动决策在时间充裕、个体进行比较性评价时亦完全适用。尽管如此，詹尼斯和曼的观点，却被视为理性思维的理想状态，以多种形式出现在认知发展的相关教科书中。其实，他们的观点更加适用于初学者，对于经验丰富的决策者则效果不佳。更为讽刺的是，在绝大多数实际应用情景中，初学者根本就无法争取到作出关键决策的机会。

詹尼斯和曼所提出的理论框架，充分代表了所谓的"理性选择策略"：首先，确定各评价维度，设定各维度的权重大小。其次，衡量每个选项在不同维度上的得分，再乘以权重，得出总分，借此确定哪个是最佳选项——也就是说，要想采用此策略，必须拥有充足的数据，明白如何评分，对权重分配有所了解，同时必须保证充足的时间。

理性选择策略有其合理之处：

● 其决策结果更加可信可靠（也就是说，每次分析的结果都能够保持恒定）。

● 属于定性分析。

● 可以帮助新手认识到自己不了解哪些事物。

● 更加严谨，不会疏漏任何因素。

● 属于综合性策略，可以应用到任何情境中。

问题在于，理性选择策略的前提假设过于严苛。决策者很少拥有如此丰富的时间和信息来实践此方法。此外，如果我们并不信任某人可以作出重要决策——譬如哪个选项是最佳方案，那么，他们使用理性选择策略所做的各个小决策，又如何能够得到信赖呢？显然，此策略无法帮助新手作出优质决策，对经验丰富的决策者而言亦是如此。但是，团队可以采用此策略，依照每一个人对于不同选项优缺点的认识，对最终决策进行调整。

---------------------- [**实际应用**] ----------------------

第一项应用，要对教科书中教授的正规决策方法持怀疑态度。它们只存在于书本上，没有人会真正地去应用它们。

第二项应用，是无论在需要或者不需要比较各选项优劣时，皆保持敏锐的态度。对于绝大多数任务而言，我们都属于新手。在缺乏能够识别当前情境的专业知识时，我们应该善于运用理性选择策略。有时候，为了列举出多种行动选项，我们必须使用这些正规方法。此外，我们还可以根据自身经验，对于首先映入脑海的少数行动选项，进行更加深入的分析。

第三项应用，与培训有关。通过本章内容可以看出，使用正规的分析方法，我们无法将决策者培训成该领域的专家。与之相反，事实上，这样做反而可能拖累学习决策技能的进度。如果想培训人员在时间有限的情况下作出决策，我们不应该让受训者考虑全部可行方案，而是要尽快做出反应。课程安排上，应该每小时呈现多次待处理情境，每天呈现数小时，持续数天或者数周，如此一来，受训者运用识别启动决策模式的能力即可得到增强。情境的设置非常考究，既要体现出该类型事件的典型性，又要考虑到多种罕见案例，以便受训者可以在实际生活中应对各种棘手情况。

关键要点

通过比较识别启动决策模型与先前理论框架之间的异同，我们可以更好地总结其关键特征。识别启动模型认为，经验丰富的决策者：

● 重点针对情境进行评断，并判断先前是否处理过类似情形；而不会在不同选项之间进行比较。

● 快速评估行动方案是否可行的方法，是在头脑中模拟其实施情况；而不是拘谨的分析与比较。

● 决策者通常会选择最先映入脑海的可行方案，而非最佳方案。

● 鉴于首先映入脑海的方案通常可行，因此决策者不必再去费力构思出诸多方案，以从中进行选择。

● 决策者每次仅会构思并评价一种行动方案，而不会将其与其他方案进行优缺点的比较。

● 通过在脑海中模拟行动方案的实施情况，决策者可以及时发现其疏漏所在并予以避免，借此进一步优化行动方案。利用传统的理论模型的决策者，仅仅是选择最优方案，却没有指出应该如何对其进一步优化。

● 关键点在于，要时刻做好行动准备，而不是执着于各个选项之间的比较而踟蹰不前。

SOURCES

OF

POWER

The Power of Intuition

———————————

第四章

直觉的力量

直觉如何在决策过程中发挥作用

所谓"直觉"，就是决策者依照自身经验，将"反应出当前情境动态变化的关键模式"识别出来。鉴于事物"模式"有时极其微妙，所以，人们很难详细描述出自己注意到了什么，也很难分辨自己觉得眼前情境究竟是属于典型情况还是非典型情况。正因如此，直觉的"名声"才会略显怪异。才能出众的决策者知道，他们可以依赖自身的直觉。不过，直觉毕竟属于一种偶然性较大的力量之源，这一点也让决策者耿耿于怀。

贝切拉、达玛西奥、特拉内尔和达玛西奥于1997年发现，直觉存在其生理基础。他们比较了一组脑损伤病人和一组正常个体的认知表现。脑损伤病人无法产生直觉，也就是说，对于决策后果的预期并不会产生情绪反应。但是对于正常个体而言，远在意识层面上觉察到自己已经作出决定之前，知觉系统即已开始启动了。

本章重点介绍的研究主题是"直觉如何在决策过程中发挥作用"。我们的研究对象，既包括坦克排指挥官、美国海军军官、护士，也包括消防指挥官。

刚开始对消防指挥官进行正式访谈时，笔者尤为重视受访对象曾经作出过的艰难决策。一名受访消防指挥官勉强能回忆起一件类似案例，他说，多年之前，超感官知觉曾经救过自己一命。我尽力让他再想一件别的事情，因为他想到的那件事实在太过久远，他当时只是一名中尉，还没升迁到指挥官一级，而且我对超感官知觉的兴趣并不浓厚。不过，他坚持要给我讲述这次事件，我只好放弃，同意他说一说自己的经历。

第六感

　　火灾发生在住宅区中的一座单层建筑中，火情较易处理。火势集中在楼房背面，厨房区域。中尉带领自己的部下拿着软管冲进建筑中，向火焰上洒水，但是火舌反而烧向了消防员。

　　"好奇怪。"他暗忖。水应该可以产生更强烈的冲击力啊。他们使用同样的方法，又企图熄灭火焰，但仍然失败了。他们退后了几步，组队商议。

　　之后，中尉开始觉得情况有些不对劲儿。他也说不清楚自己发现了什么线索，但就是觉得待在那间房中感觉不对。因此，他马上组织部下撤出大楼——只是一幢普通的建筑，平常无奇。

　　众人退出大楼之后，他们刚才集合的楼层就坍塌了。如果大家当时待在里面，就必然葬身于瓦砾当中了。

　　他再次强调道："就是第六感。"随后，又讲了一些优秀的指挥官都会说的话。对他进行深入询问后，我们可以归纳出如下事实：

● 他并没有猜测到该楼设有地下室。

● 他并没有猜测到火源是地下室中的一把椅子，恰恰位于他和队员集合商讨并随即解散的卧室下方。

● 但他已经非常诧异于为什么火焰的反应与预期不符。

● 当时众人都认为这是发生在一间家庭住宅厨房的小火灾，但中尉还是觉得现场的温度过高。

● 现场太过安静。一般来说，火灾现场都比较嘈杂，鉴于房间内热量较高，他本以为噪声会更大一些。

　　整个现场模式都不正常，并不符合中尉的预期，也让他意识到，自己并不知道应该如何处理眼前的情况。正因如此，他才让属下退出大楼。事后回想起来，实情与预期不符的原因已然非常明晰。正是由于火情起源于队员们的脚下而非厨房，因此大家的灭火努力才无疾而终，温度的提升要比中尉设想的更高，而地板作为阻隔物，有效地降低了噪声，种种一切，形成了温度较高而声音较小的火场环境。

这次事件可以帮助我们理解，消防指挥官在识别出不断变化的典型情境后将如何进行决策。在本案例中，周遭环境并不典型，中尉对此的回应是：暂时后退，重新组队，然后探明实情。中尉的应对方式，正是在现场情况不符合预期的情况下发生的。这个例子清楚地表明，消防员在决策时，是多么依赖对熟悉因素和典型因素的识别。到访谈结束时，指挥官已经知道自己是如何利用相关信息作出判断的了（我认为，他对于自己的经验如此丰富也感到相当荣耀。即便如此，他还是感到些许震惊，因为他一度认为自己之所以度过上述险情，依靠的是第六感，而且他过去误认为自己有第六感，还因此而紧张过一段时间）。

消防指挥官的丰富经验，为他提供了若干坚实的模式序列。他会将当前情境与头脑中的模式进行对比，且对此习以为常。他也许无法用明确的言语去描述模式或者其特征，却能够依赖这种模式对比过程，让自己掌握待处理事项的宏观特点。尽管如此，他并不能意识到自己运用了先前的经验，因为上述认知过程都不属于意识层面，也不是故意为之。他并不知道自己还有什么其他方法去判断当时的形势。他能看清眼前的一切，却无从知晓头脑中的活动，因此他将自身的专业知识归结为超感官知觉。

这就是我们所谓"直觉"的一个基本特征：识别出某事，却并不清楚自身进行识别的方式。根据识别启动决策模型的简单版本，人类在判断当前情境之后，马上即可知道应该如何行动，包括：应当达成哪些目标，预期将会产生什么后果，如何进行回应，等等。我们着重处理某些线索，同时忽略其他无关线索，遴选的标准，就是我们的情境知觉（上述认知过程一定是无时无刻不在进行的。试想，如果并无上述自动反应的认知活动，那么人类根本不可能正常地生存）。

除了笔者刚才所介绍的内容，直觉一定还存在其他特点。但是我敢确定的是，消防员之所以能够迅速识别眼前情境，依靠的正是自身经验。

直觉会随着经验的积累而愈加成熟

大多数人认为直觉属于一种先天特质，即与生俱来之物。但是，没有任何证据表明有些人先天富有直觉，而另一些人则缺乏直觉。笔者在本章中提出的主要观点是"直觉会随着经验的积累而愈加成熟"。

上述案例中的消防指挥官，无法意识到自己运用直觉的方式，对此我们不应该感到大惊小怪。直觉并没有赋予他对特定事实的记忆，但是影响了他看待眼前情境的方式。他无法描述自身使用直觉方式的另一个原因在于，他所作出的反应，针对的是未发生的事情，而不是针对已经发生过的事情。第三个原因是，整个过程中，他都不需要提取自己对于先前特定经验的记忆。无数个类似事件在他头脑中已经融合在一起，不可分割。

正因如此，决策者才很难描述自身的直觉。即使是学者和专家，要想清楚地说明此概念，也会感到异常为难。举例说明，1978年，李·比奇和特里·米切尔提出了决策的"可能性模型"（contingency model），认为人类所采取的决策策略，会根据决策任务的背景变化而有所差异。有时，人类会使用严谨的分析方法；有时，则会依赖于非分析方法。比奇和米切尔在解释"严谨的分析方法"时，如行云流水般得心应手。但轮到"非分析方法"时，他们则显得捉襟见肘，只能泛泛地解释为"直观感觉"，或者说抛硬币，甚至提到了"南无阿弥陀佛"。

现在，我们可以说，至少直觉的部分含义就包括了"运用经验识别情境并知晓如何应对"的能力。如此定义，则直觉也就不再显得那么玄妙了。事实上，识别启动决策模型的简单版本，就相当于是一个直觉模型。

对于每一个人来说，直觉都是重要的力量之源。虽然如此，我们却无法观察自身在日常生活中运用直觉的方式方法，而且在与他人进行辩论时，我们也很难清楚地解释自身决策的基础。由此，直觉不免显得"名声欠佳"，相反，如果决策源自于精妙的分析，考虑到了所有相关因素，清楚地说明了各种混淆因素，并根据全部的前提条件，通过明确的线性分析而得出结论，这样的决策必然备受青睐。事实上，威尔森和斯库勒于1991年所开展的研究表明，如果要求人们分析自身偏好的内在原因，并且评估各选项在所有维度上的得分高低，则他们的决策质量反而会更低。

直觉并不是绝对可靠的。有时，人类的经验会误导自己，之后，这些失误则会加入到我们的"经验基地"当中。试想，你在一座陌生的城市驾车，看到了一处路标，譬如是一座加油站，然后你说道："哦，现在我知道咱们在哪儿了。"尽管你的配偶拿着地图，强烈抗议，但你依然固执地转了一个"具有决定性质"的弯，最后行驶到了一处无法变道的斜坡入口，只能开进自己一直在竭力避免的那条高速公路。看来，开几英里的冤枉路是不可避免的了，你垂头丧气地辩解道，刚才那座加油站看起来不是自己头脑中有印象的那座："我以为自己识别出来了，结果却犯了大错。"

我们访谈的消防指挥官表示，他们知道自己有可能会对情境作出误判。即便是那位误认为自己拥有"超感官知觉"的指挥官，也不敢一味依赖第六感。为了避免错误发生，消防指挥官会将自己的"预期"作为防护堡垒。如果他们正确解读了眼下情境，那么自身预期就会得到验证。如果他们犯下错误，则会迅速调动自身经验，识别出异常信号。在"脏衣物通道失火"的示例中，消防指挥官一听到火势已经蔓延至二楼，就马上逃出了大楼。他需要对大楼的火情重新进行判断。认为自己拥有超感官知觉的指挥官，在发现事态与预期不符之后，也马上将属下疏散到大楼之外。这些决策者可以依据自身经验，形成对事态发展情况的预期，因此他们能够在情况生变之初就有所意识。

将直觉、经验和超感官知觉混淆的并不只有消防员。海军军官亦在此列。

皇家海军舰艇格洛斯特号之谜

　　1992年2月，笔者了解到了关于皇家海军舰艇格洛斯特号的一件奇闻逸事。格洛斯特号是一艘英国42型轰炸机，在波斯湾战争末期，不幸被蚕式导弹所攻击。负责防空的军官坚信，雷达屏幕上所显示的是攻击型导弹，而不是友国飞机。发现目标数秒之后，确认工作尚未结束，防空部队的反攻击程序即已启动——尽管从雷达信号上难以分辨目标究竟是导弹抑或飞机；尽管美国海军飞机确实曾经从同样一片水域上飞行经过。防空军官无法解释为什么自己认为目标是蚕式导弹。事后审查资料的专家也说，分辨目标为何物是根本不可能的。尽管如此，军官坚信自己的判断。之后，他将目标成功击落。

　　当时，他手下的上尉对于这一决策并不那么充满信心。我们的研究团队观看了雷达资料录像，并听取了他们的工作录音。雷达信号显示的目标被摧毁之后，上尉迟疑地问道："是谁的鸟？"（也就是说，是谁发射了摧毁未知目标的导弹）。防空作战军官紧张地答道："是我们，长官。"在接下来的四个小时，皇家海军舰艇格洛斯特号通过多方努力，重点排除了击落对象是美军战机的可能性。

　　皇家海军舰艇格洛斯特号之谜，也就是"军官为什么固执地判定未知目标是蚕式导弹而不是友军战机"。

　　1993年7月，我为乔治·布兰德开展了"认知任务分析"访谈工作坊。布兰德是联合王国国防研究机构的人因领域专家。经布兰德协调，我们对在职海军军官进行了认知任务分析访谈。受访对象中，就包括了中尉迈克尔·瑞雷，格洛斯特号击落蚕式导弹时的防空作战军官。

　　我们本以为瑞雷已经讲腻了那次事件，结果恰恰相反。他仍然对那段经历好奇不已，还建议我们应该将工作坊重点集中在"蚕式导弹事件"之上。

　　事实清晰明了。格洛斯特号驻扎在科威特海岸周围约二十英里处，毗邻科威特市。蚕式导弹约在当天凌晨五点发射。一看到雷达上的信号，瑞雷就坚信，那是一枚导弹。他盯着屏幕看了四十秒钟，终于搜集到了足够的信息，来支持自己的直觉。之后，他发射了格洛斯特号自身所携带的导弹，摧毁了蚕式导弹。整个事件历时仅约九十秒钟，而且，格洛斯特号差一点就错过了防卫时机。瑞雷坦承，第一眼看到雷达信号之后，"我就觉得自己也就只能再活一分钟了"。谜题在于，他是如何认定目标是蚕式导弹，而不是美军A-6战斗机呢。蚕式导弹的速度约为600~650海里每小时，美军A-6战斗机在执行轰炸任务返航后的速度与之相似。两者体积相似，在雷达屏幕上的信号特征也相同。之所以体积相近，是因为蚕式导弹携带的弹药量异常惊人。与单层公交车的体积不相上下，足以摧毁42型轰炸机，如格洛斯特号。

欲将美军A-6战斗机与伊拉克蚕式导弹区分开来，可利用四个因素。

其一，位置。联军知道伊拉克蚕式导弹基地和海军舰艇的位置所在。理论上来说，战机应该按照预设路线返回基地，但是，美军飞行员在执行任务之后，往往会抄近路返回，并且经过上文提及的蚕式导弹基地。之前数日，他们都是这样做的。雪上加霜的是，英国海军舰艇最近向海岸方向移动了一段距离，可惜，飞行员却并没有考虑到基地位置转移这一情况，仍然频繁地从舰艇上方呼啸而过。瑞雷和同事强烈要求友机不要在英国基地上方飞行，但无济于事。因此，"位置"这第一种方式，在辨别雷达信号上毫无助益。

其二，雷达。A-6战斗机上装有辨认雷达，但是，绝大多数在完成任务返航时都处于关闭状态（如果开启雷达，则容易被敌军发现）。因此，即使没有接收到辨别雷达信号，也无法完全确认目标就是导弹。

其三，一种特殊的电子系统，名为"区分敌我"（IFF），飞机可以使用此系统，通过电子通信方式，说明自身状态。显然，对敌军战机而言，区分敌我系统就如同归航指引灯，很容易被敌军发现，因此在接近敌军领域时飞行员会关闭此系统。脱离敌军领域后，飞行员再开启此系统，以便友军甄别，避免误击。然而，在执行过轰炸任务、逃离了敌军攻击之后，大多数A-6战机飞行员皆迟迟不会开启区分敌我系统。因此，没有检测到区分敌我系统，也无法说明任何问题。

最后，高度。蚕式导弹的飞行高度约为一千英尺，A-6战斗机则可爬升至两千至三千英尺。可见，高度是进行鉴别的主要线索（若A-6战斗机机翼受伤，则其飞行高度将有所降低，但也不会低于两千英尺）。不幸的是，格洛斯特号的舰载992和1022型雷达皆无法提供高度信息。事实上，舰上亦无任何侦测陆地目标的雷达，只有在目标"足湿"（也就是飞离海滩，行至海上）

之后，才可侦测到其信号。雷达将沿垂直方向不断扫描，涵盖360度的范围，直到雷达操作员发现可疑目标，方才停止。之后，格洛斯特号才能打开909型雷达，沿水平方向进行扫描，估测出目标的大体高度。909型雷达启动之后，需要三十秒时间，方可搜集到高度信息（令人恼羞成怒的是，格洛斯特号的武器指挥官在输入轨道编号时，接连犯了两次错误。第一次，他刚要输入，轨道编号就发生了变化；第二次，他输错了数字顺序）。结果，发现目标足足四十四秒之后，瑞雷方才得知，根据909型雷达的数据，目标高度约为一千英尺。这之后，瑞雷才下令，向目标发射导弹。尽管如此，从看到目标信号的那一刻、在909型雷达启动之前、远在收到雷达数据之前，瑞雷就感觉到，那是一枚蚕式导弹。由于他的判断并无客观根据，因此瑞雷坦承，他认为自己拥有超感官知觉。

可见，在这次事件中，可利用的信息非常之少。雪上加霜的是，燃烧的油井产生了大量烟雾颗粒云层，与空中的水汽结合之后，模糊了雷达的视野。格洛斯特号的任务，是保护一支小型作战力量，其中就包括了美国密苏里号军舰，当时，该舰炮火正在狂轰滥炸科威特海岸，若干水雷清除舰当先开路，随同其他战舰帮助密苏里号逐渐靠近海岸区域。密苏里号不断靠近海岸，在蚕式导弹攻击事件当天，距海岸仅有二十英里远。距离越近，格洛斯特号针对蚕式导弹攻击的反应时间就越短。

瑞雷为我们讲述了该次事件的背景信息。当时，战争行将结束，以美军为首的联军正在向科威特城推进。马上，他们就将摧毁蚕式导弹基地。密苏里号的猛烈炮火让基地千疮百孔。同时，联军还采用了直升机伪装作战法。大量直升机从航空母舰起飞，发动伪装攻击，然后再返航。瑞雷在脑海中进行了模拟，想象自己是伊拉克蚕式导弹操作员。如果他们不马上发射导弹，就会丧失时机。导弹已经不再值得珍惜，何况，他们还有一个大型而"丰满"的目标，密苏里号。倘若瑞雷是蚕式导弹操作员，他就会在这时发射导弹。

格洛斯特号的舰员们共事已达一个多月之久，每六个小时换班一次。也就是说，舰员六个小时都要盯着雷达屏幕，接下来的六个小时，才可以去吃饭、执行其他任务、抓紧时间睡觉休息。当时众人皆疲惫不堪。瑞雷值班从午夜开始，这意味着，他的同事已经连续工作五个小时了。正是因为瑞雷模拟了一下自己如果是蚕式导弹操作员会如何行动，他才认为，格洛斯特号遭遇到了前所未有的危机。大概在攻击发生前的一个小时，瑞雷警示自己的部下，要保持最高度的警戒状态，因为，伊拉克人最有可能在那时向他们开火。瑞雷大约在凌晨4：55再次重申了自己的训诫。恰因如此，导弹来袭时，所有人员都已做好准备。

我们追问瑞雷，在第一次看到雷达信号的时候，他注意到了什么。他说，不到五秒钟，他就意识到那是一枚导弹。鉴于922型雷达的频率是四秒，这就意味着瑞雷在第二次脉冲时就确认了目标属性。瑞雷感觉到目标正在不断加速，几乎是难以察觉到的。这就是线索。A-6战斗机飞行速度恒定，但是，这个目标看上去自从离开海岸就在不断加速。所幸，当时没有发生其他空中袭击，他和同事们可以全神贯注地处理此次威胁。否则，他怀疑自己或许注意不到目标在一直加速。

这似乎解答了一切谜题——可惜，在瑞雷结束访谈之后，我们发现了他叙述中的矛盾之处。首先，如果不看完三次雷达脉冲，他根本就无从计算目标的加速度。他需要将"第一次和第二次的脉冲间隔"与"第二次和第三次的脉冲间隔"进行比较，以便确定哪次间隔更长。更让人意想不到的是，在目标整个飞行过程中，脉冲间隔都没有发生过改变。我们无法辨别出任何加速的痕迹，分析录像带的专家也没有找出证据。因此，从客观指标上来看，无法断定目标正在加速。

我们还对"瑞雷认为自己从一开始就知道目标是导弹"这一感觉存有疑问。导弹是在飞离海岸之后被雷达捕捉到的，在那之前，地面的杂乱物遮蔽了雷达信号，直到目标飞至水域，第一次脉冲才出现在雷达屏幕上。这整个过程就要体现为一到两次脉冲。之后，992型雷达扫描了目标轨道。让瑞雷如此警觉的轨道有何特点呢？我们反反复复地观看了录像，试图解答这一难题。终于，我们认清了真相。鲍勃·埃利斯，法恩波拉夫国防研究中心的工作人员，终于找到了答案（阅读下文之前，读者可重新阅读前文信息，并形成自己的结论。上文中，所有相关信息皆以呈现）。

埃利斯想知道，为什么在轨道并无加速、必要信息尚未收集完毕之时，目标信号的速度看起来确实是在增加呢？他意识到，A-6战斗机和蚕式导弹之间的唯一区别就是高度：一千英尺与三千英尺的区别。在目标离开海岸之前，其雷达信号被地面杂乱物所掩蔽。格洛斯特号距海岸二十英里远。埃利斯推断，992型雷达对飞行高度为三千英尺的目标信号的捕捉，要早于飞行高度为一千英尺的目标。较低飞行高度的目标，被地面杂乱物所遮蔽的时间更长。也许，这意味着，更高的飞行目标，在三千英尺处，从"足湿"开始，在雷达第二次脉冲时即可被发现；而蚕式导弹，飞行高度为一千英尺，直到第三次脉冲时方可返回信号。直觉上，与A-6战斗机相比，蚕式导弹要在更加远离海岸的地方才可被雷达检测到。格洛斯特号的舰员以及瑞雷，对A-6战机的信号熟稔于胸。他们知道蚕式导弹基地的位置，也在密切注意来自该地点且距离海岸特定距离的目标的雷达脉冲。随后，瑞雷发现，雷达脉冲显示，目标距海岸较平时远。这让他高度警戒，彻骨冰冷。第二次返回的雷达信号显示，目标速度为600~650海里每小时，与平时相同。考虑到该目标起始位置距海岸距离较远，那么，当它飞离海岸时，必然移动速度较快。那之后，其速度看起来即已下降。瑞雷在同时考虑到高度和速度信息之后，难免产生了目标在加速的感觉。

我们在征求瑞雷的同意之后，向他解释了我们的理论。他认为，我们可能的确解开了谜题。虽然992型雷达无法提供高度信息，但是，经验丰富的观察者，可以根据目标飞离海岸"足湿"后的第一次雷达脉冲，判断其与海岸之间的距离，并据此推断飞行高度。

与上一示例相同，此示例中，决策者发现了一些"异常"或者"预期跟结果不符"之处。这样的案例无法清楚阐释，因为它们的中心主题是"偏离常规模式"，而非"识别典型情况"。

可见，消防指挥官和美国海军军官都曾利用过直觉的力量，而且这些决策者很难明确地描述自身认知过程。接下来，我们将把目光转向另一领域——养育婴孩。

护士为什么一眼就能识别出被感染的婴儿

此研究项目中，我们关注的主题是"护士如何判断早产儿是否感染了威胁生命的疾病"。柏丝·克兰德尔是笔者的同事，她从国家健康学院申请到了基金，主要研究护士的决策和专业知识。她多方协调，最后选择了一家大型医院的新生儿重症护理组的护工进行合作。这些护士的工作职责是照顾早产儿或者罹患其他疾病的新生婴儿。

柏丝发现，护士需要作出的最艰难决策，就是判断婴儿是否感染了脓毒——换句话说，是否被感染。这些婴儿仅仅重几英镑——有一些更属于所谓的"微型婴儿"，尚不足两磅重。如此年幼的婴儿在受到感染之后，症状会蔓延至全身，在抗生素发挥效用之前，婴儿即将死去。因此，尽快识别出感染症状是至关重要的事情。

不知新生儿重症护理组的护士们采取何种方式，她们确实很容易就做到了这一点。她们仅仅看一眼小婴儿，甚至是微型婴儿，就可以告诉医生什么时候应该注射抗生素。有时候，医院会据此给婴儿做测试，结果显示是"阴性"的。不过，医生还是会给婴儿注射抗生素。一般而言，在测试次日，结果就将变为"阳性"。

这种决策技能恰恰是我们最为感兴趣的研究对象。刚开始，柏丝询问护士们如何能够作出这些决策。大家告诉她是"直觉"或者说是"累积的经验"。这就是答案。护士们没有什么其他好说的。她们只需看一眼婴儿就能知道答案，就是这样。

这一点更加能够勾起学者们的研究兴趣：人们显然已经掌握了无法言明的专业知识。柏丝使用了我们在消防指挥官研究中所采取的方法。她不会提出那些大而泛之的问题，如"你是如何作出这个决策的"，相反，她重点关注那些护士运用决策技能所处理的棘手案例。她一个接一个地单独采访护士，让她们说出自己注意到新生儿受到感染的具体案例。护士们都能够回忆起相关事例，而且全都能够记起当时吸引到她们留意的细节包括哪些。当然，引发注意的线索各有不同，而且每名护士所回忆出的事例个数也有限。柏丝据此总结了一份"感染症状和婴儿行为模式清单"，并且得到了新生儿疾病学专家的认可。

列表中的某些因素与医学文献的内容一致，但基本上有百分之五十以上的线索是全新发现的，某些感染症状还跟成人的相应症状完全相反。譬如，受到感染的成人往往急躁易怒；相反，新生儿被感染后反而变得更加温和。如果一个微型婴儿之前每次量体重都要哭闹，某一天却没有哭闹，那么，对于经验丰富的护士而言，这就是一个非常危险的信号。此外，护士们不会根据单一线索作出判断。她们通常会关注到一系列的线索，这些线索单独看来皆较为微弱，但组合在一起，则说明婴儿身体抱恙。

[实际应用]

直觉的概念中，包含了模式匹配、识别熟悉及典型案例的能力，这些都是可以通过培训而获得的素质。如果我们想帮助人们更迅速、更准确地判断眼前情势，那么不二法门就是要拓宽其经验根基。具体而言，可以安排受训者去处理更加棘手的案例。在小地方或者乡村地区工作的消防指挥官，他们的经验大多数较为浅薄。回想"圣诞节大火"的示例中，与两位顾问相比，志愿者消防员们的表现就与新手毫无差异。相反，在老旧楼遍地的大城市工作的消防员，则可于短期内积累丰富经验。

还有一种方法是开设培训项目，提供练习和实际决策情景，以便受训者有机会去迅速掌握多种情境。某些情况下，仿真模拟的训练价值，要远高于直接的经验获取。逼真的心理模拟可以让受训者暂停行动，回想整个决策历程，将所有琐碎的细节整合到一起，形成对于典型事例特点的归纳和总结。此外，可以为培训人员发放艰难决策的故事集，将其作为培训材料。

在新生儿童重症护理组的研究中，柏丝·克兰德尔将自己的研究成果呈现给护士组的管理者之后，管理人员询问柏丝，院方是否可以在培训当中使用柏丝的科研材料。柏丝刚开始并没有同意，她指出，自己所总结的关键症状线索清单，百分之百都来自于护士自身。但护士管理人员并没有就此却步，她知道过去从来没有人分享或者整理过此类知觉型的专业知识，她同样知道如果没有这些专业知识，新入职的护士极难掌握这些能力。最后，柏丝还是帮助她们开发出了一份培训材料，教导新入职的护士如何在婴儿感染早期就识别出关键线索，进而作出诊断。呈现培训材料的方式多种多样，可以简单地采取清单方式，也可以像柏丝一样，利用护士自己的故事来寓教于乐，使受训者更好地学习现实工作情境下的线索具有哪些特点。

柏丝所开展的另一项研究中涉及到心肌梗塞——通俗而言，属于心脏病的一种。我们当时关注的是心肺复苏术，并希望以此为突破口，研究急救护理人员如何形成知觉技能。我们所采访的急救护理人员表示，他们可以判断出患者究竟是心脏病发作抑或仅仅是消化不良；他们还说，自己能够在病人心脏病发作前数天甚至数周就发现端倪。刚开始，我们研究团队对此并没有进行深入思考，因为这听起来和那些自认为拥有超感官知觉的消防指挥官似乎不相上下。直到不停地听到受访对象说出类似的话，我们才对其予以足够的重视。比如，有位急救护理人员，某次和家人团聚时，她见到了几个月未曾谋面的公公。

"您的气色似乎不太好啊。"她说道。

公公答道："这个嘛，你自己看起来也没那么漂亮啊。"

"不，您的气色确实不好。"她继续道，"我送您去医院。"

公公勉强地说第二天再去医院，但她坚持说要立刻动身。检查结果显示，公公的一条主动脉梗塞。第二天，医生就为公公进行了手术，疏导梗塞。

我们大部分人都将心脏视作气球，一个人平时生龙活虎，然后"砰"的一声，气球被扎破，心脏病也就发作了。这种比喻并不恰当。事实上，心脏更像是一个泵，肌肉壁很厚。它并不会像气球那样爆裂，而是会像水泵那样发生堵塞。有时候，堵塞积累得很快，就像是有血块在某处停滞一般（这种情况下，心脏的确就像是气球）。有时候，堵塞则较缓慢，譬如，郁血性心脏衰竭就是如此，这将导致不重要的身体部位供血不足。护士们知道这些部位具体在哪里，并将时刻警惕这些部位的症状模式，因此能够提前检测到症结所在。皮肤如果供血不足，颜色会变得灰白，这就是最具信息性的一个线索。手腕和脚踝缺乏血液供应时，会发生肿胀，而嘴唇则会略显绿色。通过对医师、急救护理人员以及其他数位医护人员的采访，我们总结出了若干类似的关键线索。我们还查阅了相关科研文献进行验证。

此外，这份关键线索清单还获得了专家们的认可。

直觉线索易于界定。此类专业知识并非专家的专利，也并不专属于那些曾经处理过类似案例并且拥有直觉的护士或者急救护理人员。我们完全可以培训普通人去识别这些关键线索，让他们及时发现亲朋好友、工作同事罹患心脏疾病的前兆。

联邦急救管理机构／国家消防学院的休·伍德（急救政策及分析课程项目主管）和凯洛·博玛（培训设计专家），已经运用识别启动决策模型，着手修订学院的课程设置，以此培训指挥官如何进行模式匹配及情境识别。在美国海军陆战队中，中将保罗·凡·莱帕也开始为多家单位进行直觉决策的培训，其中就包括了弗吉尼亚州关提卡的海军陆战队战斗发展指挥机构。少校约翰·施密特及其他军官所开发的快速模式识别训练，亦被陆战队所采纳。上述案例中的培训项目都十分强调模式识别，其效果亦皆优于理性分析多重选项的相关课程。

SOURCES
OF
POWER

The Power of Mental Simulation

第五章

心理模拟的力量

运用想象力来作出决策

在访问国家消防学院的过程中，我们与一位培训项目的高级开发人员进行了会谈。谈话过程中，他站起身，走向房门，并关上了门。之后，他压低声音说道："如果想成为一名优秀的消防指挥官，你就需要拥有丰富的想象力。"

他指的是运用想象的能力——想象火情如何开始，如何持续蔓延，如果使用新的灭火方法又将产生哪些后果等。无法想象这些事情的指挥官，将陷入重重困境。

为什么那位高级开发人员在说出这项能力之前要神秘兮兮地关上门呢？原因在于，将"幻想"作为力量之源，如同将"直觉"作为力量之源一样，无疑是令人尴尬的。他口中所说的"幻想"，对应的是科研领域中隶属于启发式决策策略（heuristic strategy）的"心理模拟"，即有意识地去想象人或者物体，并经过数次转变过程来改变这些人或者物体，最终到达与起点不同的终点状态，这种想象的能力即为心理模拟。这一过程并非静态的抓拍，而是通过一系列抓拍，来观察事物的动态进程。

下面是一个简单的心理模拟能力小练习。图三中包含两张图片：起始状态中，卡车停在地面上；目标状态中，卡车下有若干固体块，支撑其悬浮于空中。读者是否能够通过自身努力，设想出一种方法，将卡车置于固体块之上而悬于空中呢？所有一切都需要你独立完成，工具是无限多的固体块以及一把千斤顶，这是你唯一准许使用的工具。

起始状态

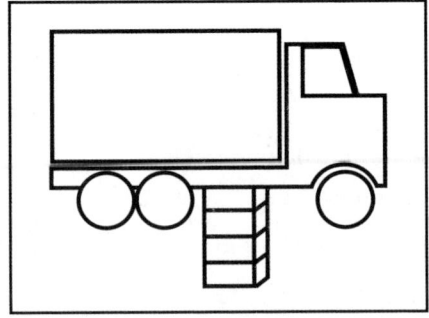

目标状态

图三　卡车漂浮

完成这一任务的方法之一，如图四所示。从初始状态开始。然后，通过千斤顶抬起右侧后轮车胎，在其下放置若干固体块，移走千斤顶，再抬起左侧后轮。重复这一过程，直到所有轮胎都被抬起为止。接着，在车底盘的正中部位下放置若干固体块。在那之后，（小心翼翼地）移走各轮胎下的固体块，直到车体达到目标状态。

1

2

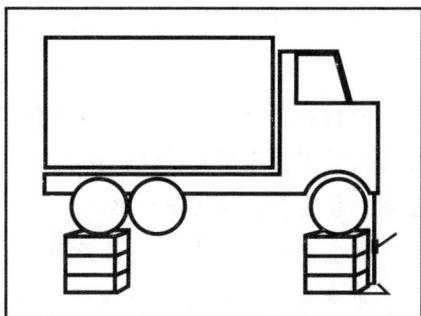

3

4

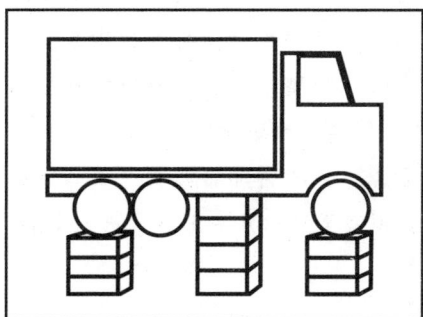
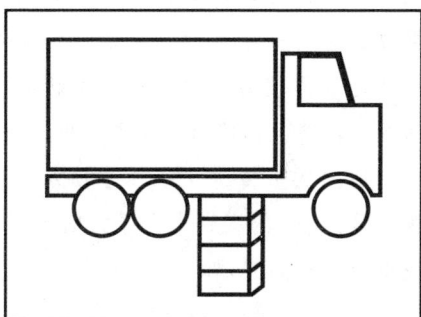

5

6

图四　转变序列

上述行为属于一个操作序列，因为我们需要从某一状态转换至另一状态，填补初始状态和目标状态之间的空隙。某些个体会采取视觉想象的方式来完成这一过程，而且同图四中所示序列相同。另有个体则声称，他们不需要视觉想象，仅通过逻辑分析即可完成任务。

示例八

汽车营救

紧急救援队的领导接到通知，要去营救一名驾车撞上高速公路水泥柱的男子。他赶到现场时，其他消防员已经就位，他们正在使用"救生鳄"——一种液压工具，可以插入到狭窄缝隙中，施加巨力，增大开口。交通事故中经常出现车门受损、困住乘客的情况，救生鳄此时即可派上用场，救人一命。

救援队领导走到汽车旁边调查情况。车里只有司机一人，已经昏迷不醒。这位指挥官绕车而行，检查各个车门，发现全部车门都已经受损，无法打开。很难用救生鳄去撬开车门救人。

调查过程中，指挥官注意到，强烈的撞击损坏了很多车体支撑柱。他开始思考是否可以打开车顶棚，将司机拉出来，而不再纠结如何在车身打出开口。他开始努力在头脑中想象这一过程。他想象着如何将车顶移开。之后，他又开始设想将司机拉出来的画面，想象着救援人员如何自始至终撑着伤者的脖子，如何将伤者移动到驾驶区之外，又如何将他拉出来。一切看起来都较为可行。他又重新在脑海中演示了整个过程，没有发现任何问题。之前他曾经听说过类似的营救方式，但是没有亲身实践过。

他向队员传达了一下营救方案，最后工作完成得非常顺利。唯一的小意外是，司机的双腿卡在了方向盘下面，指挥官又派出几名消防员进入车厢，拔出了伤者的双腿。

在"汽车营救"的示例中，心理模拟的效果令人非常满意。先前示例四"天桥救援"中，心理模拟则是不完整的，它忽略了云梯背带无法承受重力这一因素。

心理模拟并不总是成效显著的，下面就是一个例子。

示例九

利比亚大型客机

1973年2月21日，接近下午两点钟的时候，一架利比亚大型客机从班加西机场出发，飞向其目的地开罗。至少，当时机组成员们是如此认为的。事实上，该飞机刚刚经过了托亚菲克港——苏伊士运河的最南端。此刻，它正在穿越西奈半岛——当时为以色列部队所占领。飞机已经严重偏离了航道。

以色列雷达发现了飞机的踪迹。以色列国防部队异常紧张，他们误以为这是一次恐怖袭击——据传，恐怖分子的计划是劫持飞机，行驶至人口密集的区域上空，再自行引爆。可能攻击的目标包括特拉维夫市、迪摩纳的核设施以及其他民用及军事目标。以色列认为，该飞机偏离了日常的空中路线，侵犯了埃及空域。飞机通过了埃及战区最为敏感的地带，却没有任何埃及军队的米格飞机前去调查。按照常理，埃及军队应该高度戒备，但埃及军队的对空导弹没有发射一枪一炮。埃及通讯机构也并没有提及这架"入侵"的飞机。而以色列方面知道，埃及的预警系统是非常敏感的。一个月之前，埃军就击落了一家误闯入埃及领空的埃萨俄比亚飞机。

下午1∶54，飞机驶入以色列战区中的西奈沙漠，飞行高度为两万英尺。飞机所选择的航线被以色列定义为具有"攻击性"，是埃及飞行员入侵的必选之路。

下午1∶56，两架以色列F-4幻影攻击机被派出进行侦察。下午1∶59，幻影攻击机拦截到了客机。由于客机的机窗帘子都已拉下，因此幻影攻击机飞行员看不到任何乘客，只能辨别出飞机上印有利比亚的标志。他们还看到了利比亚的机组成员坐在驾驶员座舱内，而且确定对方亦辨认出了己方，因为以色列战机上都印有"大卫王之盾"的标识。一位幻影攻击机飞行员报告说，利比亚飞机的副驾驶当时正直直地盯着他的眼睛。

遵循国际惯例，以色列战机发送了广播信号，并且摆动机翼，指示利比亚客机降落到莱菲蒂姆空军基地。被拦截的客机本应该按照指示降落，及时通知相关空中交通管理部门，并且与拦截者建立广播联系。但是，利比亚驾驶员完全没有执行上述行动。机组成员的确打出手势，说明他们明白了对方信号的含义，并且愿意遵守指示。尽管如此，客机仍然固执地朝着东北方向行进。

下午2∶01，幻影战斗机向客机机头发射了数枚示踪弹。客机遂转向莱菲蒂姆空军基地方向，并下降到五千英尺的高度。同时，飞行员也放下了着陆设备。突然，他将机头转向西侧，并开始攀升高度，看起来与逃跑无异。幻影战斗机向客机发射了警告弹药，但利比亚飞机毫无悔意。一直监控情况进展的以色列将领们就此确认，这是一架执行恐怖袭击任务的飞机，必须加以阻止，防止其逃窜。他们向幻影战斗机下令，必须强迫对方着陆。

下午2∶08，幻影战斗机向利比亚机翼尾端射击。虽然右翼受损，客机仍坚持向西行驶。随后，幻影战斗机开始攻击客机机翼翅基。最终，客机不幸坠毁。飞行员本来想停到沙丘之上，却功亏一篑。结果，超过一百名的乘客和机组成员中，仅一人生还。

以色列方面视角

客机与开罗机场之间并无直接通信。它经过了埃及境内敏感的战争区域，却毫发无损。由于各方面的原因，最终认定其为"攻击性入侵"。

以色列方面亦曾设身处地地试想，飞行员应该如何有理有据地处理普通客机的相关事宜。按常理，机长必须对机上所有乘客的安全负责，即使最微小的风险也要竭力避免。也正是因为这个道理，飞行员通常都会完全配合劫机者的要求。按此推理，正规的机组在接收到着陆信号之后，都会从命。

但客机并没有着陆。以色列空军将领莫迪·豪德如此说道："机长看到了我们以色列F-4幻影战斗机上的徽章。他也看到了前方的莱菲蒂姆机场。他知道我们希望他降落，因为他连着陆装备都已经放下了。这之后，他却收回了着陆装备，逃窜而去！起初，他并没有向西行进，而是绕着空军基地绕圈。我们本来以为，他是在搜寻更合理的着陆方式。结果，他反而掉头朝西而去。这时候，我们才下令战斗机向其发射示踪弹——机组成员也一定看到了这些示踪弹。即便如此，他们仍然向西飞行。没有哪位训练有素的民用飞机机长会如此行事。正因如此，我们才必须制止其逃跑，强迫其着陆。"

"此外，新近发生的事件也验证了我们的信念。几个月之前，一架埃塞俄比亚客机不慎进入到埃及对空导弹的射程范围内，并且被击落下来。一架美国私人飞机亦在三角洲地区上方被击落。另有若干架飞机在进入到警示区域后，惨遭攻击。飞行员应该对这些自由开火的区域范围熟稔于胸，并竭力躲避。这次事件中，飞行员却恰恰朝着战争地区铤而走险！"

以色列方面绞尽脑汁地去设想为什么一架民用飞机居然如此行进。他们毫无头绪。相反，如果这架飞机执行的是恐怖袭击任务，则一切都合情合理了。鉴于所有迹象都一清二楚，以色列方面对于情况的判断表现得异常果决。

利比亚飞机视角

下午时分，沙尘暴遮蔽了埃及的天空。利比亚客机正在进行常规飞行。机长与机务人员是法国人，副驾驶员则是利比亚人。事后，飞机的黑匣子被发现，调查表明，机长与机务人员之间使用法语交流，副驾驶员的法语则不够流利，无法参与到对话当中。机长和机务人员都喝了酒，没有意识到飞机已经偏离航线多达七十英里。

下午1：44，机长开始怀疑飞机是否偏离了航线。他将自己的想法跟机务人员做了交流，却没有告诉副驾驶员。此外，机长也并未将自己的怀疑报告给开罗机场，相反，在下午1：52，他收到了开罗机场准许其降落的通知。

下午1：56，机长仍然对于飞机的实际航线犹豫不决。他努力去定位开罗机场的航标灯，但是实际接收到的信号与原定飞行计划不符。尽管如此，他仍然坚持按照原计划飞行。

在下午1：59到2：02之间，飞机与开罗机场之间建立起了无线电联络，机组成员表示，飞机很难接收到无线电信标，而且也无法接收到开罗方向的信号信标。但是，开罗机场认为飞机即将到达，并指令其下降至四千英尺。

以色列幻影战斗机出现时，机组成员误以为它们是埃及的战斗机。利比亚裔的副驾驶员报告道："四架米格飞机在我们身后。"埃及军机是苏联产的米格；而以色列则并非如此。

当以色列飞行员接近客机并打手势令其着陆时，利比亚副驾驶员向同伴报告了自己的判断结果。机长和其他机务人员对于所谓的"米格"战机的粗暴无礼感到异常愤怒并做出手势表达不满。这或许就是以色列飞行员所说的客机驾驶员打出的信号。此时，利比亚机长和机务人员仍然在用法语交流。

开罗地区有两座机场：一座是国际机场开罗西机场，另外一座是军用机场开罗东机场。客机组成员误认为，战斗机之所以出动，是因为客机越过了开罗西机场，进入到了军事基地的空域。因此，他们认为军机出动是为了给他们提供保护。随着客机逐渐向莱菲蒂姆空军基地下降，他们辨认出这是一座军用机场，随即错误地认定那就是开罗东机场。他们认为，不应该在开罗东降落，因此他们开始转向，朝着开罗西机场飞去。

下午2：09，机长向开罗控制中心报告："我们现在正被你国军机所攻击。"这是令人匪夷所思的，因为当时埃及与利比亚的关系正处于最佳阶段。战斗机再次开火时，客机机组成员都认为埃及战斗机发疯了。为什么埃及战斗机要对一架利比亚民用客机动武呢？战斗机本应该是友好的护送人员，确保客机不要降落到错误的地点而已。客机也按照要求改变了航向。结果，战斗机居然对客机开火，这让利比亚飞机的机组成员们百思不得其解。为什么埃及战斗机要向他们开火呢？

即使在飞机坠毁之前，众人也仍然在思考究竟是怎么回事，直到最后一刻，利比亚副驾驶员才辨认出对方是以色列军机。但是，黑匣子已经无法告诉我们，机组成员是如何将这一事实整合到自己对彼时情境的认知当中了。

为什么事态会发展到如此地步？以色列部队长官所面临的情境，是自己完全想象不到的事态。同样，利比亚客机上的机组成员，直到最后一刻，才终于明白发生了什么。在这个示例中，心理模拟的使用方法与"汽车营救"示例不同。"汽车营救"示例中，心理模拟的作用，是想象一系列行动方案在未来的实施情况。"利比亚大型客机"示例中，以色列将领们的心理模拟，则是想象过去发生过的种种危机，以此来处理眼前的诡谲事态。针对"过去"的心理模拟，可以被用来解释"当下"。而心理模拟透过"当下"也可以预测"未来"。

利用心理模拟进行预测

多年以来，柏丝·克兰德尔和笔者都对心理模拟尤其感兴趣。因为它在决策过程中占据着中心地位，而且在专家行为中也多有所体现。

我们发现，早在1946年，阿德里安·德·格鲁特就着手研讨了国际象棋大师的心理模拟过程。两位决策研究者，卡尼曼和特沃斯基，根据实验室情境下的科研成果，也发表了关于"模拟性"启发式决策法的论文。在文章中，他们指出，人类在预测未来事态发展时会采用模拟的方法；如果模拟过程中出现了很多不利因素，人类就会判定其为"不可行"。

柏丝和我获得了陆军研究学院的资助之后，开展了一项针对心理模拟的实验室研究，以探明其本质内涵。我们的思路是，搜集并检验一系列案例，以确定心理模拟中是否存在共通因素。绝大多数情况下，案例都来自于我们自己的记录（"汽车营救"案例），同时还涵盖了其他信息来源，譬如"利比亚大型客机"案例，以及查尔斯·佩罗于1984年出版的书籍《正常事故》（*Normal Accidents*），该书介绍了种种灾难和事故背后的细节。除此之外，我们还开展了一些非正式的访谈，邀请公司的职员自愿提供案例。

在收集到海量案例之后，我们开始审视它们之间的共同点和特异点。之后，我们对不同案例进行编码，包括其时间优先等级、个体经验水平、视觉与非视觉模拟使用比例等。在此过程中，我们抛弃了约百分之二十的案例，因为其叙述模糊不清，无法说明心理模拟的使用情况。尽管我们可以猜测案例中的主人公是否运用了心理模拟，但如果仅凭主观臆断，我们就无法确认分析出来的"心理模拟"究竟是我们的还是他们的。因此，我们仅仅分析剩余的百分之七十九的案例。

这些案例具有相同的模式。人类构建心理模拟的过程与建造机器的程序相似："此处是起点。然后，加入了这个因素，导致了那些变化，再接着，其他元素掺杂进来，导致事态最终到达其结尾状态。"就像是设计钟表和捕鼠器一样。在"天桥救援"示例中，消防指挥官必须去设想他们如何降下云梯背带，如何把受困妇女抬高一英寸，再把背带从她身下滑过去，扣上背带。在"汽车营救"示例中，指挥官则需要去设想如何抬走车顶，爬进车内，支撑起受困男子的脖颈，再将其从驾驶区域移走，然后绑住其双手双脚，最后将其拉起，抬离汽车。

不要纠结细枝末节

我们还注意到了其他一些情况：心理模拟并非细致入微的。每一次的心理模拟，大约只会依赖于少量因素——很少超过三个。这就如同铸造了一块只有三个运动零件的手表一般。可见，人类的工作记忆容量始终还是存在限制的。此外，还有一个共通点：人类的心理模拟中，变化状态大概只有六个而已，很少有超过这一数字的情况。或许，这同样跟工作记忆的有限容量存在关系。正是由于人类无法追踪步骤过多的变化状态，才会将其数字限制在六个左右。

这就是构建心理模拟过程中的"部分限制",即移动的部分最多不超过三个。从"设计规范"上而言,心理模拟还必须在六个步骤之内完成任务。这些都是我们为了解决问题、作出决策而进行心理模拟时,所必须遵循的限制条件。我们必须在这些条条框框之内构建心理模拟。

当然,人类可以借助一些方法,跳出这些条条框框的桎梏。如果我们极其精通某一领域,那么就可以在一个小单元之内进行多次转变。除此之外,我们还可以将一系列行动步骤看成同一个单元而非分散的行为,这样将大幅缓解记忆压力。我们可以运用自身经验,设定出恰当的抽象级别。譬如,在"汽车营救"示例中,团队领导者只需将移除车顶作为一个步骤用心思考,无须再去费力思索如何协调各工作小组才能防止人员受伤。若他还要费神去考虑移除车顶前每一名人员的站位、如何步履一致地开展行动以及其他类似的琐碎事项,那么他的心理模拟进度必然要大受拖累。若他对任一步骤存有疑惑,就不得不再单独为其做心理模拟,才能确保车顶可以被迅速移除。需要着手处理的边边角角越多,头脑集中精力的时间就越少。另外一种克服记忆局限性的策略,就是将思维活动誊写下来,使用示意图的方式追踪各转换状态。

如果说在每一个转换状态下,不同的转变部分之间都存在着交互作用,个体就需要在每一个时间点都单独记录每一部分的情况,由此,记忆压力将随即增大。这种情况下,即便是示意图也会变得杂乱不堪,因为用来表示交互作用的箭头将充斥于纸面之上。关于这一点,我们采访过的很多软件编程专家都深有体会。某程序质量监察小组最近审查了一套包含九十万多行语句的程序。每一名团队成员每天都要审核将近五千行语句。他们说,一套软件就像是一台巨型机械,包括很多不同的运转部件(所有的变量)以及固定部件(改变变量值的运算符)。因为语句已经写就,监察员无须去记下所有的运转部件,变量全都已经清清楚楚地列在他们眼前了。所谓质量监察,就是去想象在软件启动之后,这架大机器将会如何运行。如果程序以线性运行,如同图三和图四中的卡车问题一样,那么这项工作尚属轻松。如果变量之间存在交互作用，想象程序的运行状况就会变得异常困难。我们力求找到一种方法，去流畅地记录各转换状态，为此，应该尽可能地减少心理模拟中的交互作用。

考虑到这些因素之后，构建心理模拟这一任务似乎已经不再那么轻而易举了。进行心理模拟的人，必须对眼前任务了然于胸，同时还必须以恰当的抽象级别去思索问题。若心理模拟过于纠结在细枝末节上，那么其记忆负荷将难以承受。若心理模拟过于抽象，则其有效性又将大打折扣。

我们曾经探讨过人类无法构建起心理模拟的示例。譬如，前文的示例中，以色列的部队将领就无法想象，为什么一名训练有素的商业飞机飞行员甘于冒天下之大不韪，闯入战区。由于无法构建出心理模拟，以色列将领遂认为，该飞机并非合法航班。类似的案例告诉我们，经验在构建心理模拟中必然占据着一席之地。

我们希望探讨人类为何会无法构建心理模拟，因此我们改变了研究方法。我们请研究参加者在我们面前构建心理模拟。由此即引出了下文的"波兰经济"研究。

波兰经济启示：优秀心理模拟所拥有的神奇力量

波兰经济改革在新闻媒体上虽然少有提及。不过，这次变革却是我们这个时代最为大胆的实验之一。1989年，波兰政府脱离了苏联的控制，并且认识到社会主义已然并不适合该国国情，因此决定转投市场经济阵营。1990年1月1日，新组建的波兰政府下达命令，整个国家将实行资本主义制度。从那一刻开始，政府不再去操控国有企业，不再提供毫无意义的工作岗位。他们允许兹罗提（波兰货币单位）在开放市场上自由贸易。他们允许通货膨胀与失业率不受限制地增长。这是摆脱共产主义的一个关键时刻。

波兰宣布其转投市场经济制度时，我们正在收集心理模拟的相关案例。笔者意识到，我可以找到一些专家，请他们预测波兰未来将会发生什么。改革会大获成功吗？还是说，波兰人会走回到老路上？

幸运的是，笔者采访到了一位真诚的专家：安德烈·布洛克，安迪沃克大学经济学的助理教授。他是波兰人，学士学位之前的教育全部都是在波兰接受的（他在美国获得了博士学位）。他不时会返回波兰进行探访。

介绍安德烈之前，请读者们思考，如果我采访的是你，你将如何作答。你可以建立起针对1990年波兰经济情况的心理模拟吗？你现在能做到吗，明年呢？你会从何处开始？在心理模拟中你将包含哪些内容？面对这些问题，绝大多数人都会耸耸肩表示放弃。即使能给出答案，也是鹦鹉学舌电视上听过的内容："我听说最近东欧的经济增长率更高。"

安德烈建立起来了一个完美的心理模拟。他毫不犹豫地重点关注了以下三个变量：通货膨胀率、失业率以及外汇率。我请安德烈去想象波兰的经济到1990年第一季度时，将发生怎样的变化。按照安德烈的推断，由于政府无法控制通货膨胀，通货膨胀率将从（当时）现在的每年80%，急速上升到每年1000%，而且会持续几个月的时间（这也就意味着，物价的上涨速度不再是每年80%，相反，是每月80%）。商品将变得极其昂贵。物价的上涨速度将会超过工资的上涨速度。很快，市民将无力购买充裕的商品，因此需求会下降，而价格也会停滞不前。他估计，这一过程大概需要花费三个月的时间。为了使笔者更加清晰地了解当前的情况，他还指出，从传统上来看，在波兰和俄罗斯，食物短缺一向是引起骚乱的重要因素；与缺乏政治自由相比，食物短缺往往会驱使更多的人们走上街头，表达抗议。如果市民连面包都买不起，那么政府很有可能因此而崩塌。尽管如此，他指出，普通市民们十分认可波兰工会的活动，严重的通货膨胀也不会持续太长时间，因此政府倒台的情况并不会出现。一年之后，我审阅了安德烈的预测，发现它们都非常精确。他准确地预测出，从1月份到2月份，通货膨胀率极速上升到1000%，而且，到了4月份，这一数字就又回降到20%~25%。

接下来，他又思考了失业率的改变情况。如果政府有勇气将效率低下的部门砍掉，那么一大批人将失去自己的工作。这种情况大概将会在六个月之后发生。按照美国的标准，失业率仍然不是特别高，从少于1%上升到10%左右。对于波兰来说，这种上升则是令人倍感震惊的。从政治上来看，这或许是政府所无法忍受之事，也许会导致他们停止实施资本主义的实验。我们后来又评估了他的预测，结果发现，失业率的上升并不像他预期的那样快。安德烈提出，或许，政府在关闭效率低下的部门时，并没有做到像宣传的那样冷酷无情。雪上加霜的是，如果工厂在甲、乙、丙领域效率较高，但是在丁、戊领域效率较差。那么，只要这间工厂还能盈利，所有的部门都将继续正常工作，丁部门和戊部门仍然不会被砍掉。因此，整个国家内部对于失业率的上涨也存在着一定的体制内抵抗因素。

最后，安德烈预测了外汇情况，他将其视作平衡通货膨胀率及失业率的力量。由于汇率持续下跌，从一美元兑换700兹罗提，上升到一美元兑换1500兹罗提，人们会发现进口的食物太过昂贵，所以就会去购买更多的波兰商品。同样，外国人也会发现，波兰制造的商品更加廉价，因此波兰的出口会上升，雇佣率也将随之改善，整个经济的健康程度也会得到好转。他认为，这个过程即使能够出现，也需要几年的时间。他预测，1990年，汇率会持续上升，最后维持在一美元兑换1400兹罗提左右。他还相信，到了那个关口，政府就会出手干预。当年，我注意到，兹罗提的汇率上升到了一美元兑换900兹罗提，之后就持续稳定下来。如果说波兰施行的真是宣传中的"完全的市场经济"，那么，这一比例的增长会更加迅速，而且其转折点也会出现得更早。

这个心理模拟，依赖于三个要素以及一系列的转变过程（通货膨胀率，通货膨胀率的减小，失业率的逐渐上升，汇率的下降，雇佣率的上升，到最后稳定下来的汇率）。

安德烈的预测并未就此结束。他估计，此次市场经济的实验成功概率约为60%。作为模拟波兰未来发展情况的大师，他的心理模拟结果较为悲观。而且，在思考到市场经济实验失败的情况之后，他又转向了政治模拟。

以上述事例为标杆，我又采访了其他两个人，它们都不像安德烈那样是相关领域的专家。第一位，是安德烈最优秀的学生，近期曾多次造访东欧。另外一位则是某大学的政治科学教授，多年前曾经去波兰度过学术假。两个人都没能建立起任何心理模拟。它们仅仅考虑到了两个因素，通货膨胀以及失业率，因此并没有认识到外汇在两者之间的均衡作用。雪上加霜的是，他们并不了解当前的具体通货膨胀率和失业率，所以他们完全不清楚什么样的数字才代表高通货膨胀率、高失业率。安德烈的学生认为，实验将面临不计其数的荆棘坎坷，但是最终将获得成功，这让他倍感兴奋。政治科学教授则是一位马克思主义者，他认为波兰逆历史潮流而动，犯下了大错。他指出，政府将遭遇不计其数的荆棘坎坷，最后放弃市场经济，这让他倍感兴奋。

针对这次国家实验所开展的小研究，其成果是非常清晰的：没有充分的专业素养和背景知识，想要建立起心理模拟就是极其困难甚至是不可能完成的事。专家们从内心深处来讲，希望改革取得成功，但同时，可以预见其惨遭失败的可能性，从而注意到早期的警示信号。他将这些信号悉数告知给笔者（包括，如若到4月份的时候，通货膨胀率仍然没有下降到每年50%，这就值得整个社会忧虑了）。

顺便一提，施行市场经济的第一年，波兰的经济发展情况大好。通货膨胀维持在合理的水平上，失业率并无大幅增加，汇率也要比预期得更为坚挺。实验似乎效果不错，本书写作过程中，波兰已经成为前社会主义国家中唯一一个经济高速增长的国家。

"波兰经济"的示例显示出建立起优秀的心理模拟是多么困难，而一旦建立起来之后，其效果则是令人惊叹的。在我们十分了解的领域，我们无时无刻不在建立心理模拟。我们根据心理模拟，去判断主管将如何回应我们；或者思考如何修车；又或者去解释邻居为什么会做出那些事。我们在做这些事情的时候，从来没有意识到，所谓的"力量之源"，就是在有需求之时，个体构建心理模拟的能力。在技术领域，人们为了针对复杂现象构建起电脑模拟，不惜花费数十万甚至上百万美元的巨资。电脑必须记录下所有变量的情况，并且考虑到不同变量之间可能存在的交互作用。不止如此，这些程序还是极其专业化的。某一模拟程序只能针对相应的特定领域方才有效。与之相比，人类大脑中的心理模拟，则具有多重目的，可以解决多种多样的问题，而且基本上不需要花费额外时间去重新编程。的确，我们的记忆容量有限，但是，其多样性则是令人叹为观止的。

高效的心理模拟

图五展示了心理模拟的普通模型。根据其显示，决策的需求包括两种：解释过去以及投射未来（即根据过去预测未来之意）。该图显示，人类将会确定起始状态（如果我们的需求是投射未来），终极状态（如果我们的需求是解释过去），起始状态和终极状态（如果我们的目的是思考转变过程）以及驱动转变发生的诱发因素，借此确定各参数。

图五提示我们，在将行动方案结合起来的过程中，心理模拟一般会经过六次转换，约受三个诱发因素所驱动。个体在将各个行动方案结合起来时，会评估其连贯性（这样做是否有道理），应用性（这样做是否会满足我的需求）以及完整性（这样做的范围是过于宽泛还是过于狭隘）。倘若每一个标准都得到满足，那么个体就将实施行动方案，在实际应用的过程中对事物进行解释、建立模型或者投射未来。如果在心理评价过程中预见到很多困难，那么个体就会重新审视自己的需求以及（或者）参数，然后再次进行尝试。

柏丝和笔者所研讨的案例大体可以归为两大类：个体尽力去解释过去所发生的事，或者竭力去想象将来会发生的事。我们会针对这两种类型分别建立起模型——它们都是普通模型的变式。此外，我们还分别将七十九个心理模拟的相关案例进行编码，以确保分类结果的可靠性。

解释情境

个体在尽力解释过去所发生的事时，基本上包括两种情况：或者是为了解释特定事件（譬如，陪审团判断被告人是否真的犯下罪行）；或者是通

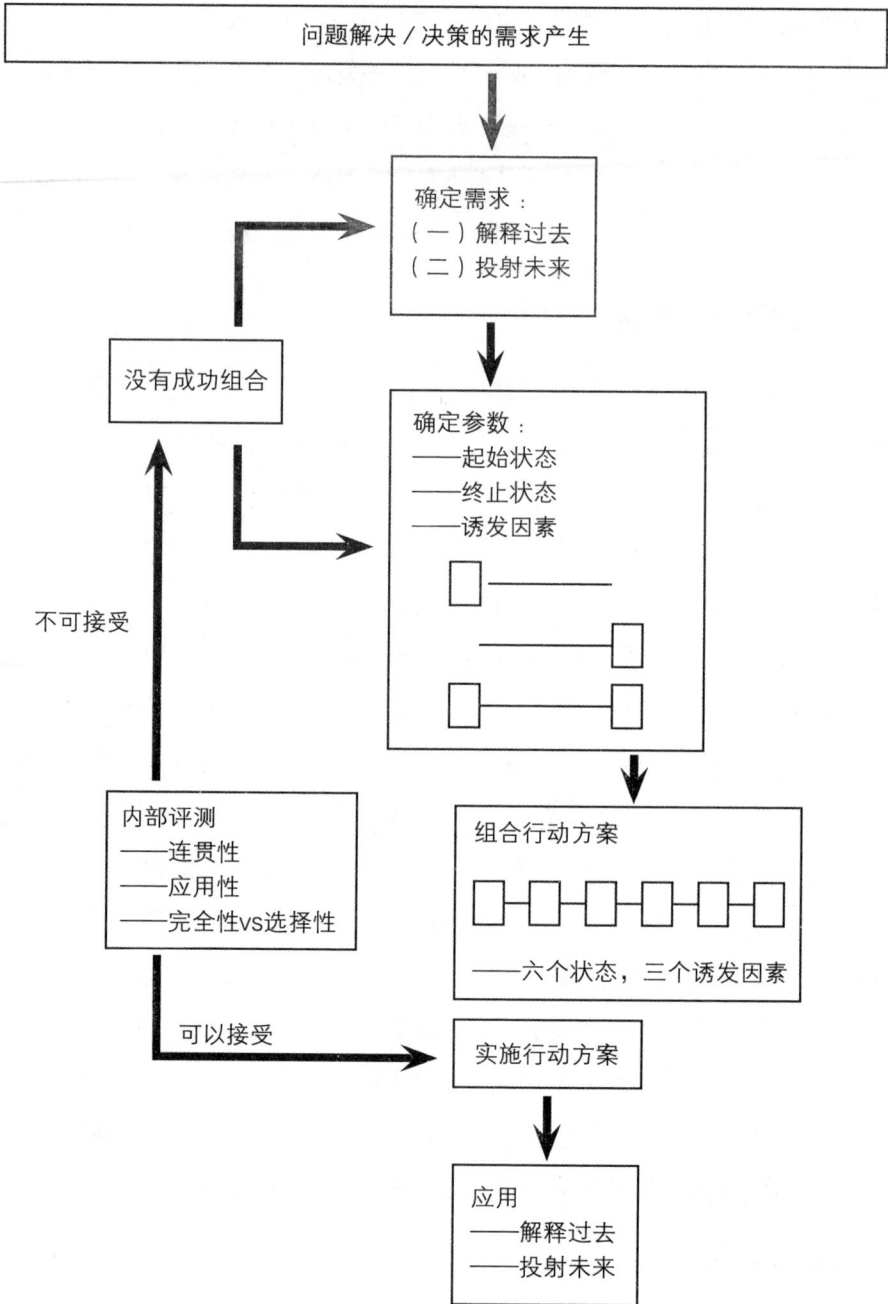

图五　心理模拟的普通模型

过模型去解释一系列事件（譬如，爱因斯坦思考，一道光束通过小孔穿过运动中的电梯时为什么会发生弯曲）。图六中的心理模拟变式模型，就描述了人类解释过去一系列事件或者情境的方式。

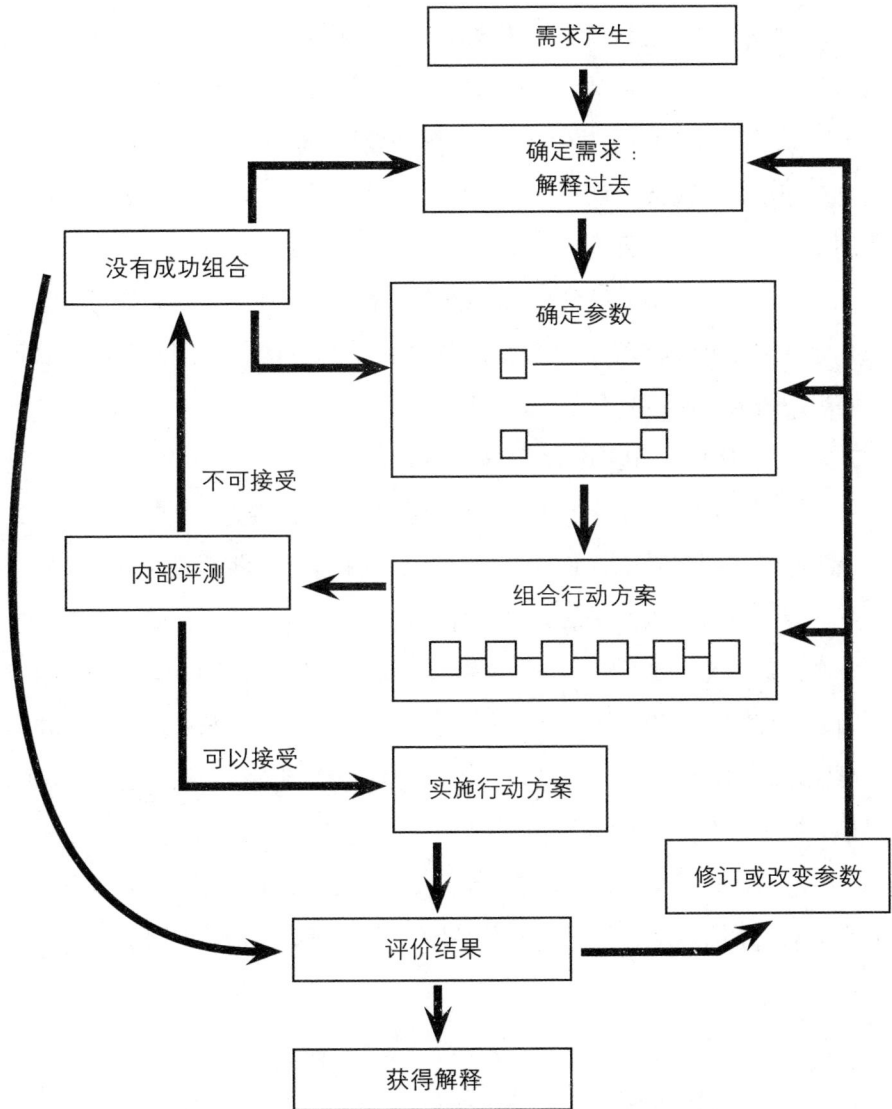

图六　心理模拟的变式模型

请读者阅读下述示例。在某些情况下，心理模拟是必不可少的，譬如，在某位同事突然对你粗鲁相待时。通过心理模拟，你可以思考，究竟是哪些过往的情境，才导致了眼下所观察到的事件出现。你会将各行动方案组合起来：这也就是组成心理模拟的一系列转变过程。或许，你会回想起当天早上的某一事件，当时，你在跟办公室的其他同事聊天，你说的话让他们哈哈大笑。或许，你又回想到，当天更早的时候，那位粗鲁的同事曾经向你吐露了自己内心深处的一个令人感到尴尬的秘密。借此，你建立起了一个行动序列，首先，同事向你分享了一个秘密，之后，他马上后悔自己居然相信了你，在你身边时感到极其不适，再之后，他又看到你在和别人说说笑笑，至此，他就感到自己已经无法跟你再待在同一个屋檐下了。现在，你甚至能够记起，当你把大家逗笑之后，你抬起头，看见了那位同事，他脸上的表情让你心神不安。这一系列的状态和转化过程，就是所谓的"行动方案"，也是解释同事粗鲁行为的心理模拟过程。

下一步，就是要从表象上来评估行动方案。它具备一致性（每一步骤都上下连贯）吗？是的，它具备。它具备实用性（这些行动方案可以解释同事的粗鲁行为）吗？是的，它具备。它的完整程度如何（是否遗漏了任何重要因素，譬如你刚刚因为优秀的工作绩效而备受表扬）？是的，还有很多因素或许都跟同事的粗鲁行为有关。但是，从总体上来看，上述心理模拟可以通过内部评测，属于可以接受的一种解释方式。当然，这并不意味着它就绝对正确无误。

有时候，心理模拟无法通过内部评测。但它同样有助于你更好地解释眼下的情境。示例十介绍了报刊上报道过的一个故事，就恰恰说明了这一点。

示例十

爱尔兰共和军恐怖分子

一位备受尊敬的律师同意为一名男人辩护，该男子被指控从事恐怖主义行动：他为爱尔兰共和军放置炸弹。众人很好奇律师为什么愿意接这个案子，律师说，他曾经探访过被指控的男子，发现他浑身颤抖，十分恐慌。律师看到一个男子居然崩溃至此，非常吃惊。他也尽力去想象，会不会爱尔兰共和军招募到这样一个男子，去执行危险任务，却发现他无法胜任。律师无法相信爱尔兰共和军居然会将如此一个恐怖的任务指派给这样一个男人，因此他的结论是该男子是无辜的。

律师所设想出的行动方案无法通过自己的内部评测——特别是，各个步骤之间的转换过程并不符合标准要求。由于无法设想出合理的行为序列，因此他并不同意公诉人对该男子的指控。也正是由于考虑到了这种状况，图六中才会有一条长长的曲线，它意味着"无法构建心理模拟"的这一事实成为下定结论的依据的基础。

还有些时候，个体运用心理模拟的目的，是更好地理解眼前的情境，也就是构建更加优秀的模型。当你在脑海中"运行"行动方案时，你可能会发现其中若干部分较为模糊不清。或许，你可以思考如何构建一连串更加合理的行动方案，又或者，你需要去搜集更多关于当前情境的细节信息。回到"同事粗鲁相待"的那个案例，你在针对他的粗鲁行径进行解释时，也许忽略了"自己因为高绩效而被表扬了"这一事实。该名同事的工作绩效如何？他很有可能误以为你是靠着他人的辛勤劳动才获得褒奖的。也许你应该跟领导聊一聊，方可了解究竟发生了什么事。如此一来，在形成自己对于整个事件的解释时，你才能获得更丰富的数据点。

投射未来

大多数情况下，决策者的目的在于预测未来（也就是推测将来会发生什么）并未雨绸缪（"构建者"需要设想出一个新的参与方，并且设想该参与方将如何行动，该行动又将花费多长时间）；或者审视某一行动方案，判断其是否存有纰漏（譬如"汽车营救"的示例）。

图七中的模型介绍了"人类如何构建联通当前状态与未来状态的桥梁"。

你了解起始状态的详细情况，同时尽力去设想目标状态。有时候，你对目标状态的了解较为深入，如"卡车漂浮"图示中即为如此，这时候你主要的任务，就是思考如何将初始状态转化为目标状态。与上一章节不同的是，实施并且审阅行动方案的方式发生了改变。在"汽车营救"示例中，搜救队领导者需要将行动方案置于显微镜下，仔细排查每一个环节是否会出现疏漏。他的目的是要事先找出隐患所在。最后，他根据所发现问题的本质及其严重程度来衡量行动方案是否合理。

有时候，人类不需要仔细审视计划，就可以形成"该计划是否会生效"的整体印象。我们能够识别出当前情境中的关键要素，并将其与过往经历进行匹配，借此判断究竟该计划将会生效抑或无效。因此，我们会调动知觉，进行情绪性的反应，感到乐观或者担忧。在对国际象棋大师的研究中，阿德里安·德·格鲁特就发现，这些大师通常都会运用这些整体印象，来判断一盘棋的走势，即使他们并没有对棋局作出过鞭辟入里的分析。

行动方案通常都是计划妥当的行动步骤，在对它们进行评测之后，你很有可能调整方案以克服其中存在的问题；或者，你认为该方案无药可救，只能完全否决；又或者，你会按照计划开展行动。某些情况下，心理模拟的目的就是作出预测（如某过程会消耗多长时间），因此你可以在头脑中演示行动方案，并且作出判断。最后，个体还可以运用心理模拟，在头脑中进行"排练"，借此准备一系列行动方案的具体实施。

图三中的卡车悬浮在空气中的时间已经够久了。对于该案例来说，所谓的"参数"，就是你对于初始状态和目标状态的了解；你的任务就是要将前者转化为后者。你会将行动方案组合起来，借以实现从某一状态到下一状态的转变。之后，你会评估这一序列。它是否合理？倘若你的目的只是为了制订出可行的方案，那么你已经大功告成。如果你还需要尝试一下这个方案，那么你的评估就要再多加小心、谨慎而为。你会注意到，每一次当你将卡车撬起来时，它都可能前后晃动。或许，你可以使用一些砖头作为楔子来固定轮胎。你还可能注意到，目标状态中，卡车的所有重量，

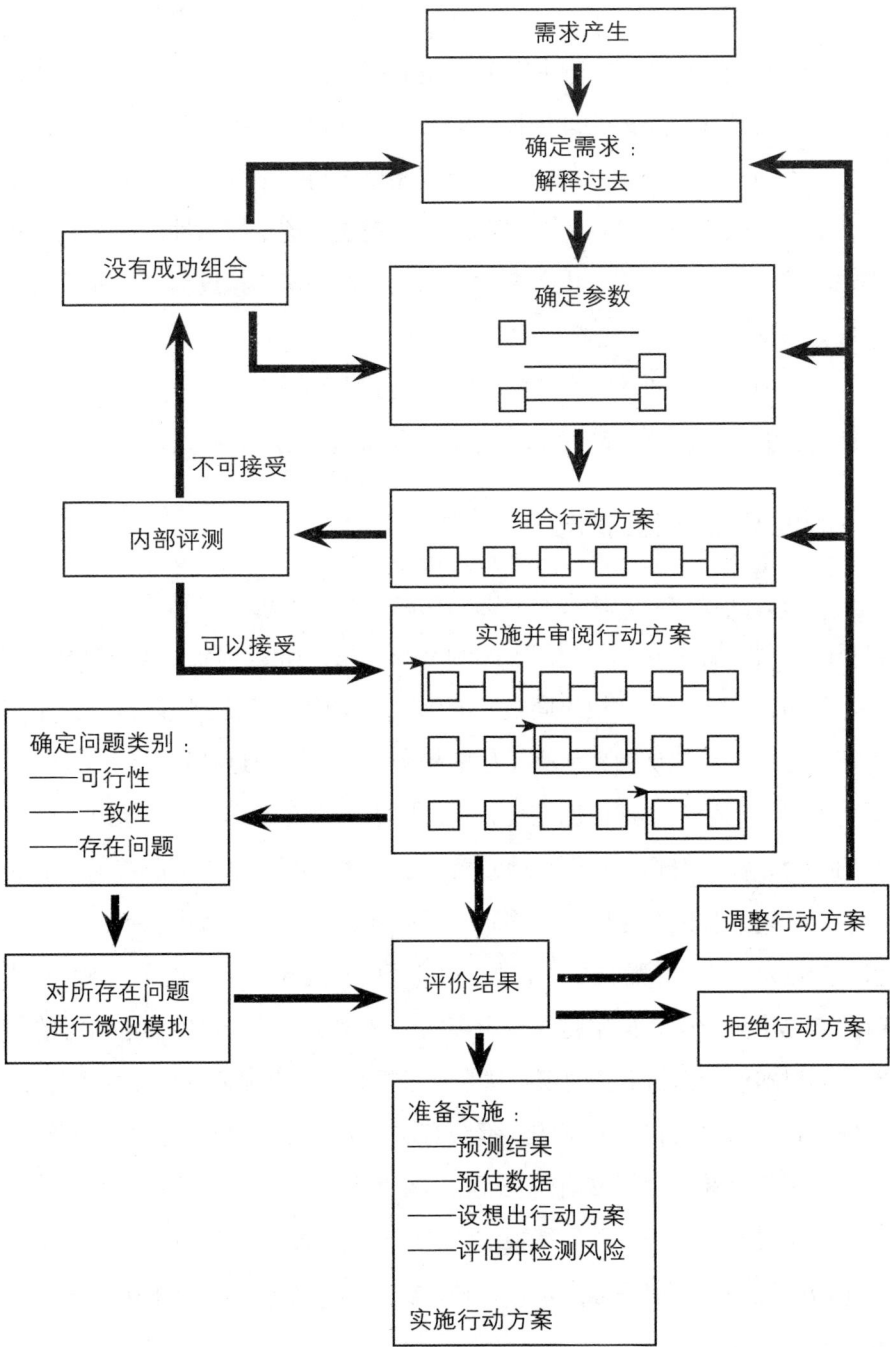

图七　运用心理模拟投射未来

全部集中到了一个小点之上。汽车底盘上还有哪些部分可以分担重量呢？也许，建造一处面积更大的中央平台，分摊重量，是更为合理的解决方法。

笔者之前所介绍的心理模拟研究，其目的在于初步探索相关领域。因此，读者对于前文所提及的模型，必须谨慎对待。很多结论尚需我们开展更多的研究去加以验证。尽管如此，自从完成了这个探索性研究之后，我们在其他的研究项目中，也曾多次仔细审视过心理模拟过程，目前并没有发现与图五、图六、图七相悖的情况。

心理模拟，即"从过去推断到现在"或者"从现在推断到未来"，可以帮助人类推理出两者之间的桥梁。当然，它也可能误导我们。

心理模拟在什么情况下会失败

运用心理模拟时，最容易犯的错误就是在想象过程中忽略了"不符合己见的证据"的影响。这种情况下，心理模拟的力量反而会伤害到自身。

不妨再考虑一下"粗鲁同事"的例子。你认为同事之所以对自己粗鲁相待，是由于他误认为你泄露了他的秘密。为了验证这种解释，你询问了两个人共同的朋友。那位朋友说，你的同事并没有意识到自己做过什么粗鲁的行为，而且对你也没怀什么敌意，从来也没担心过你会泄露别人的秘密。这会改变你的心意吗？当然不会。同事固然可能没有意识到自己做过粗鲁的行为，但又有哪个人真正地意识到了呢？同样，所谓的"没感到愤怒"听起来也十分可疑，似乎是在否定事实。这就让你进一步确信了自己的判断。你根本不会相信那名同事"从来也没担心过你会泄露别人的秘密"，因为任何跟他人讲述自己秘密的人都会有这样的忧虑；更有可能发生的情况是，同事不想在这名朋友面前表现得过于偏执，因此假装豁达。或者，这个朋友所说的话本来就不值得相信。还有一种可能性，那就是这位朋友故意不跟你说实话，引诱你上钩，将秘密告诉他。或许他们俩根本就是勾结起来对付你的！

我们会问，你需要找到什么样的证据才会放弃自己的解释呢。很悲哀，答案是，如果你足够坚决，那么就永远不会改变心意。你会一直为自己的解释进行辩护，并且让它变得更加全面、更加复杂。19世纪，英国科学家弗朗西斯·高尔顿爵士曾经开展过一个实验，以探查自己是否能够体会到偏执症的感觉。于是，他尽力说服自己，每一个遇到过的人都在设计陷害他。两个在谈话的人突然抬起头看他？他们一定是阴谋的一部分。公园中的一匹马在他靠近时就害羞地走开了？居然连动物都在跟他作对。高尔顿按照此思路度过了半天，但是不到一天，他就结束了这种练习。他那些偏执的想法越来越真实，甚至已经开始失去控制了，他害怕自己的理智会受到影响。

佩罗于1984年也介绍过类似的案例，但是其后果比较严重。他将类似的思维方法称之为"最小解释法"，即将不一致度降至最低限度的解释方法。个体形成了一种对事物的解释方式之后，即使发现不支持己见的证据，也会百般搪塞。下述示例是发生在密西西比河上的一次事件。图八描述了事件经过。

示例十一

贸易大师号和双鱼座号

故事情节特别简单：一艘船在本可以安全通过的河道，突然转弯，结果被另一艘货船猛撞。

为了理解为什么会发生这种情况，不妨设想一下你正在走廊里走路，此时，对面方向来了另外一个人。你闪到一边，结果发现对方也闪到了同样的一边，两个人又同时向相反方向移动，之后又同时再向反方向移动。最后，你完全站住，面带微笑，打手势示意双方应该怎么走。只可惜，在贸易大师号和双鱼座号的案例中，两船速度过快，已经无法停船了。

密西西比河的地图标注异常清晰，以便船舶（长600英尺，重24000吨至33000吨）可以采取各种各样的方式通行。贸易大师号和双鱼座号在能看到对方之前，甚至在行驶至最后的弯道时，仍然在通过无线电进行沟通，约定以右舷到右舷的方式通行（两船右侧临近）。

之后，双鱼座号的船长发现，左侧航道上有一艘拖船，其救生筏占据的空间过大，有可能撞上双鱼座号。因此，他用无线电通知贸易大师号，建议双方使用港到港方式通行。不幸的是，贸易大师号的船长却没能收到这条信息。他虽然看到双鱼座号居然右转，但仍以为对方会及时"更正错误"。他也不想将贸易大师号贸然右转，因为他预期双鱼座号也会随时转到该航道。相反，他加大了左转幅度，以便为双鱼座号腾出更多的空间进行调整。双鱼座号此时也搞不清楚为什么贸易大师号会大幅转弯，因此也加大了自身的转弯幅度，为对方预留出空间。就这样，两艘船轰然撞在了一起。

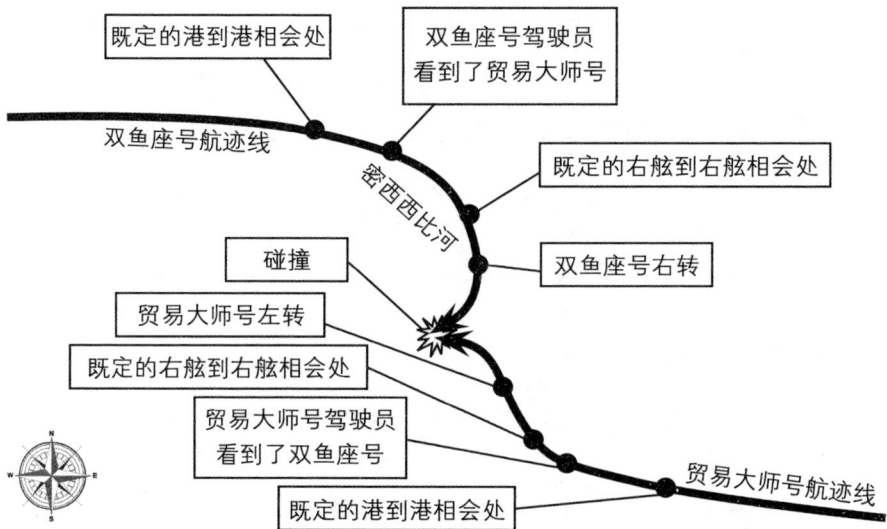

图八　贸易大师号与双鱼座号的航迹线

这个简单的案例，说明了不符合己见的证据是如何被刻意忽略的。一艘本该在己方右舷侧的船只为什么会转至己方的左侧呢？无须大惊小怪，你之前就遇到过这种情况了，根本就不会发生什么意外情况的。结果，当两船相遇时，一切都为时已晚了。

科学家们也容易受到"最小解释法"的侵扰。下面的示例，就说明了"坚持己见、刻意忽略其他解释途径"的情况是多么容易出现。

示例十二

迷途的物理学家

两名阿斯本物理中心的物理学家，结伴去科罗拉多州阿斯本附近的马如恩·贝尔斯荒原登山。下山的时候，两人迷了路，本来应该在临近阿斯本的北侧下来，却误从南侧下来。他们放眼望去，认为自己的脚下就是火山口湖——站在返家的小路上，就应该能看到这个湖。一位物理学家说，眼前的湖面上有船坞，但火山口湖并没有船坞。另一位物理学家说："一定是我们今早离开之后他们临时搭建的。"

又过了几天，他们几经辗转才终于回到家中。

心理模拟有时会出错，但笔者并不认为这是它的弱点所在。据我估测，绝大部分情况下，心理模拟都是十分精准的。除此之外，心理模拟的目的，是为了"生成"解释，而非"生成"证据。

人类倾向于对自己所构建的事实表现出过度的自信，但这也并非心理模拟的弱点所在。最小解释法之所以会刻意忽略不符合己见的证据，原因之一，就是人们会"爱上"自己所构建出的解释方式。不论我们是用它去解释过去，抑或预测未来，一旦此思维过程完结，我们都会赋予其过度的可信性，尤其是在我们对于相关领域知识不足、无法有效识别情境典型性的情况下，上述问题更加突出。这种"过度自信效应"在赫特与谢曼的实验室研究中亦有所发现。首先，他们会让实验参与者想象宾州州立大学和匹兹堡大学橄榄球队比赛的卡通影像，之后，参与者需要判断两队真实比赛的胜负结果。结果，那些想象宾州州立大学胜利的参与者，会判定宾州州立大学实际获胜的概率要高于匹兹堡大学。

心理模拟的构建完成，需要付出相应的努力。它当然不同于"你瞥一眼当下情境，就马上了解来龙去脉了"。只有在你不确定眼下情境，尽力去解开迷局时，才会迫切地需要进行心理模拟。如果时间有限，那么个体显然就不会再去小心翼翼地审阅自己所构建起来的心理模拟了。尽管存在这个问题，但是此缺点不足以迫使人类去选择其他决策途径。即使采用从逻辑上精心推测出每个结论的方法，仍然会遭遇时间壁垒。

最后一个缺点，就是在我们面临的谜题过于复杂（谜题所包含的部分过多，而且各部分之间还存在着复杂的交互作用）时，心理模拟极难构建。这就像是我们正在修理一台机器，反复进行测试，希望找出问题所在。若机器内部多个零件同时都出现了故障，那么维修难度就会成倍增长。一旦我们发现一个损坏零件，就倾向于将所有的问题都归结于它，反而会忽略其他故障。由此，我们就会仅仅修复那些已经发现的问题，结果就是机器仍然无法正常运转。

尽管心理模拟存在诸多缺陷，在传统的决策策略无法生效时，心理模拟仍然可以帮助我们作出精准的决策。

为了克服上述缺陷，个体还可以充分发挥心理模拟所具有的自我纠错特性，因为通常情况下我们都有能力判断出心理模拟是否过于不切实际。

马文·柯恩认为，心理模拟可以通过他所谓的"急速返回"（snap-back）过程来实现自我纠偏。尽管心理模拟有时候会刻意忽略与己见不符的证据，但是，柯恩指出，鉴于许多证据本身就不可信，因此忽略那些可疑的反证在绝大多数情况下都是明智的。虽说如此，如果刻意忽略的证据过多，累积到达某一程度之后，心理模拟就会变得过于复杂。这时候，我们就会对原有的心理模拟失去信心，并且开始重新审视它。我们会再次考虑那些被忽略的反证，去思考是否存在其他更加合理的心理模拟方式。柯恩相信，只有构建起新的心理模拟，方可抛弃旧的心理模拟。只有无法解释的反证过多，我们才有动力去构建新的心理模拟。这种策略有其道理所在。不过问题在于，我们会忘记自己刻意忽略了多少证据，由此亦无法意识到旧心理模拟失效的闹钟已然响起。这就是所谓的"花园路径谬误"：每一步看似都是直线前行；然后又迈出下一步；每一步都看似合理，以至于你都没有注意到自己已经远远偏离了正确的路径。柯恩已经开发出了培训课程，帮助学员记录自己的思维历程，明确反证的数量多寡，借以确定是否需要建立新的心理模拟。

下面就是"急速返回"的一个例子。有时候，笔者会去国家自然保护区参加定向越野比赛。比赛过程中，选手们的地图上会标记有各个指定地点。选手们需要找到这些地点，并且用特定的打孔器在地图上做出标记，直到完成全部路线为止。对于新手来说，默认路线都是沿着林中小径设定的。随着越野水平逐渐提升，选手就可以自行设定路线，爬山涉水、翻山越岭皆不为过。有一次，我在参加比赛时，本应该朝西走，却心不在焉地向东而去。很快，眼前的情境与我脑海中的地图就已经完全不相符合了。尽管如此，笔者却固执地按照自己的想法又走了很长时间。眼前出现了地图上并未标记的小溪，我就认为那一定是地图绘制之后才形成的河流。本来应该是直路的地方居然出现了弯路，但是我还是认为如果分小段来看的话，这段路勉强也可以算是直路。我不断前进，强行将眼前的景象与我头脑中的地图相互匹配，尽力将脚下的线索与自己的想法加以印证。最后，我已经山穷水尽，除非把地图来个一百八十度的颠倒，才能符合我所想象中的南北沿线景象。这就是所谓的"急速返回"时刻——一系列累积起来的反证，最终令我无所适从。

[实际应用]

在柯恩、弗里曼和托马斯的研究中，研究者使用所谓"水晶球"的方法，帮助人们认识到了同一事件存在着不同的解释方式。首先，他们会请军官们讲出自己非常有信心的想法。之后，他们假装盯着水晶球，告诉军官他们先前所讲的想法是错误的。水晶球认为，军官们的解释并不正确。军官不得不在众多证据中进行筛选，提出另外一种解释方法，甚至是第三种解释方法。在此过程中，他们即可认识到，同样的证据，可以用不同的方法去进行解释。

笔者和同事们也采取过类似的方法，帮助人们去预测计划实施后将发生哪些情况。我们称其为"事先解剖策略"[①]。该策略的理论基础，是我们先前所得到的研究结果——人类对于自己想象过的计划信心更高。我们假设，一旦在脑海中形成一个方案，人们就会感到过度的自信，尤其是在他们的专业知识不足时，更是如此。你尽可以要求人们去审视方案中存有哪些缺点，但是这种审视通常是心不在焉的，因为人们从内心深处更加愿意相信自己的方案是完美无瑕的。我们会设计出相关的练习项目，让人们不再执着于维护自己的方案，而是勇于否定自身的缺点。这就是事先解剖策略练习的意义所在：运用心理模拟，发现方案中的缺点所在。

在我们的练习中，参与人要去想象，方案实施之后的几个月他发现计划失败了。这就是他所知道的全部信息。之后的任务则是要去解释为什么计划会一败涂地。他们必须找到真正原因，才能勇敢地说："它之所以会失败，当然是因为……"这种练习背后的逻辑，就是让参与者切断与自己方案之间的情感连接，勇敢地接受挑战，展现出自身的创造力和能力，寻找到可能导致计划失败的根源。

人们想象自己的计划失败及其可能的原因，需要的时间不超过十分钟，随后的讨论则需耗费一个小时。我们曾经测试过这种事先解剖策略，跟我们所预期的相同，人们对于先前计划的信心会减弱。为此，我们也将其应用到新项目的初步谋划会议上，以发现可能存在的问题。

我们还建议在军事谋划的过程中采取事先解剖策略。在一项关于"陆军直升机执行任务过程中的团队决策"的研究中，我们观察了任务下达的过程。模拟的任务是：穿过战线，进入敌军领地，投下部队，再返回基地。敌方在空投地区布置了大量火炮，部队如果想成功空降，必须抓住仅一分钟长的时间窗口，趁火炮停止射击的当口，投掷战斗人员。该计划听起来比较简单，可是试想，在崇山峻岭之间穿梭飞行，同时还要躲避敌军的炮火，

---

① 事先解剖策略：英文为PreMortem，是"postmortem（尸检）"一词的变式，直译为"活体解剖"，鉴于其字面含义较为血腥，故译为"事先解剖"。——译者注

时而迷路，时而重返正轨，还须到达空降区，精准抓住时长仅一分钟的时间窗口，这简直是难上加难。二十多个机组中，只有一个成功地完成了任务。可是，据我们观察，在任务下达会议上，没有一名机组成员询问"倘若到达时间过早或者过晚，飞行人员应该怎么做"。我们的建议是：在任务下达过程中，应该设置"事先解剖"的环节，反思任务执行过程中可能出现的各种疏漏。

荷兰皇家壳牌公司是欧洲一家大型石油企业，它们曾经运用心理模拟去设想世界经济的未来发展趋势。20世纪70年代早期，石油公司的高管们认为，未来跟过去不存在什么差异，石油的供给和需求会持续增长，而且变化幅度极小。荷兰皇家壳牌公司的谋划部门则认为，经济状况将发生转变，石油供给会下降，而需求则会上升，因此1975年油价将大幅上涨（该预测于1973年石油危机之前即已提出，当时的政治事件进一步加快了油价上涨速度）。预测到价格上涨非常容易，困难的是如何将这种思维上的改变传递给荷兰皇家壳牌公司的高管们。

皮埃尔·瓦克，谋划部门的负责人，记录了他们构建未来情境的策略。这些"情景"跟心理模拟极其相似，只不过它落实到了纸面上，辅之以配图，而且其目的是改变高管们的观点。"预测情景"与"传统情景"的共同问题在于它们旨在提供答案。与之相比，"决策情景"的目的则是描述相关事件的各种影响因素，以便高管们将其作为依据，作出自己的判断。瓦克指出："情景，必须能够让决策者自己认识到相关事件的本质、影响要素、不同情境中的不确定要素以及可以用于解释关键数据的重要概念。"一般情况下，决策情景仅仅包含少数变量（通常是三个左右），以及若干转换过程（很少超过五到六个）。

谋划小组向高管们展示了一系列情景，以避免他们只将注意力放在其中一个情景之上。理想的情景数目是三个。第一个情景，与高管们内心中真实的思维模型相一致。这一情景又名为"三大奇迹情景"，因为若想令该模型成立，必须满足三大前提条件。另外两个情景则反映了看待世界的不同方式。展示这两个情景的目的，并非为了证明其正确，而是为了介绍当前事态背后的推动因素。另外，两个情景所依赖的前提是有所差异的。谋划组认为，如果这两个情景仅仅在某一个维度上有所差异，那么高管们就会采取折中态度。此事例表明，心理模拟如果被明确地表述出来，将具有更大的效力。高管们对决策情景会爱不释手，对基于数据和错误概率的预测则兴趣淡然。最终，高管们终于抛弃了旧有的思维，转而认定油价将急剧上涨。

心理模拟的相关研究还可应用于消费心理学领域。笔者曾经为一家大型公司开展过市场调查项目，调查消费者如何去想象商品的使用情况。研究目的是理解人们使用商品的实践为何有所差异，并且预测消费者对于一种新型产品将如何做出反应。大多数消费者都无法针对日常用品的使用方式建立起心理模拟。即使能说出三言两语，也不过是对该商品广告片段的复述而已。消费者的表现和"波兰经济"示例中那些无法预测未来走势的门外汉毫无二致。总之，很难确定地说消费者了解商品的使用方式。某些消费者本身使用商品的方式就存在谬误，在得到不满意的结果后，反而又将其归咎于商品本身。

关键要点

- 心理模拟可以帮助我们解释事件从过去到现在的发展历程。

- 心理模拟可以帮助我们预测事件从现在到未来的发展历程。

- 所谓心理模拟的构建就是形成一系列行动方案，说明事件从一个状态转变到下一状态的过程。

- 由于记忆容量存在限制，人类所构建的心理模拟通常仅包括三个变量以及六个转变过程。

- 只有积累足够丰富的经验，方可构建有用的心理模拟。

- 如果情景过于复杂，或者时间极其有限，且存在噪声或其他因素干扰，那么心理模拟的构建很可能遭遇阻碍。

- 如果个体刻意忽略不符合己见的反证，那么心理模拟的结果或许将具有误导性。

- 可以通过若干方法提升心理模拟的质量，包括使用"水晶球"策略、"事先解剖"策略以及决策情景法。

SOURCES
OF
POWER

The Vincennes Shootdown

———————————

第六章

压力情境下的错误决策

心理模拟引发的失败决策

一个人使用心理模拟，即使成功多次，也无法确保下一次就不会失败。威尔·罗格斯三世是美军神盾巡洋舰"文森号"的前任指挥官，在为美海军研究办公室所开展的研究中，笔者采访过他，询问了数起在时间极其有限的情况下进行决策的事例。

示例十三

盘旋的F-4战斗机

1988年4月，海湾战争期间，文森号缩减了训练时间，开往波斯湾。战争持续升级，双方都已经开始攻击敌国的民用商船。美国海军决定出手保卫商船，包括从科威特出发的油船以及其他各种海运船舶。伊朗人此时从中国购置了蚕式导弹，用于攻击美国海军部队。当时，海军只有一种军舰可以应付蚕式导弹，那就是神盾巡洋舰——它足以在茫茫碧海上承受无数军机的进攻。这也意味着，神盾巡洋舰是按照在公海执行任务而设计的，并不适合在类似波斯湾的狭窄水域行进。尽管如此，鉴于其他军舰无法胜任护航任务，文森号只好身陷两伊战争的血雨腥风中。

文森号的任务是在白天护卫旗舰科罗纳多号通过霍尔木兹海峡。按照罗格斯上尉的回忆，此次任务过程中，两架伊朗的F-4战斗机从阿巴斯机场出发，起飞向东。罗格斯本来认为，它们不过是在执行常规的巡逻任务，马上就将飞向南方或北方。与他的想法不同，飞机反而在机场跑道尾端不断盘旋。罗格斯注意到，盘旋的半径越来越大，随着每次盘旋范围的扩展，F-4战斗机与文森号和科罗纳多号的距离越来越接近。突然，领航的F-4

急速转向，并将其雷达调整成为目标获取模式（该模式用于锁定作战目标，并准备向其发射导弹）。这些都不是友善的行径。按照当时波斯湾尚存的战争礼节，若飞机使用雷达锁定船只，即可被视为"攻击行径"了。

罗格斯有责任和义务去保护自己的船只，但是他并不认为己方会遭受攻击。鉴于敌机的位置极其暴露，易被攻击，因此罗格斯认为对方不过是在骚扰我方。而且，美国海军之所以出军波斯湾，本意是为了减少双方敌意，不能再火上浇油。他努力站在F-4战斗机飞行员的角度，来推理当时的情势："我会冒险飞出来，在没有策略、没有配合、没有掩护火力的情况下，还是在白天，去攻击一艘火力更占优势、雷达更加先进的军舰吗？我会去跟一艘美国海军军舰开玩笑吗？"这是罗格斯能够想象到的事实真相。因此，文森号并没有开火射落这两架飞机，反而使用自身更为先进的电子设备，干扰对方的雷达。

罗格斯上尉同时一直小心谨慎地监控F-4战斗机的位置，避免对方靠近自己。他不想让自己的舰船和科罗纳多号陷入危险当中。很快，伊朗的战斗机不堪骚扰，飞离了现场。

罗格斯上尉完成了自己的任务：在不去射击F-4战斗机的情况下，保护了己方军舰和旗舰的安全。他可以调用自身经验，去推测飞行员的心理活动。因为他认为不存在飞行员攻击军舰这一可能性，因此，他判断局势完全在掌握当中，自己没必要勃然发怒。有时候，我们会将这种思维过程以图画的形式进行说明。图九就是一个示例。事件从图九左上部开始，行进到右侧。新信息在图九上部进行展示。每一列都代表了罗格斯上尉对当前情境的思维过程。

罗格斯上尉还参与了另一次事件，那一次他们击落了一架伊朗客机。他运用了相似的策略，尽量去想象飞行员的意图。他成功地排除了那些不切实际的可能性。根据自己的心理模拟结果，他判定雷达上的目标并非商用客机。只不过，这一次他的判断大错特错了。

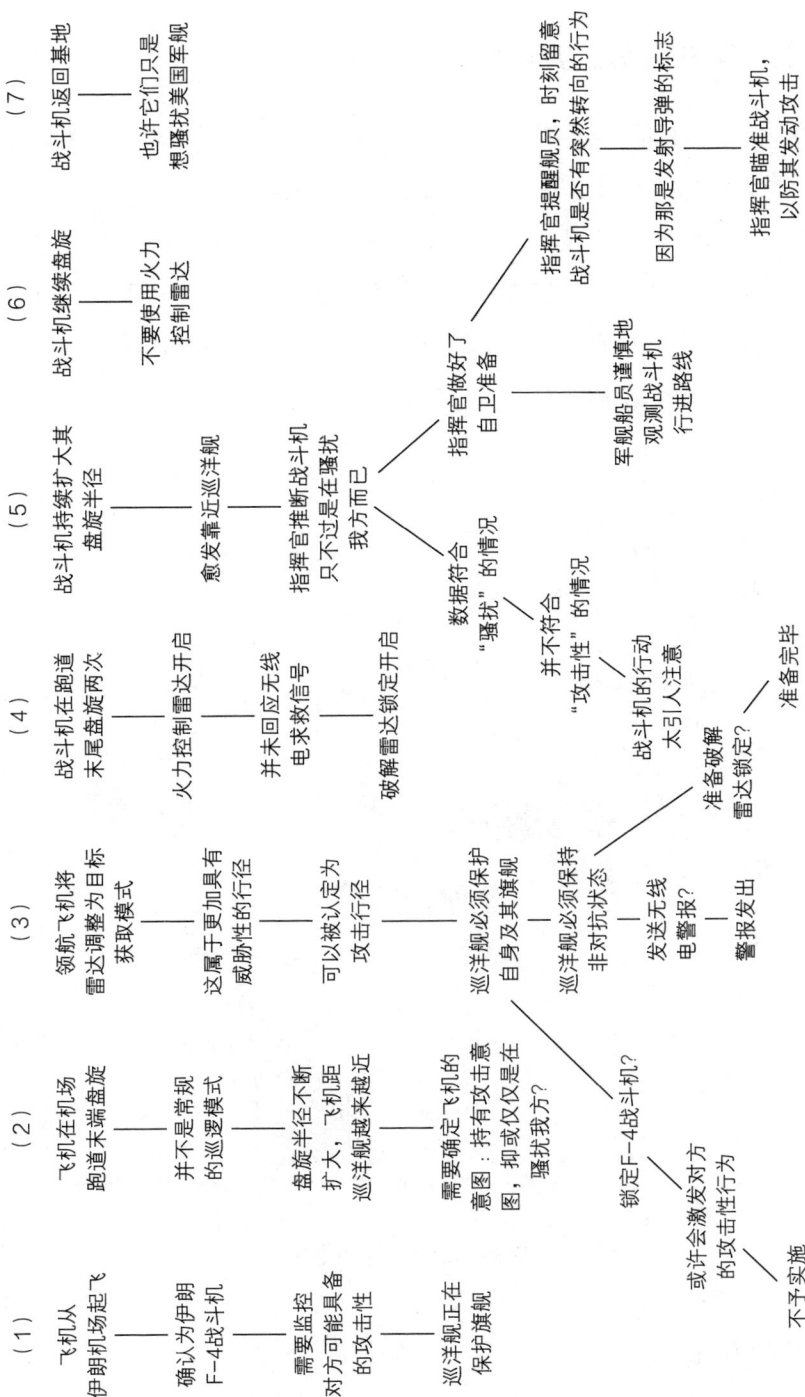

图九 盘旋的F—4战斗机：情况发展变化对情境的感知方式

（1）
飞机从伊朗机场起飞

确认为伊朗F—4战斗机

需要监控对方可能具备的攻击性

巡洋舰正在保护旗舰

（2）
飞机在机场跑道末端盘旋

并不是常规的巡逻模式

盘旋半径不断扩大，飞机距巡洋舰越来越近

需要确定飞机的意图：持有攻击意图，抑或仅仅是在骚扰我方？

锁定F—4战斗机？

或许会激发对方的攻击性行为

不予实施

（3）
领航飞机将雷达调整为目标获取模式

这属于更加具有威胁性的行径

可以被认定为攻击行径

巡洋舰必须保护自身及其旗舰

巡洋舰必须保持非对抗状态

发送无线电警报？

警报发出

（4）
战斗机在跑道末尾盘旋两次

火力控制雷达开启

并未回应无线电求救信号

破解雷达锁定开启

准备破解雷达锁定？

准备完毕

（5）
战斗机持续扩大其盘旋半径

愈发靠近巡洋舰

指挥官推断战斗机只不过是在骚扰我方而已

数据符合"骚扰"的情况

并不符合"攻击性"的情况

战斗机的行动太引人注意

（6）
战斗机继续盘旋

不要使用火力控制雷达

（7）
战斗机返回基地

也许它们只是想骚扰美国军舰

指挥官做好了自卫准备

军舰船员谨慎地观测战斗机行进路线

指挥官提醒舰员，时刻留意战斗机是否有突然转向的行为

因为那是发射导弹的标志

指挥官瞄准战斗机，以防其发动攻击

决策过程中的缺陷与偏见

1988年4月3日，美国军舰文森号向伊朗航空公司655号航班、一架空客300飞机发射了两枚导弹，该机出发地是阿巴斯机场（具体情况如图十所示）。起飞时间是当地时间上午10：17。导弹发射时间是10：24。航行过程持续了七分八秒。从文森号判断客机为进攻目标到导弹发射，用时大约三分九秒。很快，文森号和整个世界都知道了，那不过是一架商用飞机，定期从阿巴斯机场飞往阿拉伯联合酋长国的迪拜。

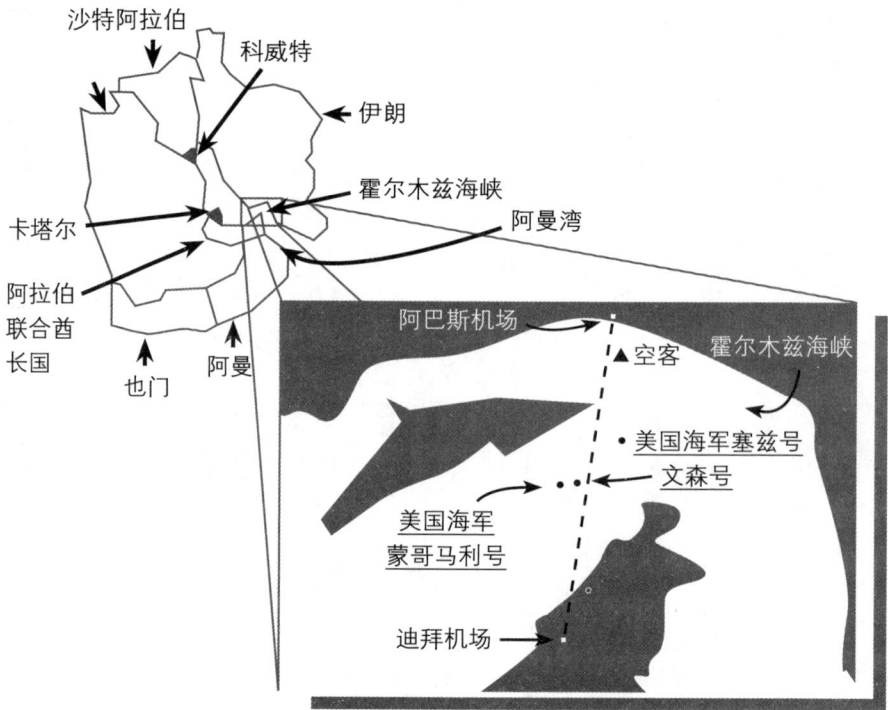

图十　文森号事件地图投影

此事件被广泛用作"压力情景下决策错误"的示例。所谓"压力"，包括时间压力、恐惧心理以及不确定性等。大多数人都认定，文森号船员进行决策的过程，存在着明显的缺陷与偏见。

文森号舰员决策失误的前因后果

当时，伊朗军队和美国海军之间的敌意持续累积。除了1988年4月18日的"F-4战斗机盘旋骚扰事件"之外，波斯湾还发生过一次类似事件。这一次被侵扰的是美国海军"维恩莱特号"，它发射了三枚导弹，并且击毁了敌机。1988年6月中旬，伊朗人将大量F-4战斗机转移到了阿巴斯机场，该机场既可作为民用，也可作为军用。之后，一架伊朗F-14战斗机飞近了美国巡洋舰，虽被警告，仍未止步，终于被火力控制雷达锁定。另有一次，一架伊朗商用客机从阿巴斯机场出发时，另一架伊军F-4战斗机就潜伏在客机正下方躲避雷达侦测。美国海军斯塔克号被伊拉克战斗机攻击之后，美军修改了作战规定。新下发的规定为指挥官赋予了更多的自卫自由，即使对方没有首先发动攻击，指挥官亦有权力先发制人。

另外存在的一个问题，就是使用"区分敌我"（IFF）系统来辨别飞机。商用及军用飞机均装备有相关电子器械，发送其特征信号。如果有另外一个同样的电子装备发出信号，则飞机所携带的电子装备将做出回应。在美国，倘若回应属于"模式四"类型，那就说明对方是军用飞机，且属于我方或者友方，并配置有当天的密码。商用飞机在受到探测时，则会返回"模式三"信号。他国的军用飞机则会发送"模式二"信号。尽管如此，伊朗军用飞机过去就曾经发出过"模式三"信号，借以伪装自己是商用飞机。

此外，美军最近针对伊朗开展了若干军事行动，伊拉克也取得了军事上的部分胜利。同时，情报显示，伊朗将在7月份的第四个周末，发起若干挑衅性行为，这很有可能是针对舰船的自杀式袭击。伊朗革命护卫队在1988年7月2日，开始了针对商用船舶的一系列攻击，这预示着更广泛的作战行动即将开始。战争局势一触即发。

1988年7月3日，美军"蒙哥马利号"被隶属于伊朗海军的13艘炮艇层层包围，并受到攻击。上午十点，文森号距离蒙哥马利号大约35~40英里，遂前往驰援，并派遣一架直升机去侦察情况，结果直升机被伊军攻击。文森号赶到事发海域后，亦被炮艇攻击。炮艇分为了两组，水面冲突就此一发不可收拾。

看似奇怪，文森号，一艘大型的美国海军巡洋舰，居然会被小小的炮艇所威胁。事实上，文森号的任务是防空作战，其装备特点并不适用于应对小型的水面目标。相反，炮艇发射出的弹药则能够毁坏文森号的上层结构，进而伤害到船员。文森号上只有两杆枪可以应付炮艇，结果其中一杆还出了故障。文森号不得不急速转弯，将好用的那杆枪对向敌人。这就是空中客车飞机飞近时的水面情势。

示例十四

空中客车的航行

伊朗空中客车655号航班于当地时间上午10：17起飞，较预定时间推迟了27分钟。其飞行路径恰好就位于文森号正上方。655号航班一路攀升，高度已升至一万两千英尺。在飞机准备继续上升到一万四千英尺的过程中，不幸被导弹击中。以下是当天上午所发生的事件始末介绍。

10：17——文森号上的电脑系统，将目标认定为"未知目标，推测为敌人"，因为其起飞机场为伊朗的军民两用机场。电脑设定其追踪号码为"4474"（电脑中的每个目标——包括飞机、水面舰艇或者潜水艇——皆会设定追踪号码，作为目标的代称。这些追踪号码可以用于舰上人员高效地讨论目标）。

10：18——第二艘位于事发海域的军舰，美国海军"塞兹号"，同样侦测到655号航班的轨迹，并赋予了其另外一个追踪号码"4131"。电脑网络系统推断4474和4131代表的是同一架飞机。因此，电脑最终将追踪号码设定为4131——塞兹号挑选的追踪号码，弃用了文森号选定的号码。目前尚不清楚，追踪号码变更一事是否曾经在文森号的内部沟通网络中有所宣布。这时候，文森号的一名舰员查询了商用飞机的时刻表，发现655号航班本来应该在上午9：50起飞，并没有任何客机会在10：17从阿巴斯机场出发。与此同时，文森号又意识到，一艘伊朗P-3侦察机也在相同海域。P-3军用飞机具备监控功能，在战斗中可用于指挥其他战机。此时，空中客车距离文森号为四十四海里。

10：19——文森号首先向未知飞机发送了第一次警告信息，催促其离开事发海域。之后的几分钟内，文森号又同时使用军用及商用频道，向飞机发送了两次警告信号。针对这些警告，飞机却并未做出任何回应。罗格斯上尉认为这种情况极其不同寻常。过去，他曾经向两艘商用客机发送过警告信息，每一次都得到了对方的回应。他认定，任何商用客机都会按照规定持续开启国际求救频率。文森号内部也曾探讨过是否应该联系空中交通管制部门，但可惜，船上没有足够的电台供其使用。

10：20——此时，文森号战斗信息中心的舰员报告道，区分敌我系统收到了"模式二"信号，说明对方是一架伊朗军用飞机，很有可能是F-14战斗机。我们现在当然知道，此判断是错误的。但在当时，文森号战斗信息中心的舰员则认定，他们面对的就是一架伊朗F-14战斗机。神盾电脑系统并不会接收区分敌我系统的数据，因此电脑没有自动储存上述错误信息。舰员需要手动将信息输入到大屏幕上予以显示。此外，信息中心舰员的判断也通过内部声音通信系统告知了全体成员。文森号当时确定，其面对的是一架直接朝自己飞来的F-14战斗机，而且刻意忽略了己方所发出的信号。舰员们下定决心开展空中攻击或许就是从这一刻开始的。当然，并非所有舰员都认同此论断。一位舰员就告诉罗格斯上尉，他认为对方是一架商用客机。

负责指挥空中战争的战术行动军官要求，文森号在飞机距自己二十海里之内时再发射导弹进行自卫。罗格斯上尉否定了这个请求。因为该飞机并没有携带任何常规性质的攻击武器，譬如搜索雷达或者火力控制雷达。罗格斯的使命是减少冲突，而不是挑起争端。他希望在开火之前，搜集到更丰富的信息，即使为此面对更多风险也在所不惜。这是因为，他对神盾系统很有信心，不仅如此，他不相信哪名飞行员胆敢鲁莽地攻击这么强大的军舰。于是，文森号开启了其火力控制雷达，以便随时向飞机开火；这样做还有一个目的，就是让对方飞行员知道，飞机已经进入到了文森号的视野当中。即便如此，飞机仍然没有对信号做出回应，而且还偏离了商用客机的空中走廊中心线行驶。空中走廊共宽十英里，虽然飞机仍然处于走廊内，但是如同罗格斯上尉所说，按照规则，它本应该像"虫子在电线上行走"那样直线飞行。当飞机被导弹击中时，飞机朝着文森号的方向，已经偏离了中心线3.35海里。

10∶22——罗格斯上尉问道："4474现在怎么样？"文森号舰上数名成员报告飞机正在下降。这不是什么可喜迹象，因为如果目标是客机，一定会持续攀升高度。根据这些舰员所言，飞机的表现恰恰属于典型的攻击属性——速度加快，高度降低，而且距离变近。尽管如此，仍有几名舰员认为，飞机高度其实还在上升。不论如何，如果飞机携带了空对地导弹，那么当时文森号已经处于被攻击范围之内了。

10∶24——罗格斯上尉已经忍无可忍了。倘若任由飞机靠近，那么文森号上的武器系统即将失效。他已经等到了最后一刻，只好命令导弹立即发射。空中客车在一万三千五百英里、距文森号八海里的地方，不幸被导弹击中。

据笔者看来，开火决策还是比较直截了当的，其依据即为心理模拟。所有的线索都表明，对方是一架具有攻击性的飞机：

- 区分敌我系统显示对方是一架F-14。
- 对方没有回应无线电警告信息。
- 飞机起飞时间与炮艇进攻时间一致。
- 飞机朝着文森号方向下降。

上述情况全部属实。虽然如表格二所示，无论是哪种情况都存在着不符之处，但那些都不属于本质问题，可以轻易地做出解释。第一点不符之处，飞机虽然并没有使用雷达或者其他目标锁定的相关电子设备，但是该区域的P-3侦察机有能力向己方军机提供目标信息，或者飞行员希望通过视觉接触判断文森号的情况，待进一步靠近时再开启火力控制雷达。第二点不符之处，是飞机发出了"模式三"区分敌我系统信号，看似说明目标是商用客机，不过，伊朗军机先前就曾经使用类似的阴谋诡计。第三点不符之处，飞机忽略了文森号发出的军事空中急救无线电信号，但这也或许恰巧说明了其居心叵测，正符合文森号的预期。

表格二　文森号误击客机：不符之处

F-14攻击机的不符之处	商用客机的不符之处
没有发出任何雷达信号	飞入了水面战斗区域的中心处
发出"模式三"区分敌我系统信号	没有坚持在商用飞机空中走廊中线飞行
忽略了文森号发出的军事空中急救无线电信号	起飞时间与预定计划不符
	忽略了文森号发出的国际空中急救无线电信号
	发出了"模式二"区分敌我系统信号*
	朝着文森号方向下降*

★：事后证明，该情况并不属实。

与之相比，如果认定飞机是商用客机，则故事中的漏洞就太多了。为什么空中交通管制部门会引导飞机进入一片发生水上战争的海域呢？为什么飞行员不精准地沿着空中走廊的中心线飞行呢？为什么起飞时间与预定计划不符呢？为什么机组成员要忽略文森号发出的国际空中急救无线电信号呢？更令人困扰的是，为什么飞机会发出"模式二"区分敌我系统信号呢？最令人迷惑不解的是，为什么飞机会朝着文森号方向下降高度（这一点得到了绝大多数舰员的报告证实）呢？既然有如此多的不符之处，实在难以据此构建出一个合理的理由。对方是商用客机这一论断，轻易即可推翻。

指责罗格斯上尉没有作出正确的决策固然非常容易，因为我们站在事后的角度，可以轻松地看出罗格斯所犯下了错误。但是，这次我们并不需要做事后诸葛亮。因为美国军舰塞兹号的指挥官也看了同样的雷达图，并且最后正确地判定对方是一架商用客机。当然，塞兹号当时并没有受到F-14战斗机的威胁，也没有被炮舰所攻击。但是，塞兹号在时间极其有限的情况下，仍然作出了正确的决策。为什么呢？

文森号当时所收集到的信息之中，出现了两个错误：首先，655号航班从没有发出过"模式二"区分敌我系统信号；其次，它的高度也未曾下降过。塞兹号在这两点上都精准地判断了眼前局势。文森号舰员在误以为对方是F-14战斗机之后，这种想法就模糊了他们的双眼，影响了他们的思维方式。随后，在认定飞机高度有所下降之后，舰员们就再无任何疑惑了。两个错误当中，第一个更为致命。如果文森号从未收到过"模式二"区分敌我系统信号，那么舰员们很有可能判定对方是一架商用客机。

第一个错误很好解释。文森号战斗信息中心的某位舰员负责雷达目标的解读。他使用远程控制显示器，去联络飞机的异频雷达收发机器，试图接收区分敌我系统的信号。在655号航班从机场起飞时，舰员成功地连接到了它，但接下来的九十秒中，双方却失去了联系。按照区分敌我系统的工作原理，波门会一直定位在阿巴斯机场的跑道末端，即使在655号航班飞向文森号时，仍是如此。这段时间里，地面上的飞机会干扰到区分敌我系统的信号。如果一架军用飞机恰巧就在波门覆盖的位置出现，文森号这边就很可能接收到"模式二"信号。巧合的是，当天一架从阿巴斯机场出发的伊朗军用飞机，恰恰向文森号发出了"模式二"信号。"模式二"信号的来源，正是这架军用飞机。可见，根本不存在什么决策错误，只是因为人的失误，才将空中客车和代表军用飞机的"模式二"信号联系起来。

第二个错误则更具争议性：判定飞机高度在下降。事实上，在被导弹击中之前，飞机一直是在攀升高度的。电脑系统的报告也显示，飞机持续在上升，塞兹号亦正确地判断出了这一点。美国海军针对此事件所发表的官方《弗加提报告》总结认为："在此事件中，压力、对于任务的执着、针对数据的无意识扭曲，或许都扮演着相当重要的角色。在接收到……短暂的'模式二'信号之后，舰员认定，4131追踪号码代表着一架伊朗F-14战斗机。某舰员报告有'模式二'信号之后，另一位舰员则似乎扭曲了对于数据流的解释结果，其无意识的动机是希望将搜集到的证据与事先认定的情境相互匹配（情境满足）。"

这种解释与本书在心理模拟部分提及的"花园路径谬误"相一致。尽管如此，按理来说，训练有素的舰员也不应该扭曲原本并不模糊的数据，而设法搪塞与己见不符的证据。根据《弗加提报告》，舰员们并没有如"最小解释法"般搪塞各种反证。他们只不过在尽心竭力地扭曲数字而已。这样的结论并不能让我们满意。

另有五人组成的领导力决策研究小组受邀调查此事件，并向国会下属的一个委员会就事发原因进行报告。小组当中的部分成员也十分同意《弗加提报告》的观点。其中两人就认定应将此事归结为"错误的决策结果"。一位成员指出，该事件出现了明显的"预期谬误（expectancy bias）"，也就是说人们只能看到自己所预期的东西，即使事实与预期不符，他们仍然固执己见。他引用了布鲁纳和博斯特曼于1949年发表的一篇研究，该研究中实验参与者首先要观看快速呈现的扑克牌图像，并说明牌面是什么。当方块J的图案为黑色时，参与者完全没注意到这一异常现象，仍会将其指认为方块J。这名成员指出，文森号对于飞机高度的误判，十分符合预期谬误的特征，由于实验参与者会被自己的预期影响思维和认知，因此他们所作出的判断并不值得信赖。

笔者同该名决策研究者长谈过，他向我解释了文森号事件中战斗信息中心受困于决策失误的种种表现。这并非我对此次事件的解读。从《弗加提报告》中，我看到了一个团队，他们面临着意料之外的战斗，竭尽全力地去猜测是否会有F-14战斗机来摧毁己方舰船，他们因为担心犯错，所以直到最后一刻才作出决定。他们一直希望能够得到飞行员的回应，因此甘愿冒着生命危险，去争取更多的双方联络时间。

为了更加审慎地考虑所谓的预期谬误，不妨试想，倘若文森号当时并没有开火，之后却被F-14战斗机攻击又将如何。《弗加提报告》指出，从1988年6月2日至7月2日，波斯湾地区的美国驻中东部队，总共发起了150余次针对飞机的攻击。其中，83%被攻击飞机为军用战斗机，而只有1.3%为商用客机。因此，我们推断，如果波斯湾地区发生战斗，那么美军的作战对象十有八九会是伊朗战斗机。我们继续设想这种场景，即文森号没有开火，反而被F-14攻击。那么，决策研究者还是会说文森号舰员出现了决策谬误，只不过这一次的谬误是忽略了基本概率，也忽略了预期的内容。按此逻辑，文森号无论如何都将受到苛责。假如你按照预期开展行动，结果犯了错，那么你就犯了预期谬误。假如你没有考虑到预期情况，结果犯了错，那么你就忽略了基本概率与预期情况。这也就意味着，决策谬误所解释的事物范围过广。设若决策谬误可以在结果出现之后解释一切，那么这也就意味着，无论发生什么事情，它都无法作出可靠且可信的解释。

为了排除"情境满足"及"预期谬误"的干扰，我们必须提出更加合理的解释方式。《弗加提报告》还指出了一个明显的问题：文森号上配备的电脑屏幕非常难以辨认。虽然舰上设有一块巨大的屏幕，用于显示巨幅图片，但是该显示屏并不显示高度信息。相反，高度是呈现在主显示屏幕附近的字母数字显示器上的，而且只有四位数字，所以"13000英尺"仅显示为"1300"。这个数字周围还夹杂着距离、速度和方位等多串数字。小屏幕本身就不便于阅读，再加上舰员往往需要将目光从自己重点负责的监视器上挪开，转而去注视小屏幕，因此出错概率难免大幅提升。《弗加提报告》另外又提出一个更为关键的问题，那就是电脑没有显示数据变化趋势。为了探明数据变化趋势，舰员们必须定时计算四位数字的变化情况。笔者询问罗格斯上尉，舰员推断出高度数据需要多长时间，他说大概五到十秒。乍看起来，这段时间也不是很长，但请试想，舰员们身处嘈杂的房间当中，头上戴着耳机，左耳有信息输入，右耳也有信息输入，房间中的大喇叭同时还在播放着通告，同时可能还有人说出新的信息。在这种情况下，舰员很有可能无法及时记录高度数据以推断其变化走势。文森号事件中，关键决策用时共189秒。这种情况下，10秒钟就不再显得那么短暂了。《弗加提报告》推荐，将来高度变化信息应该在大屏幕上予以清楚地展示。这个建议是有其依据的。可是，它仍然无法完全解释，为什么如此多的舰员坚称自己当时看到飞机高度正在下降。

答案可能是，另有一架无人知晓的飞机导致了误会的产生。罗格斯上尉跟笔者提及了第二架飞机存在的可能性。他说，事件起始阶段出现了一些异常情况。当时，文森号给655号航班设定的编号是4474，与此同时，塞兹号为同一架飞机设定的编号则是4131。电子化系统判断出4474与4131实际上是同一架飞机，因此只能设定同一个追踪号码。电脑最终选择了塞兹号为655号航班设定的编号4131。为避免号码数量不足，电脑仍然将4474置于内存中，以备循环使用。几分钟后，该号码派上了用场，该号码指定给了数百英里外的一架美国海军A-6战斗机。无巧不成书，事发当时的10：20~10：24，该A-6战斗机正在加速下行。这是罗格斯针对当时情况所作出的推断，当然他不敢确保这种猜测的可靠程度。

《弗加提报告》指出，事发过程中，文森号众舰员的思维活动不啻为一场骚乱，每个人对于飞机的情况都有不同的认识。

罗伯茨和杜特维于1995年重新分析了此事件的证据，并总结指出当时文森号上存在着两种认知状态。一部分舰员认为，飞机的高度绝对在上升，他们的观点完全符合空中客车的飞行模式；另一部分舰员则认为，飞机的高度绝对在下降，他们的观点符合A-6战斗机的飞行模式。换言之，由于体制缺陷，文森号的舰员们或许一直都在同时监测着两架飞机。追踪号码改变这一事实，并没有及时而明确地通告给全舰成员。为了追踪某一目标的高度，需要在屏幕上使用追踪球锁定它。鉴于船身激烈摇晃，文森号船员都会手动将追踪号码输入到电脑中。很明显，大多数船员也是那样做的，而且输入了错误的编号。当罗格斯上尉询问"4474现在怎么样了"时，舰员们随即进行查询，得出了飞机高度在下降这一结论。可见，我们无须诉诸于"情境满足"及"预期谬误"。事件起因就是舰员们所观看到的四位数字是错误的。

为什么空中客车没有针对无线电警告做出回应呢？一种猜测是，在如此短途的飞行中，飞行员一只耳朵要收听出发地阿巴斯机场空中管制部门发出的消息；另一只耳朵则要收听目标机场迪拜的有关信息。鉴于此，飞行员根本无暇顾及国际无线电的求救信号。

文森号误击客机事件与示例九"利比亚大型客机"事件存在诸多相似之处。两个案例中，客机之所以被击落，都是因为飞行员的行为方式超出了监控飞机行进人员的理解范畴。两个案例所遵循的模式相同：运用心理模拟，评价并排除了可能的解释方式。

SOURCES

OF
POWER

Mental Simulation
and Decision Making

第七章

心理模拟如何影响决策

在非常规决策中，心理模拟可以发挥多重功用。它能够帮助人类解读线索及接收到的信息，从而思考如何解读情境并且"诊断"问题之所在。它帮助人类"生成"预期，推测事物的发展态势，并在头脑中演示行动方案，以便提前做好准备。此外，它还可以协助我们评价行动方案，寻找其漏洞所在，借以决定是采取还是放弃该方案，抑或静观后效。

心理模拟对决策的影响力

心理模拟在识别启动决策模型中，至少会影响三个领域：一是通过"诊断"来形成情境知觉；二是通过"生成"预期来审核情境知觉；三是评价各行动方案。

情境识别

识别启动决策模型的基本要义就是人类可以借助自身经验，估测眼前情境，并判断其是否常见或是否具有典型性。通常情况下，这些评测过程的速度极快，而且自动发生，人类根本意识不到。但是，有些时候，个体则需要在意识层面上努力去分析不同的线索。心理模拟正是探明事件的来龙去脉，对事物做出解释的一种方式。使用心理模拟，对事物作出合理解释时，决策者会感到自己是在"诊断"眼前情境，类似于医师诊断疾病或者汽车机师诊断引擎故障一样。"诊断"这种心理模拟过程，实际上就是将不同的事件交织在一起，组合成一个"故事"，从而揭示出事物的前因后果。

在示例十三中，罗格斯上尉认定，持续靠近己方船舰的F-4战斗机不会发动攻击。他所做的就是一个决定——对飞行员的意图进行"诊断"。他通过自己对于飞行员意图的理解，去解释他们的行为，这种解释进一步塑造了罗格斯的行为。在示例十四中，罗格斯上尉则认为，不断靠近的飞机，追踪号码为"4131／4474"的目标，或许会攻击己方。这一次他所作出的还是一个决定，只不过他所使用的数据出现了错误。

情境识别既可以通过直觉性的特征匹配而快速形成，亦可以有意识地通过心理模拟而形成。某些情况下，眼前情境会令我们想起先前发生过的事件，由此我们就会运用类比的方法去推测究竟发生了什么。某些情况下，同一件事情存在着不同的解释方式，决策者必须将它们相互比较。具体而言，我们通常会逐一审视各种解释方式，探查其是否存在不合理的因素，以便去芜存菁，选择最优者而留之。

南希·潘宁顿和雷德·海斯提于1973年研究了人们在判断"被告人是有罪抑或无罪"的过程中所采取的决策方式。在审判之中，起诉律师与辩护律师都会展示出大量的证据。按照潘宁顿和海斯提的研究结果，人类在进行法律裁决时，通常都无法将上述海量证据分门别类，并且探讨其内涵深意。相反，人们会在脑海中构建故事或者进行心理模拟，努力将现存的证据代入到自己所设定的犯罪情节当中。本书第五章中所介绍的衡量心理模拟的标准，此时皆可发挥作用，包括一致性、可行性等。陪审员们不会消极地聆听律师口若悬河，反而会主动去构建自己的故事，形成自己的解释方式。之后，他们会将自己的故事与律师所讲述的故事相互对比，并且选择那个与自己想法最为匹配的故事。潘宁顿和海斯提将此模式称作"故事模式"，因为这种推理策略的本质就是以构建并且评价不同故事的方式，去理解人类的所作所为。

故事模式阐明了人类进行诊断性决策的过程。一旦我们对情境作出诊断，我们也就为图十一中的情境知觉提供了若干方面的信息。

在变化的背景下体验当前情境

评估
【特征匹配】
【故事构建】

否

当前情境是否属于典型情况?
【原型或者类比】

更多数据

干扰

是

澄清

识别可以产生四种附加结果

异常

预期　　　相关线索

潜在目标　　典型行动

评估行动
【心理模拟】

修改　←　是否有效?　　否

是，但是需要　　是

实施行动

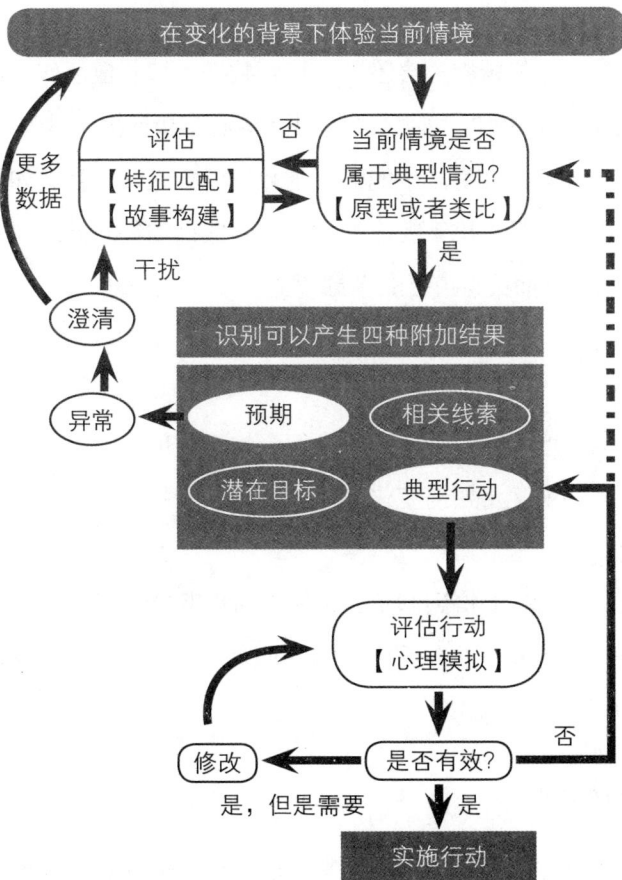

图十一　识别启动决策模型整合版

- 我们会根据若干基本原则，来预测某些事情会发生而某些事情不会发生。

- 我们会对与"诊断"相关的线索多加注意。

- 我们在某种程度上理解"哪些目标较为合理"。

- 我们知道哪种类型的行动将会取得成功。

埃尔斯坦、舒尔曼以及思博拉夫卡于1978年研究了医师进行诊断的过程。按理说，医师在作出诊断之前，必须细致探讨全部的症状，以避免有所疏漏。尽管如此，埃尔斯坦及其同事却发现，医师从一开始就会在心中形成假设和解释，并用其指导检验过程。在人们的理想世界中，医师在诊断过程中将如机器般精密，会不断审视新数据，抑制自己作出武断臆测的冲动。可惜，现实并非如此。强行命令决策者在记录数据的过程中压制想象，只会降低决策效率，因为故事能够赋予数据以意义，而且，如果不将数据代入到故事当中，那么决策者就很难追踪到数据的每一处细节，也难以随着故事情节的丰富而更新自己的直觉。

预期

在对情境进行诊断的过程中，人们会构建心理模拟，去想象事件在过去如何发展，将来又将如何变化。决策者的经验越丰富，其预期也就越直截了当。

通过查验预期是否得到满足，决策者可以判断心理模拟的合理性。倘若预期与现实越矛盾、推翻反证的难度越大，决策者对于心理模拟及情境诊断的信心就将越低。

行动方案

拥有评估情境经验的人，将会掌握应对该情境的典型处理方法。在识别启动决策模型的变式一中，人类会在未曾思考细节的前提下，就贸然选择自己想到的第一个行动方案。但是，这一简单的模型并不适用于重大决策过程。很少有人会冲动到"头脑中一有想法就马上付诸实践"的地步。

在示例八"汽车营救"中，我们介绍了如何运用心理模拟来评价新的行动方案，此即识别启动决策模型的变式三。在示例四"天桥救援"中，指挥官则依次针对不同的行动方案进行斟酌，却从未在不同的方案之间进行比较。我们所开展的消防指挥官研究也表明，当指挥官们确实需要评价某一行动方案时，他们都会采用心理模拟的策略。

阿德里安·德·格鲁特在以国际象棋大师为对象的研究中，也发现了类似的结果。在大众的想象中，象棋大师都是客观冷静且精于计算之人。

德·格鲁特要求国际象棋大师在困局中思考何为最佳棋着，大师们将依赖心理模拟来评估下一步棋应该怎样走。根据德·格鲁特已经发表的著述，在总共四十多个棋局中，每一局都需要反复斟酌，其中只有五局，国际象棋大师会去思考每种走法的优缺点。其他情况下，大师们全都只是在排除某种棋着或者思考其具体结果。

优胜劣汰的理性选择策略

当然，某些情况下，针对不同选项开展比较性评价会更有价值，单一性比较则无法生效。欧拉萨努和费切尔就曾经提出过一个明确的相关示例：商业航空公司的飞行员倘若因为天气原因或者机械故障，不得不改变航线，那么他们就必须选择迫降于哪个机场。虽然心理模拟在此过程中能够占据一席之地，但是识别启动决策模型则并不适用于此情境。识别启动决策模型所描述的是人类在不比较各选项的前提下进行决策的情况，可这并非自然情境下的唯一决策方式。尽管存在时间压力，但人类在某些情况下仍然需要去比较不同的选项。譬如，你来到一座新城市，中介向你展示了若干间待售的房屋，这时候你就必须要比较每间住房的优缺点，择优而选。另有一些决策研究者还曾探讨过人们比较不同选项优劣的方式。以下就是成功运用理性选择策略的例子。

示例十五

丹佛的子弹

丹佛警察局局长提议更换所有警官的手枪子弹类型，具体来说就是将旧有子弹调整为制止犯罪有效性更高的"中空弹"。若干市民团体对此政策感到不满，他们认为，中空弹会大幅提升嫌疑犯的受伤严重程度，这是不能接受之事。他们表达了自己的抗议之情。在陷入僵局的关键时刻，市政府转而去求助肯·哈蒙德——科罗拉多大学一位顶尖的决策与判断研究者。

哈蒙德与自己的研究团队接受了这个挑战，并决定使用正规的分析方法来解决争端。首先，他们分析了市长和市议会议员在选择警察手枪弹药时所重点考虑的社会价值，包括：制止犯罪的有效性、致伤严重程度以及对临近旁观者的威胁程度。接着，他们召集了一个委员会，成员包括一位武器专家、一位弹道专家以及三位创伤弹道专家。随后，委员会前往华盛顿特区的国家标准局，针对弹药制止犯罪的有效性、致伤严重程度以及对临近旁观者的威胁程度，开展科学测试。评判仅仅关注弹药的技术特征，探查其攻击"弹道明胶"（用于模拟人体组织）的效果如何。专家们对于各方政治代表们的主张并不知情。最后，哈蒙德及其团队成员，还将社会价值判断与数学模型的结果结合起来，该模型会同时考虑到"针对弹药制止犯罪的有效性、致伤严重程度以及对临近旁观者的威胁程度的科学测试"的结果。

模型的结果更加青睐于第三类子弹。与丹佛警察局当时所使用的子弹相比，第三类子弹制止犯罪的有效性更高，而且不会提升致伤严重程度。与丹佛警察局长推荐的中空弹相比，第三类子弹在制止犯罪的有效性方面提升程度差不多，而且不会加深致伤严重程度。此外，模型分析的结果还显示，与前两种子弹相比，第三类子弹对于临近旁观者的威胁程度更低。

市长、丹佛市议会、丹佛警察局和民间团体，一致接受了通过模型分析而得出的子弹类型。虽然该子弹同样属于中空弹的范畴，但是它的其他机械属性，包括其重量皆低于丹佛警察局长所推荐的中空弹，在针对弹药制止犯罪的有效性、致伤严重程度以及对临近旁观者的威胁程度的科学测试这三个方面更加容易被整个市民社区所接受。争议就此获得完美解决。

理性选择模型中，包括一类所谓的"补偿式策略"，也就是说某一维度上的劣势可以通过其他维度上的优势进行弥补。研究者们还提出过一系列更加易于使用的非补偿式策略。这些策略中，某一维度上的劣势无法通过其他维度上的优势进行弥补。决策者要做的就是选择那个在最重要维度上得分最高的选项，同时忽略其他维度。另外一种更加简单的策略叫作"逐层筛选策略"，首先在最重要的维度上比较全部选项，不符合标准的选项被剔除，其他选项则需要在次重要的维度上进行衡量，不符合标准的选项再

次被剔除，以此类推，直到仅剩一个选项为止。最后，还有一种策略即所谓的"对决程序"，先将某一选项和另一选项进行比较，胜出者同第三个选项进行比较，之后，胜出者再同第四个选项进行比较，以此类推。使用这种方法时，每一次都要同时考虑两个选项。

示例十五中，我们介绍了一个成功运用形式分析方法的例子。有时，人类会使用比较性策略；有时则会使用单一评价式策略，这一点在本书介绍识别启动决策模型时已有述及。

选择最适合的决策策略

表格三中，我们预测了人们何时会使用何种决策策略，其依据是我们在先前大量研究中所观察到的结果。表格三列举出了评价行动方案的两种方法的边界条件。

表格三　不同决策类型的边界条件

任务条件	识别启动决策模型	理性选择策略
时间极其有限	可能性更高	
更高的经验水平	可能性更高	
动态条件	可能性更高	
目标不明确	可能性更高	
需要明确理由		可能性更高
消除冲突		可能性更高
最优化		可能性更高
计算复杂度更高		可能性更高

在下列情境下，人们会更加倾向于使用单一评价策略：

● 当时间极其有限时。每次只能评价一个选项，直到找出满意方案为止，原因在于列举出所有选项并在各评价维度上进行分析所花费的时间过多。

● 当个体在该领域经验比较丰富时。借助经验，人们可以更加有信心地去评估眼前情境，尽快地识别出最合理的行动方案。

● 当事物条件更加多变时。一旦情境更改，之前费心费力所做的分析即将完全无用了。

● 当目标极其不明确时。由于目标模糊，很难设定出适用于所有行动选项的评价标准。

与之相比，在下列情境中，人们更乐于运用比较性评价策略：

● 当决策者需要为自己的选择指明理由时。高层通常要求决策者提供证据，以证明决策者也曾经考虑过其他选项。

● 当决策过程必须考虑到"解决冲突"这一因素时。在"丹佛的子弹"示例中，各利益相关方的视角各有不同，必须使用普遍适用的分析方法，才能同时衡量所有重要的因素。

● 当决策者力求寻找最佳选项时。这便是"比较"的全部意义所在。运用心理模拟，通过单一评价策略，所找出的第一个可行方案并不一定是最优选项。

● 当情境的计算复杂度更高时，即当决策并不是任何人皆可胜任时。如分析投资回报率以选择最佳战略，这种决策必须基于深厚的专业基础与实践历练。

可是，即使决策者的确已比较不同选项并且从中择优而取，他们所使用的也可能并非理性选择策略——譬如，在共同的标准上衡量各选项。决策的过程，更有可能是针对每一行动方案开展心理模拟，并且比较自己在想象各选项时所产生的情绪反应——不适、忧虑抑或热情四射。德·格鲁特以国际象棋大师为对象的研究就恰好说明了这一点。国际象棋大师所走的每一步棋，都力求完美，但是他们并不会在共同的标准上去衡量各个选项（如控制中路、防守为先）。相反，他们会逐层深入，想象每走一步棋的后续发展，从而针对可能出现的结果，作出决断并且产生情绪反应。

表格三显示，人类在面对不熟悉的情景时，更乐于使用比较性策略。原因在于经验的匮乏导致我们无法构想出合理的选项，或者至少令我们对于自身所构想出的选项信心不足。如果时间充裕，情境稳定，而且目标明确，那么我们预期使用比较选项策略的概率将大大增加。

利用经验作出高效决策

表格三中所列举的边际条件，其依据是我们在诸多领域所开展的一系列决策研究。这些研究项目的目标是验证识别启动决策模型是否适用于除消防指挥官之外的其他领域。同时，我们还特别关注识别启动决策模型失效的案例，以探明该模型的适用边界在哪里。

完成针对消防指挥官的首次研究之后，我们梳理了其中所有的决策点，分别统计出决策者在采取识别决策策略过程中，使用单一性评价及比较性评价的次数。结果显示，在总共156个决策点中，单一性评价占到了百分之八十。这一数据输入到了表格四的第一行中，以便和其他自然情境下的决策情况——这些同样是我们所开展的研究进行对比（表格四中，绝大多数的研究都由陆军研究生学院所资助）。接下来，罗伯塔·卡尔德伍德、马文·索德森、柏丝·克兰德尔与笔者还比较了"经验丰富的消防指挥官"和"新入职的消防指挥官"的决策数据，我们预期消防指挥官新手进行识别决策的概率更低。我们筛选出了非常规条件下最困难的决策点，以免研究结果偏向于识别启动决策模型。由于对决策点的选择更加严苛，识别启动决策模型策略出现的概率降低到了六十个百分点以下，而且"新手"的数值要低于"老手"。

表格四　不同领域中识别启动决策模型策略的使用频率

研究对象	决策点个数	使用识别启动决策模型策略处理的决策点所占比例（%）
一、都市地区的消防指挥官	156	80
二、消防指挥官"老手"	48	58
消防指挥官"新手"	33	46
三、坦克排长	110	42

研究对象	决策点个数	使用识别启动决策模型策略处理的决策点所占比例（%）
四、野外消防指挥官	110	51
功能性决策	79	56
组织性决策	31	39
五、设计工程师	51	60
六、战斗指挥团队	27	96
七、神盾指挥官	78	95

接下来的研究中，我们选择了更多的决策新手。我们测量了肯塔基州诺克斯堡基地首次任职的坦克排指挥官。他们之中的一些人甚至从未驾驶过坦克。结果发现，识别决策的比例降到了五十个百分点以下（就是在这个研究中，克里斯·布莱泽维克惨遭催泪弹"袭击"）。这项研究的条件比较艰苦。有时候，我们需要跟坦克排指挥官共同出动，坐在M-1坦克的驾驶舱中。如此一来，我们才能在训练结束那一刻、在坦克排长官听到首长总结之前就采访研究对象。

我们想知道，识别决策是否在与小团队合作的个体或者领导者身上出现得更加频繁。因此，我们接下来又研究了森林消防机构（该机构负责处理森林发生的严重火灾）的相关人员。非常幸运的是，我们能够在现场获得事件指挥官处理严重火灾的第一手资料。整个组织包含了四千多人。来自全国各地的消防单位，在得到通知后迅速集结，再重新加以组织和管理。在这样的情境下，我们预期不同的工作人员看待事物的方式会有所差异，他们会发生很多的争吵，最终亦会强加设定出一条策略，用于识别并比较众人所提出的不同行动方案。我们的这些预期中只有一部分是正确的。如表格四所示，当现场指挥官针对救火工作本身作出功能性决策时，识别启动决策模型策略所占的比例与消防指挥官相当。但是，当他们作出组织性决策时，譬如如何惩罚工作质量欠佳的消防员，识别决策所占的比例则有所下降。一种可能的解释是现场指挥官对于这种类型的决策并没有那么擅长。

我们还考虑到了一种可能性，那就是识别启动决策模型或许仅仅会出现在时间极其有限的决策当中。为了验证这个假设，克里斯·布莱泽维克与笔者研究了设计工程师如何针对"交互界面"作出决策（该研究项目受美国空军阿姆斯特朗实验室委托而开展）。这些决策可能持续数天甚至数月，而非几分几秒。即使在这种情况下，大多数艰难的决策仍然是运用识别启动决策模型策略予以解决的。此外，在大多数我们所编码的比较性评价案例中，设计工程师刚开始还会比较不同的选项，剔除不合理的方案，之后则将改用不同的策略，譬如针对设计选项展开物理模拟，对其加以测试。

或许，由于我们的访谈方法有限，收集到的数据已被扭曲。为了排除这一点，马文·桑德森和克里斯·布莱泽维克来到了得克萨斯州的胡德堡，观察陆军旅一级单位训练过程中的指挥与控制机构。部队决策都是由团队而非个人完成的，我们预期这或许会降低识别启动决策模型策略的概率。战役指挥团队所在地是一间小拖车，马文和克里斯亦置身其中，全程记录下了持续五个小时之久的谋划过程。回顾录音带之后，马文记录并且编码了二十七个决策点。其中只有一个点显示出了比较性评价的痕迹——这极其令人吃惊，因为按照军队条令，陆军指挥官需要同时设定多个行动方案，通常是三个。

乔治·凯姆夫、马文·桑德斯、史蒂夫·沃尔夫与笔者采访了美国海军的指挥官和舰长，试图探查他们如何在低强度冲突中作出决策。这些海军军官都曾在神盾巡洋舰上服役。该研究项目的目的非常明确：海军研究办公室希望明确如何设定更加合理的人机交互界面，以避免类似"文森号误击客机"的事件发生。

如果要找出急需识别决策的情景，那么无疑就非此莫属了。时间压力极其严酷。技术层级处于中等程度，受访者通常在现任岗位仅有一年左右的工作经验，但在其他相关单位则服役过多年。事件情境的变化极其迅速。此外，军官们可选择的行动方案极少，而且规章制度限制也很突出——包括官方作战规定限制了决策者的自由发挥。表格四显示，百分之九十五的决策点都被编码为"识别决策"。这些案例中，受访者都表示，自己并没有比较多个选项，所选定的行动方案也并不新颖。

至今为止，我们已经正式记录下人类在自然情境中的非常规情境及艰难情境下的六百多个决策点。大部分案例中，受访者使用识别策略的比例从百分之四十六到百分之九十六不等。只有在很少比例的案例中，我们才发现了比较性评价。即便是这一数字，也可能已被夸大其实，因为在作出最终决策之前很多比较过程就已经停止。鉴于上述原因，我们相信识别启动模型在绝大多数领域都属于普遍性策略。

本章所提供的数据强有力地证明，识别决策是一种普遍性策略，而比较性评价则极不常见。鉴于这一结论的重要内涵，其他研究者针对该课题也开展了独立性研究，以验证我们的结果是否能够重复发现。

莫热于1991年研究了23个3人团队。他们都是合乎资质的商业飞行员机组，曾在波音727模拟器中进行全任务仿真飞行。她发现："绝大多数机组成员不待掌握全局情况，即会作出行动决策。相反，他们会依据少量的关键信息，作出识别性甚至是反射性的决策；随后，再花费时间和精力，通过持续性的情境调查，来验证该决策的正确性。若之后的情境改变幅度巨大，足以导致决策的逆转，那么决策者就会构思出第二种方案，并予以实施。基本上，不会有任何时间浪费于不同选项之间的比较。事实上，对于所有组员而言，绝大部分决策时间都将用于情境评估，而非构思备选项。"

福林、斯莱文和斯图尔特研讨了近海石油工业领域内的紧急决策。他们的研究对象是经验丰富的近海安装经理。研究者根据标准的工业培训练习，设置了一个假想的危机情境。六名参与者需要去想象自己将如何应对。数据分析过程中，研究者统计了决策点的数量，而且还针对这107个决策点的类型分别进行编码。结果显示，在面对危机情境时，受访者极少会构思出多种行动方案。这六名研究参与者的平均数是百分之十，而百分之九十的策略都与识别启动模型相一致。福林等人认为："他们所作的大部分决策，其依据是对于特定问题的识别以及基于本公司标准操作流程所选定的单一行动方案。"

帕斯库尔与亨德森的研究对象则是英国陆军十五名经验丰富的军官或士官。他们要求研究参与者进行模拟演练，这些演练不仅控制严谨，在功能上也极具现实性。所有的研究过程都要进行录音录像，参与者也要随着情境的展开，随时口头报告自己将要采取的措施（即他们什么时候在发送或者接受信息、谋划、设定目标或者处理信息）。但是，参与者们无须解释他们所作决策的背后动因。"在分析过所有情境下参与者的回答，并对其进行编码之后，我们主要发现，参与者所使用的自然主义策略最多（87%），显著高于经典策略（2%），混合策略（3%）及其他策略（8%）。"进一步对经典决策策略作出分析之后，帕斯库尔与亨德森总结道："识别启动决策模型……显然占据着主导地位……在广泛的指挥与控制决策实践中，识别启动决策模型都可提供出最恰当、最精确、最实用的概念。这一点对于经验丰富的军事指挥官而言，尤为如此。"

兰德尔、佩什和里德研究了28名电子信息技师——他们的经验水平有高有低，从六个月到七年不等。研究者使用模拟器呈现不同情境，这些情境与船舶上实际使用的仪器环境在材质、声效上都高度一致。借此，研究者可使用关键决策方法（critical decision method）收集数据，鉴别决策点，并确定决策策略。

专家型决策者对于"情境评估"更为重视，而大多数新人型决策者则十分强调对于"行动方案"的决策……该结果与识别启动决策模型的观点——专家的决策更多地依赖于情境评估——相一致。

不论是情境评估抑或对于行动方案的抉择，绝大多数的决策（93%）都属于系列性熟思，而非并行性熟思。我们发现，在"系列性熟思高于并行性熟思"这一点上，专家与新人没有显著差异。诚如识别启动决策模型所预测，三组实验参与者——专家、中间组、新人——全部都更频繁地使用系列性熟思进行决策。

总而言之，实地研究发现，经验丰富的个体在实际情境下进行决策的过程中，的确会使用识别启动决策模型。该模型认为，人类可以运用自身经验，在不对多个选项进行对比的前提下，迅速有所反应并作出合理的决策。该模型已经得到验证，且在不同的研究团队在不同情境下所开展的多项研究中都得到了支持。

识别启动模型并非自然主义决策模型的全部。研究者还提出了其他的自然主义决策模型。此外，识别启动决策模型并不完整，它并没有考虑到团队、组织、应对工作负担和注意力等问题。最后，识别启动决策模型也并没有指明人类在自然情境下，如果必须比较多个选项，将采取什么样的策略。但是，识别启动决策的优势在于：

- 该模型描述了经验丰富的个体使用频率最高的决策策略。

- 该模型解释了人类如何运用自身经验作出艰难决策的过程。

- 该模型证明，人类可以在不使用理性选择策略的前提下，作出高效决策。

在识别启动决策模型被提出之前，传统的决策研究者已经意识到，在某些情境下，人类不会使用理性选择策略，但是没有学者系统性地指出个体会采取什么样的策略。绝大多数研究者原以为答案会是理性选择策略的有缺陷版本或者某种随机过程。不过，识别启动决策模型的提出，为理性选择模型提供了一个反例，也使得论者对于自然情境下的决策策略更加严肃对待。

[**实际应用**]

本节主要介绍识别启动决策模型在两大方面的实际应用：首先，为培训提供建议；其次，系统设计。读者如欲了解自然主义决策模型的实际应用情况，请参照福林所发表的论著，他详细地介绍了自然主义决策模型在"决策支持系统设计"、"培训"、"关键岗位人员遴选（譬如，警官、消防员、近海油井经理等）"等领域所能够发挥出的积极作用。

如何作出优质决策？传统的建议是：找出所有的相关选项，定义所有重要的评价维度，衡量各个评价维度的相对重要程度，评价每个选项在各维度上的得分，计算分数，再据此择优而选。与上述过程类似的策略，在全世界的相关教科书中都占据了一席之地。一次又一次，读者均被告知：小心谨慎的分析是好的，虎头蛇尾的分析则不好。可惜，一次又一次，这些观点都被人们彻底忽略。受训者在课堂当中还如沐春风，出了教室之后，却还是会选择自己所能够构思出的第一个方案。其中的原因很容易理解。首先，最为严谨的分析式策略，无法应用到最自然的情境当中。其次，运用自身经验的识别策略通常都是成功的，它并非分析式决策的"替代品"，反而是"升级品"。分析式决策并非理想做法，而是经验不足、不知如何处理眼前情境之人迫不得已而为之的方法。

识别启动决策模型的第一个应用，就是警示人们对于所谓的"优质决策培训课程"和"宝典秘籍"——譬如"三十天保证见效，无效退款"——保持怀疑的态度。笔者认为这样的方法或许根本就不存在。米恩斯、萨拉斯、克兰德尔和雅各布回顾了关于分析式决策培训的文献，结果发现培训效果是令人失望的。约翰逊、德雷斯克尔与萨拉斯所搜集的数据则表明，人类在构思并且比较不同选项时，擅长运用非系统性的策略，而非分析式策略。

第二项应用，就是提示读者经验不足的个体可以借助分析式方法进行决策。决策培训项目可以协助新手作出决策，也有利于个体处理利益相关方纷繁交错的复杂情境。在上述情境中，使用分析方法可以考虑到所有相关的因素，敦促众人形成共识。普劳斯、鲁索和舒梅克曾经详细而清晰地介绍了如何使用分析式决策方法。

第三项应用，就是去思考哪些决策值得去做。如果各个行动方案在优缺点上都比较接近，那么我们可以将其称之为"两可地带"，即不同选项之间的优点和缺点越为相似，作出决策的难度越大，而此决策的重要性也就越低。对于这种情景，尽心尽力地追求最佳决策或许不啻为浪费时间。假设说，我们感到自己已经进入到了"两可地带"，那么，我们就可以使用任意方式作出决策，随后将精力投入到其他的重要事项上。

军事战斗过程中，类似"两可地带"的情境就有可能出现。譬如，班长需要决定是选择上山路线抑或下山路线，他知道，其中一条路线比较安全，选择另一条路线则可能遭遇伏击。但是，他并不知道这两条路线的相关信息；而部队正在被敌军死缠烂打，不能再停驻在当前位置。此处，决策困难的原因在于信息极度缺乏，而非不同行动方案之间太过接近。我们不妨将此种情况称之为"无知地带"：班长必须选择一条路线，但只能随机选择。大多数情况下，这种"无知地带"随后会演变成为一种问题解决的行为——指挥得力的班长将提前加以戒备，任命经验丰富的士兵前去侦察，确保部队分散开来、不断前行。

　　第四项应用，就是告诫人们不要试图教授识别启动决策模型的运用。我们没有理由教导他人去遵从识别启动决策模型，因为该模型属于描述性质的。它仅仅展示了经验丰富的决策者的行为方式。

　　第五项应用，是提升决策技能。高效决策的关键就是要累积经验，由此很多人试图通过培训，去教导他人如何像专家那样进行思考。但是，在绝大多数情况下，培训所耗费的时间与金钱代价都过于巨大。虽说我们无法教导他人"如何像专家那样进行思考"，但可以教授他人"如何像专家那样进行学习"。回顾过往文献，笔者总结了不同领域内专家的若干学习方式：

- 他们都会用心练习，每一次的练习皆设有明确的目标和评价标准。
- 他们会搭建起一个宽广的"经验仓库"。
- 他们会获得精准的、诊断性的而且较为及时的反馈。
- 他们会温习旧有经验，获得新颖领悟，从错误中吸取教训，借此丰富自身的经验储备。

　　第一个策略是用心地进行练习。为了做到这一点，练习者必须明确学习目标，确定决策类型以及需要改进的决策技能。

　　扩充范围广泛的"经验仓库"看似重要。不过，仅仅简单地累积经验是不够的。经验当中还必须包含精准的、诊断性的而且较为及时的反馈。在上述反馈存在的领域（如气象预测）方可产生出决策专家。在高效反馈难以实现的领域（如医学心理学），仅仅累积经验并不能提升决策的专业程度。

除了反馈之外，"对于经验的反思"同样会影响决策专业化程度的提升。举例来说，国际象棋大师并不会总去找人对决。他们的大部分时间会用来思考棋局及其走势。参加锦标赛时，国际象棋大师同时也是在跟时间竞争，无瑕顾及每步棋着的含义。比赛之后，他们则有大把时间，去回顾棋局，思考自己错过的机会、没有及时识别出的先兆以及事后被证明是错误的判断和假设。如此一来，先前的经验（甚至是一个棋局）就可以循环利用。在大多数领域，获取经验的机会都相当有限，因此自觉地反思过往每次事件的决策历程，其价值是无可比拟的。

上述策略所蕴含的理念与成年人学习的原则相一致，即"学习者必须劲头十足"。重点是确保学习者的自主性和积极性，而不是培训者严格地掌控全局。

至此，本节所叙述的都是理论层面的内容，那么如何将其转化为具体行动呢？最近，我们抓住了一次开发并且实施决策技能培训项目的良机。项目宗旨是培训约三十名美国海军陆战队班长，提升他们在作战过程中的决策效能。培训为期三个半月，但是每一周用于上课的时间只有几个小时。班长们都是现役士兵，高中学历，无高校经历，在海军陆战队中服役的时间短则四年、长则八年。

约翰·施密特、迈克·麦克罗斯基以及笔者，共同负责此次决策技能培训，并且共同设置了多次练习。这些练习中有三个主题：识别"决策要求"、练习"战术决策游戏"以及运用"认知批判"（cognitive critique）回顾决策经验。

识别"决策要求"练习的目的是让班长们识别眼前所面临的关键判断与决策，认识到其困难之处以及易于出错之处。这些决策要求都属于高阶素质，是需要个体精雕细琢的具体决策技能。除此之外，借助于针对手头任务决策要求的思考（譬如，确定直升机的最佳降落区域，估测一个班级从某一地点行军到下一地点所需的时间），班长们能够构思出实践这些判断的方式，比如，从直升机驾驶员处得到关于降落区域妥当性的反馈或者计算不同班级行军速度的时间差异，从而对于战场特性、天气影响以及所需装备等因素更加敏感。因此，决策要求可以让决策者了解自身的需要，也了解自身任务的需要，并可提供机会让决策者参与到细致入微的练习当中，且能够获得关于自身判断及决策的反馈。

"战术决策游戏"即以纸笔为形式对于战场情况的粗略模拟。每局游戏都会提供一张地图，上面标记出事件发生地的位置以及相关各部队情况，工作人员还会简短地口头介绍事件背景。每段口头介绍中，都会为游戏参与人员设置一道不确定性极高的难题。完成难题的口头讲述之后，战术决策游戏的主持人会给每名参与者三到五分钟的时间，让他们思考自身应该如何应对。美国海军陆战队会定期进行体能训练，战术决策游戏对他们而言不啻为一种心理训练项目。

"认知批判"可以帮助班长们回顾任务执行过程中存在哪些优点和不足，并且通过这些反思来提升自己从经验当中学习的深度。所谓的"批判"，就是一个很简单的小练习，包含一系列问题，探查班长们如何估测"情境"（是否精准），"不确定性"（哪里存在问题，如何解决这些问题），意图和士气（工作的重点是什么）以及"偶发事故"（如果发生某事，应该如何应对）。这一练习可以安排在"战术决策游戏"之后，借此班长们可以互相借鉴对方的笔记，获得反馈，并且观察其他人是如何感知情境的。上述清单主要用于实地培训练习之后，帮助受训者回顾决策经验，并且借此丰富自身经验，十分类似于国际象棋大师对经典棋局的斟酌思考。所谓"回顾"，一般出现在错误之后，并不属于常规训练项目，而且其重点着眼于"发生了什么事"；与之相比，认知批判则更加看重关键决策者的思想过程。此外，"回顾"的形式通常并不是"反思"。而且，在绝大多数情境下，并不存在足够的真实事件来迅速积累经验。正因如此，充分利用切实发生过的事件，才显得更加重要。

班长们刚开始对我们的决策技能培训项目还心存疑惑，但他们的热情很快就被调动起来了。他们相信，这个培训可以大幅提升决策及判断的专业程度，因此他们感觉到自己已经可以应对不确定性极高、时间压力极大的艰难决策任务了。

第六项应用，就是使用"决策要求"来设计软件系统，对于给定的任务，决策要求就包括了关键决策及其决策过程。这既包括那些任务所要求作出的决策，同时也包括决策所需的线索、信息与策略。当设计工程师接到新的项目任务时，通常会被告知软件应该具备哪些功能，也就是软件在正常运行时能够完成哪些工作。但是，很少有人告诉设计工程师，操作员必须了解的系统关键决策是什么，操作员经常使用的策略类型或者"拇指法则"又是什么。由此，设计师无从去设想操作员将如何使用软件，只能将所有的信息都整合起来，布置在屏幕上的各个部位。文森号上的电子屏幕的确显示了所有的信息，但其格式杂乱，导致舰员们无法迅速查找到所需数据，最为关键的高度数据，居然只在一个单独的显示器上以静态的四位数字呈现。

我们曾经在数个研究项目当中，借助"决策要求"来设计基于知识的系统和人机交互界面。其中的一个项目，我们就重点关注了操作"机载空中警报控制系统"的美国空军武器主管的决策要求。武器主管需要监控雷达屏幕上数百英里之外的飞机分布情况，并且使用无线电将飞机导航至不同的目的地。所谓"机载空中警报控制系统"是一架大型飞机，其背后设有雷达天线。战斗过程中，它就相当于一座移动的飞行站，而武器主管就相当于空中交通管制员。我们确定了防空任务中的任职要求，对机载空中警报控制系统的人机交互界面做出了简单的调整。

示例十六

机载空中警报控制系统武器主管

1991年，我们开展了一个研究项目，用于验证"将认知途径应用于设计之中"的可行性。该项目受到隶属于美国空军人因系统部门的阿姆斯特朗实验室的资助，目的是从使用者而非器械的角度去设计出最合理的电脑交互界面。

团队成员中，包括来自德雷克思尔大学的史提芬·安德里洛尔，负责解决技术层面上的问题；还有来自乔治·曼森大学的兰·阿德尔曼，他曾经撰写过关于"如何评价决策支持系统"的书籍。项目领导者是戴维德·克林格，副手是劳拉·米利特罗和马文·桑德森。

之所以运用机载空中警报控制系统来验证认知设计途径的可行性，是因为圣·安东尼奥的布鲁克斯空军基地装配有一架先进的机载空中警报控制系统模拟器（运用电脑系统模拟机载空中警报控制系统的运作）。我们可以很自如地针对该系统进行调整，并安排多名武器主管操作该系统以探测新系统的效果如何。

我们来到圣·安东尼奥，与机载空中警报控制系统的专家们会面，进一步完善了研究计划。工作计划包括：开展访谈、重新设计交互界面以及开展测试等。测试之后，我们开展了若干访谈，将访谈数据进行编码，之后再总结出哪些信息应该加入到人机交互界面中。我们又将这些要求发送给圣·安东尼奥系统研究实验室的编程人员，邀请他们重新编写机载空中警报控制系统模拟器的代码，从而检验新系统的效能。

刚开始的时候，绝大多数团队成员根本不了解机载空中警报控制系统。大家不知道应该做出哪些改进，甚至都不知道是否应该做出改进。工作的挑战之处在于，我们必须判断出"决策要求的确定是否能够提升系统效能"。

情境识别就属于一个关键的"决策要求"，我们了解到，武器主管必须对高空中快速行进的飞机——威胁最大的敌机——保持高度的警惕。

决策要求还指出了若干可用于识别高威胁对象的关键要素。借此，我们设计出一个简单的算法，令系统将高威胁的飞机标记为红圈。我们追求的不是复杂的方案，而是简单易行且效果卓著的措施。

我们针对交互界面做出了些许改变：对于关键飞行物做高亮处理，使其更加显眼；使用不同的颜色将陆地和水域区分开来；并且将一个操作面板的位置转移到屏幕上来，提升了其使用便捷性。

至1992年5月，我们开始测试改动后的界面是否更加易于使用。测试重点对比了两个交互界面：已经使用多年的标准界面以及我们改动后的新界面。结果显示，系统效能提升了15%~20%。在模拟测试中，借助我们的新交互界面，武器主管可以做到：

- 遭受完整攻击性打击的数量降低20%。
- 击落友机的数目降低15%。
- 总体杀伤率（敌方飞机被击落数对比友方飞机被击落数）上升了9%。
- 空中加油成功率上升了76%。
- 必须返回基地加油的飞机数降低了18%。

参与评价新界面的多是经验丰富的武器主管。每名武器主管在一半任务中操作标准的界面，在另一半任务中操作我们设计的新界面。主管们演练标准界面的时间长达1500个小时；但是对于新界面的练习时间仅有4.5个小时；即使如此，新界面还是胜出了。重新设计的界面满足了他们的决策要求。

在相对较短的时间内（10个月），原本对于相关领域毫无经验的决策研究者，就可以充分搜集到有效信息，重新设计出效度大幅提升的人机交互界面。无论是开发更快更强的电脑，还是设定更加合理的武器主管培训项目，其提升幅度都在15%~20%。

SOURCES
OF
POWER

The Power to Spot Leverage Points

第八章

杠杆点的力量

小小的改变带来大大的不同

经验丰富的人即使面对困难也能从容面对，这让我们叹为观止。同样令人吃惊的是，某些人在面对难题时，竟能设想出全新的解决方案。本章将介绍人类如何使用"杠杆点"——小小的改变，带来大大的不同——去创造出一套新颖的行动方案；如何在明显的早期信号出现之前，就意识到可能导致问题出现的诱因所在，并且思考究竟是哪些因素导致了问题的产生。若你的任务是移动一块巨石，你尽可以将肩膀顶在石头上，用尽全身力量，蚍蜉撼大树；或者你也可以审视眼前局势，找到开口，将少量力气施加到重心之上，撬动巨石。所谓"找到杠杆点"就是要找出上述"开口"，成功地进行决策。我们还需要找出自身的薄弱点、谋划可能会出现的差错，借此做到未雨绸缪，提前筹备困难情境的应对措施。

示例十七

生命的气泡

诺曼·勃林格是一位医师。他曾经描述过一个案例。某胎儿被诊断患有严重的先天性囊肿状水瘤，脖子一侧的淋巴结大部分都处于紊乱的状态。超声波显示，水瘤已经发展到脖子内侧，包住了气管。假如上述情况属实，那么，如果不做必要的紧急处理，婴儿出生之后气管就会堵塞，婴儿马上就会窒息而死。只要胚胎还在子宫当中，通过脐带吸取氧气，则尚可处于安全状态。医生安排，第二天为孕妇实施剖腹产手术。

生产过程中，勃林格需要确定婴儿是否能够依靠自身进行呼吸。如果无法呼吸，勃林格所筹划的策略就是"气管插管"——将一根细管沿着婴儿喉咙直插下去，清通气管。但是，如果水瘤体积过大，那么气管的大小就可能容不下细管进入。此时，就必须进行"气管造口术"，即在颈前正中切开气管上段的前壁，插入套管，以开放呼吸道。但是这个方案也很难实行。虽然在成年人身上进行气管造口术相对较为容易，不过，婴儿气管的直径不过四分之一英寸，而且绵软多孔，很难具体定位。气管造口术更有可能引起其他并发症。切口很可能蔓延到水瘤之上，引起淋巴囊肿感染以及胸部的其他组织生出囊肿。此外，气管造口术是没有办法的办法，是最后的杀手锏。

手术室中，婴儿刚刚从娘胎出来，就放声大哭，这表明其气管通畅无阻。那之后，气管突然闭塞，使得婴儿连咕噜声都发不出来。一位护士用力抽吸婴儿的口鼻，并将他放在勃林格的面前。勃林格回想起了自己先前处理过的一个案例。当时，一名男子驾驶机动雪橇，不小心冲到了地面上满是倒钩的电线之中。勃林格赶来医治时，发现电线缠在男子的脖颈处，一团乱麻。当时，勃林格看到急救医师已经为男子插入了呼吸管。勃林格问急救医师他是如何做到这一点的，对方答道，呼吸管是沿着气泡出现的位置插入的。只要哪里有气泡，就意味着那里有气体冒出来。

因此，产房之中，勃林格仔细地观察婴儿的小口，查找气泡。目之所及，满是黄色的囊肿，完全堵塞了气管，看不到任何气泡。勃林格将手掌放在婴儿的胸膛上，开始按压，想将空气从婴儿的肺中排出来。勃林格看到，婴儿唾液中出现了很少的气泡，遂将气管插到了对应的区域。检喉镜顶端有一个小灯，勃林格可以借助光线移动吸管，穿过声带，进入气管。婴儿的脸马上从阴郁的蓝色转变成了让人心安的粉色。手术大功告成。

上述示例中，主人公在压力极大的情况下，作出了完全正确的决策。医师完全不了解应该如何为婴儿进行气管插管手术。他的确回忆起了一件类比的案例——但是与眼前情况差异极大。类比案例中的病人是成年人，不是婴儿；是意外事故，不是接生；是他人采取的医疗措施，并非亲身而为。

关键的相似点就是要在模糊的喉咙中发现通气管道。事实上，即便称作"类比"也并不完全恰当。由于本来就没有气泡，医师必须自己去发现产生气泡的方法。

技艺高超的问题解决方法，之所以令人叹为观止，原因在于，虽然事后看来，解决方案显而易见，但我们知道，如果无人指导，绝大多数人根本就无从发现答案所在，甚至不知道答案是否存在。医生很可能会盯着婴儿的口鼻，发现大量囊肿后，马上放弃插管的方案，又鉴于时间紧急，转而采取风险度极高的气管造口术。

构思解决方案的聚焦点

所谓"杠杆点"就是构思解决方案过程中的聚焦点，也是富有洞察力的解决方案的起始点。在示例十七中，杠杆点就是——医师意识到在视线不良的情况下，可以利用气泡来找出通气管道。在示例八中，急救团队的领导者则设计出了一种新方法，去营救不幸撞在水泥柱上、困在汽车中的驾驶员。两个示例中，某些目标是一致的（快速进行营救、不要陷被救者于危险之中、确保医疗手段切实生效），某些则有所差异。本来的方案是利用救生鳄撬开车门；随后，急救队则转而打开车顶，将伤者安全地提升起来。全新的策略是在现场临时构思出来的，既包括"目标"（将伤者从车顶提升起来），也包括"行动方案"（移除车顶、撑住伤者的脖子和后背、抬起伤者、转动其身体等）。这里的"杠杆点"就是意识到车顶同样受损严重，可以从上方营救伤者。在该决策研究项目中，我们将示例八编码为"建构性的问题解决"，而非"识别启动模型"。

我们可以用下述"攀岩运动"的相关事例，说明杠杆点这一概念。

示例十八

牢牢抓紧

为了从一个位置移动到另一个位置，攀岩者必须掌握抓握技术。"抓握"

的特征包括哪些呢？其实，抓握并没有始终如一的特征——譬如手臂必须伸出两英寸，延展出至少四英寸等。相反，所谓抓握就是人类竭尽所能让自己前进的一种方式。如果力气不大，也不需要前进太远的距离，那么抓握力量小一些就可以了。开始攀岩时，山峰角度如果较为水平，则四分之一英寸的抓握，就可越过小山脊了。如果手指比较疲惫，抓握时手臂就要伸出得更远。如果天一直下雨，或者山峰过于陡峭，又或者攀岩者估计岩石硬度不够，那么就需要寻找更大的抓握平面。有时，抓握甚至根本就不需要伸出手来，只要把手深进岩石的缝隙内即可。如果罅隙过窄，无法伸进人的手掌，那么就把手指伸进去，弯曲指关节，以此作为支撑，这也是一种抓握。

鉴于上述原因，没有人可以审视一张照片，然后将图中该动作鉴定为"抓握"。抓握，必须由攀爬和攀岩者的情况共同决定。与之相似，在问题解决过程中，决策者也将根据自己所识别出的"抓握"，来设置计划与行动方案。

———————————————————————————————————————

笔者与同事史提芬·沃尔夫在一项针对国际象棋选手的研究中，首次发现了"杠杆点"的运用。有时候，国际象棋选手会有意识地达到某一目的（"如果我能吃掉对方的车就好了"），有时候，则可认识到意外之喜。譬如，一位棋手可能正在头脑中进行模拟，谋划着如何步步为营，吃掉对手的女王，可惜他没有发现围攻女王的方法，随后，他转而琢磨着如何利用这次攻击来获得其他优势。此时的杠杆点就是要认识到"压制住针对女王的攻击，反而可能占据上风"。

作为一名问题解决者，决策者可以利用自身经验来识别杠杆点，然后构建出全新的行动方案。通过针对新的行动方案进行有效的反思，决策者可以提升该方案的质量，或者转投其他的杠杆点。另有一种途径就是重新修订目标，借此识别出不同的杠杆点。这种反思过程可以改变对事物情境本身的理解。

巧用杠杆点脱颖而出

杠杆点在各行各业中都扮演着极其重要的角色。商业领域就存在大量相关示例。此处笔者仅列举少量例子，首先从袖珍式收音机的创意说起。1952年，井深大当时供职于东京通信工业株式会社，认识到了将晶体管应用于大众消费品的良机。他相信，自己的公司能够设计并营销可以放在衬衫口袋里的晶体管收音机。20世纪50年代早期，收音机的主要器件是真空管，晶体管的使用绝大部分都被限制于军事项目中。其他人都认为，晶体管收音机的想法并不现实。现在我们已经知道，将晶体管应用于消费商品的理念恰恰是杠杆点所在。发展、应用并且依赖于这一顿悟，其意义是相当深远的。

另外一项运用杠杆点的例子就是波音公司的工程师认识到商用喷气式客机相对于螺旋桨式客机将拥有压倒性的优势。工程师之前从来没有设计过喷气式客机，相关的市场环境也不成熟。他们只不过是头脑中产生了这个想法和兴趣，他们非常好奇如果将喷气式发动机安装到客机上会发生什么。竞争对手，譬如道格拉斯公司，并不具备将该杠杆点应用到客机上的动力。结果，波音公司推出707飞机之后，市场大开，竞争对手此时已然无法赶上潮流。

1907年，亨利·福特认识到，通过大批量的生产方法制造汽车，可以有效降低成本，让绝大多数市民都可以承担起汽车的价格。这也是人们津津乐道的一个"杠杆点"示例。当时，全美30多家汽车公司激烈厮杀，福特不过是其中之一而已。他对于"大批量生产可以大幅缩减成本"的臆测，恰恰就是杠杆点所在。

20世纪60年代早期，美国国际商用机器公司（IBM）的托马斯·J. 沃森爵士意识到，全新的电脑系统可以改变整个行业，恰如福特公司的标准汽车模型改变了交通业一样。随后，IBM对于电脑项目的资金投入超过了曼哈顿工程（第二次世界大战期间，美国陆军实施的利用核裂变反应来研制原子弹的计划）的花费。

皮特·舒尔茨介绍了他为荷兰皇家壳牌公司所开展的一个项目。该项目的研究问题是苏联针对石油销售的未来政策。舒尔茨想探讨，苏联的政策是否会有大幅调整。审视过若干人口学变量数据之后，舒尔茨意识到，苏联将马上陷入空前危机当中。当时，苏联老年人口所占比例急遽上升，而进入工薪阶层的青年人比例则显著下降。舒尔茨对此现象的含义深感好奇，探索一番之后，他预测苏联即将陷入彻底混乱状态。这一论断在数年之后得到了验证。可以说舒尔茨发现了可以预测一个国家分崩离析的杠杆点。

科学家们也非常仰仗于杠杆点的力量。在一项关于"科学家与工程师构思科研项目过程中的人为因素"的研究中，我们发现，在科学家与工程师的眼中，杠杆点就是那些拥有极大需求而且技术也已发展成熟的机遇所在。换言之，科学家们并非漫无目的地追逐重要的研究课题。倘若他们认为研究问题无法解决，就不会再置身其中。杠杆点可以帮助他们判断某一难题是否可以得到解决。举例来说，彩色微型显示器的效果必然好于黑白显示器，但是彩色显示器的分辨率要低于黑白显示器。原因在于，为了显示出一个像素，必须集合三原色才行。为了解决这个问题，视知觉领域的专家戴夫·博斯特认为，使用"减法法则"而非"加法法则"，或许可以一举获得与黑白显示屏相同的分辨率。这一预感为他争取到了大量的研究项目和科研基金，数年之后，彩色显视屏技术终于横空出世了。

还有一个例子。李·塔斯克是一名视觉专家，他注意到，飞行员如果佩戴夜视镜，在飞机着陆时，就无法看清仪器面板了。他相信，仪器面板上的关键数据元素可以整合到夜视镜的显示器上，因此他将这个工作思路报告给了自己的资助者。几个月之内，他就组装出了一个成功的产品原型。

军事领域的领导者同样需要识别出杠杆点之所在。他们需要找出挖掘敌军弱点的方法，同时还须侦察对方是否也在对己方做同样的事。所谓"机动战争"（maneuver warfare）的概念[1]强调的就是发现高效的机遇，达成

---

[1] 该概念与"消耗战争"（attrition warfare）强调以"硬碰硬"的方式消耗敌军力量的理念相悖。

出乎意料的战果。一位才能出众的指挥官，可以在查看地图之后，迅速地找到杠杆点之所在。著名军事学家克劳塞维茨将此种能力称为"慧眼"——迅速掌握战场情况、鉴别关键位置的能力。

杠杆点亦属于一种概率事件——这些关键点有时候用处极大，有时候则会"竹篮打水一场空"。在识别杠杆点的过程中，专业知识的重要性不言而喻。譬如，在比赛中，以国际象棋为例，专家们能够更加轻松地观测到杠杆点所在。在对情境进行解释的过程中，专家会根据杠杆点（包括眼前的机遇和威胁）的情况针对自己的观点加以调整，而不是简单地去觉知事物的物理和空间布置。

1996年，世界象棋冠军加里·卡斯帕罗夫，与IBM的象棋电脑深蓝（Deep Blue），总共对战六局，最后卡斯帕罗夫以4∶2的成绩宣告胜利。观察家指出，深蓝从来都不会调整自己的对战风格。它总是单纯地去寻找最佳棋着，即便在局势落后的情况下亦是如此。与之相比，人类则可通过思索设定出全新的策略，而不是单纯地向胜利进发。IBM团队的一名成员指出，无论失败的风险多大，电脑都无法产生"激发创造性的绝望感"——驱使国际象棋手寻找杠杆点的感觉。1997年，深蓝卷土重来，击败了卡斯帕罗夫。电脑仍然没有"激发创造性的绝望感"，但是这一次，开发者在程序内增加了两倍以上的棋着，又采取了其他改进措施，以弥补其局限性。下述示例展示了在识别杠杆点的过程中，"激发创造性的绝望感"的运用。

示例十九

不可能的穿越点

以色列被邻国入侵。以色列国防军指挥官认为，他们需要沿着战线布满坦克，借此准备进行关键性的机动作战。可惜，他们无法找到合适的坦克穿越点。一位指挥官仔细地查看了地图，指着坦克将来的穿越点说道："这里，就是标注为'不可能'的这里，这就是我们的穿越点。"他知道，一个由四辆坦克组成的坦克排先前曾经在该区域进行过演练，可惜没能成功穿越。相应的，地图上就在该位置标注了"不可能"的标记。但是，那名指挥官对该区域十分了解，他知道，倘若每次只派一到两辆坦克必可一战功成。事实也正是如此。

这一主题在大多数领域都得到了验证。专家们知道官方记录是如何编排的，不论是地图、电脑使用手册、诊断测试，抑或机组人员核查清单。他们知道什么时候应该遵循常规，什么时候应该打破常规。

杠杆点提供了碎片式的行动方案

杠杆点为解决方案的制订提供了碎片式的行动方案、核心思想和做事程序。专家们在制订新计划或者新策略的起始阶段，拥有更加丰厚的做事程序储备。这些可以作为抓握点，推动做事程序的进展，或者与其他的行动方案相互结合。与之相比，新手们遇事时则往往不知道从何入手。

我们还需要于己不利的杠杆点，以便认清自身计划中的薄弱之处。这也就是所谓的"阻塞点"（choke points）。举例来说，生产线经理或许会意识到，如果某一关键零件不及时送到，则整个制造任务都无法保证按时完成。当时，任何问题都没有出现，不过，有传言说生产该零件的工厂即将发生罢工事件，这可不能等闲视之。为以防万一，提前寻找后备供应商是更加审慎的做法。提前认识到于己不利的杠杆点，可以为我们争取到在危机发生之前即预先防范的宝贵时间。示例二十对比了两名飞行员：一位认识到了危险所在，另一位则没有。

示例二十

驶向菲律宾的航班

一架飞机横穿整个美国，从洛杉矶出发，驶向菲律宾。一位训练有素的观察员（本身也是一名飞行员）也在驾驶舱中，坐在了弹跳座椅的位置上。

飞机起飞之前，机组进行了例行检查。观察员注意到刹车和轮带都磨损严重，几乎到了需要更换的临界点。机组成员到驾驶舱就位后，飞行前信息包显示飞机携带了多达九千镑的燃料。观察员询问机长是否了解其中的原因，但无人知晓答案。几分钟后，机长通过无线电向调度员进行提问，可惜他们也完全不知道为什么会这样。

起飞之后，行至中程，机组成员发现，反推力工作指示灯开始闪烁。他们认为，这并不代表反推力器部署不当，但是仍然存在一种可能性，就是飞机降落时，反推力器无法正常工作，难以降低飞机速度。接着，机组了解到，菲律宾当地天气不佳，有中等程度的风和雨。但是天气不会进一步恶化，因此飞机无须转向。接近菲律宾时，空中交通管制员告知机组应该降落到哪条跑道，为其预留出提前准备的时间。

观察员意识到，空中交通管制员选择了机场中那条最短的跑道，他为此感到忧心忡忡——因为飞机可以承受的刹车误差范围已经大幅缩减，一是轮胎和刹车已有磨损；二是跑道很潮湿；三是反推力器有可能出现故障；四是管制员安排了最短的跑道。尽管飞机仍然可以在其设计极限之内运转，但是，在选定跑道的限制范围内及时降落的概率，则降低到了让人忧的地步。观察者知道，运用地面风可以增长跑道距离，因此他预测飞行员也将这样操作。时间一分一秒地过去，但是，机长看似已经完全接受了分配的跑道。为了引起机长对眼前局势多加注意，观察者表达了自己渐增的忧虑，他问道："那是哪条跑道？是特别短的那条吗？"机长回答："是。"很快，机长向空中交通管制员申请更换跑道，并获得了批准。

该示例中，面对潜在的问题有两种反应方式。机长和观察者两人都接收到了同样的信息。两人都认识到降落过程中可能出现的各种风险。观察者认为，眼前情境令人忧虑，需要采取非常规的行动。相反，机长看似忽略了警示信号，准备接受空中交通管制员的指示。

让我们再次说回攀岩的比喻。我们使用"抓握"度过了攀爬的起始阶段。现在，路途更加艰难了。我们抬起头，看着旧路延伸上去，心里暗想，自己能够通过一系列抓握上升至那么远吗？虽然有可能成功，但也存在着风险。

之后，我们注意到了一条石缝，切开了一段本来难以通过的区域。那看似是令人兴奋的冒险，当然，前提是我们能伸手够到这条石缝。现在，就是要放手一搏的时刻了。我们沿着新开的裂缝，找到了通向上方的路径。我们审视着岩石，寻找机会。每看到一处容易把持的抓握点，我们都会在脑海中构思下一步的行动方案。

考虑到杠杆点之后，我们就需要填补其余细节。在"天桥救援"示例中，指挥官的行动方案，从"将云梯背带绑在意识不清的女子身上"这个碎片开始。以其为起始点，他开始逐步构思细节——如何将云梯背带绑到女子身上；如何将另一条绳子绑在云梯背带上；如何将受害者抬至安全位置。通过这些细节方面的完善，指挥官构思出了全新的行动方案。

将杠杆点串联起来

在攀岩的示例中，我们需要将各个杠杆点串联起来，形成一条能给我们带来信心的道路。一旦我们知悉如何从一次抓握转移到下一次抓握，那么计划自然而然就成形了。我们还知道，如果在攀爬过程中注意到新的特征，计划就必须做出更改。计划或许存在缝隙，我们无法看到其中的内在连接，但是我们确信，到达那一点时，我们终将发现答案。

SOURCES

OF

POWER

Nonlinear Aspects of
Problem Solving

第九章

问题解决的非线性特征

问题解决的非线性模型

作为问题的解决者，人类需要借助一定的方法构思出新颖的行动方案，随机应变，提前认识到问题所在，并且分析出导致问题出现的原因。杠杆点的概念开辟了新途径，提示我们可以将问题解决视作一个建构性的过程。之所以说"建构性"，原因在于解决方案可经由不同的杠杆点构建起来；而问题解决者在思考解决方案的过程中，同时亦可澄清目标的本质。攀岩时，不存在所谓"正确的"解决方案。攀岩者只是在不断地审视可以接触到的抓握点，思考哪个方向最为合理。

这种解决问题的观点可以追溯到德国心理学家卡尔·邓柯尔——欧洲格式塔心理学派的代表人物。格式塔学派强调以知觉途径进行思考。该学派认为，思维并不是运算符号的计算方式，而是运用模式识别（pattern recognition）等技巧，学会洞察秋毫。

邓柯尔曾经要求实验参与者在解决"界定清晰"的问题（well-defined problem）或"界定含混"的问题（ill-defined problem）时，出声报告自己的思维过程（这样，实验者就可领悟到实验参与者的思维方式了）。他曾经使用过一个任务，名为"X射线难题"：倘若你是一名医师，需要治疗一名罹患肿瘤的病患。你可以使用X射线破坏掉肿瘤，但是，辐射也有可能损伤健康的人体组织。你怎样做呢？

可以接受的适合于界定含混问题的解决方案不多。最令人满意的一个回答就是"使用多个X射线源"。每个射线的辐射水平都较低，不足以损害健康的人体组织，但是集中起来之后，则可摧毁肿瘤。为了构思出这个解决方案，实验参与者必须进一步精细化"摧毁肿瘤"这一目标。目标当中，必须包含"不损害健康人体组织"这一成分。最终，问题解决者方可设定出新的目标，那就是令健康的人体组织仅暴露在少量的X射线辐射之下。

邓柯尔发现，实验参与者在解决这些问题时，无一例外地会改变自身对于目标的理解，并且同时会评估解决方案。参与者或许会设定一个解决方案，进行尝试，随后认识到该方案并不成功，并发现其疏漏之处，接着，再对目标的定义进一步予以完善。新的定义可以催生出新的解决方法，如果这些方法再次失败，则可帮助我们进一步澄清目标。为了解决界定含混的问题，我们需要在设定并且评价行动方案的同时，增进对目标的理解。在运用心理模拟评估行动方案的过程中，若发现方案存在疏漏之处，反而可以增进我们对目标的理解层次。失败，如果得到恰当的分析，即可成为对目标获得新认识的来源。

通过杠杆点进行问题解决所需要的是"非线性的方法"，而不是"线性方法"。我们认为，问题解决包含四个过程：问题侦测、问题呈现、选项生成以及评价（请参见图十二）。

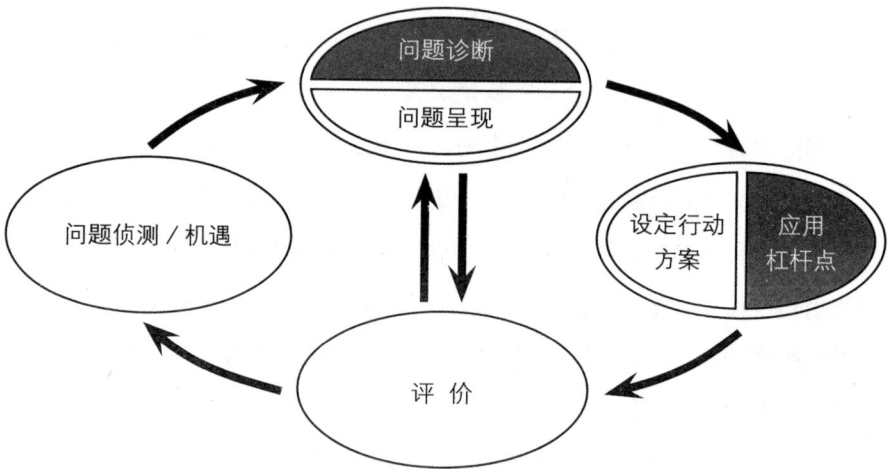

图十二　问题解决的非线性模型

图十二中所介绍的模型，并不包含所谓的"输出级"，因为每个成分都可引发出不同类型的输出级。"问题侦测"本身就是一种输出，恰如政府机关中的预警办公室一样，其职责就是提前侦测到问题所在。"问题呈现"是另外一种输出，它有时甚至相当于"决定如何进行下一步行动"的输出，具有必要性及充足性。某些医学诊断师的责任，主要就是为患者提供问题呈现。在大多数领域，作出预测本身就是一种专业技能。

"设定行动方案"是大多数人公认的一种问题解决输出级：为了达成一个目标，制订一份计划。不论行动选项是如何生成的，都需要加以"评价"，且多是以心理模拟的方式进行的。评测之后，可以选择该行动选项或者在不同选项之间进行抉择，又或者发现了新的阻碍和机遇，从而引发出下一步的问题解决过程。

根据情境所需，问题解决过程可产生不同类型的输出。

图十二中的结构图显示出了模型内部各元素之间的交互作用。目标会影响我们对于行动方案的评价，而评价亦可帮助我们设定更加合理的目标。目标决定了我们如何去评估情境，而对情境的了解也改变了目标的本质。目标定义了我们所搜寻的阻碍点和杠杆点，而探寻阻碍点和杠杆点的过程又改变了目标本身。我们对于情境诱因的解释，同样会影响到所采取的目标类型。此外，我们所能够注意到的杠杆点（碎片式的行动序列），其来源则是自身经验与能力——这又是一个层级的交互作用。

为了进一步介绍非线性模型，我们将逐一详细介绍各要素的含义。首先，从"问题侦测过程"开始。某些事情发生，某些事情反常，我们都可有所察觉。攀岩者也许能够注意到，面前山峰上的石砾较往常多，或者事情走向与预期不符，或者预期会发生的某事却并未出现。譬如，示例二十中，驶向菲律宾的飞行员就没有注意到，刹车安全距离已经大幅缩减。

所谓"问题呈现功能"，指的是一个人识别并且呈现问题的方式。我们所拥有的条件和我们想达成的目标之间是否存有"差距"？是否有"机会"实现比我们预期更进一步的设想？"差距"和"机会"都可以推动人类付出解决问题的努力，或者是弥补差距（获得我们想要的），或者是紧紧握住机会。譬如，一名攀岩者刚刚上山，就发现面前发生了一场小型的雪崩。她最得力的攀岩装备钢锥已经被雪覆盖，迫不得已，她只能去寻找另外一条路线或者原路返回，又或者她能够找到更好的抓握点，一路向上。

杠杆点属于问题呈现的一部分。我们会尽力去寻找"杠杆点"——以期构思解决方案；同时也会多加留意"阻塞点"——判断后续工作将出现哪些困难。某些情况下，识别杠杆点本身就构成了问题呈现的关键内容，因为它所强调的推理思路，或许对于决策而言是至关重要的。

不是所有的"差距"和"机遇"都能解决问题。它们必须达到一定的重要程度，而且问题解决者不需要付出特别大的努力即可确定该"差距"或"机遇"。随之而产生的一个艰难决策是：问题得到解决的可能性高低。人类在着手设定解决方案之前，就能够以某种方式完成这一判断。情境知觉本身就要求决策者去判断，眼前的难题究竟是可以轻松解决，抑或即使花费数天或数周时间也无济于事。

因此，问题呈现的功能之中就包括了目标设定。原因在于，问题解决者必须判断是否应该尽力去构思解决方案，抑或转求他途。对于界定含混的难题，我们在付出解决问题的努力时，将会多次就目标进行修正。

识别到"差距"和"机会"之后，我们就需要对其进行"诊断"。借助心理模拟，决策者会尽量将眼前情境中的所有诱因组合起来。由于"诊断"并非必须之物，因此，在图十二中，它作为问题呈现的一种精细化形式加以表示，并以黑底白字印刷。根据诊断结果，我们还可以预测出事态未来的改变走势。此即所谓的"预测"过程。多数情况下，预测的主要目的是判断困难情况是否将自行消失，抑或将持续恶化需要我们采取行动加以应对。"问题呈现"和"诊断过程"都与"预测"相联系，后者在一般情况下都需要运用心理模拟。

接下来的功能指向"生成新的行动方案"，大多数情况下，这都是一个直截了当的过程：我们去识别自己应该做什么，并且着手实践。另有一些情况下，我们不知道自己该做什么，必须依赖杠杆点来设定新的行动方案。如果我们盲目地追求目标的实现和障碍的移除，则难免会错失那些杠杆点。借助经验，我们才能探测到杠杆点，对其雕琢打磨，并且利用它们的力量。同样，在追求机遇的过程中，我们不可过度热情，因为我们难免会因此而偏离真正重要的目标。我们必须在"寻找达成目标的方式"与"寻找重新塑造目标的机会"之间取得平衡。

最后一项功能，就是"评价"计划和行动方案——在脑海中演练场景，同时观察会发生什么。如果评价结果比较积极，我们就会着手实施该行动方案。我们还可以借鉴评价的结果，发现全新的差距和机遇，由此以新颖的方式去呈现问题、发现问题，进而修正我们的目标。

如果没有发现机遇，那么问题解决的概念就貌似是不完整的。亟待问题解决的事项可以说是无穷无尽的。譬如，我们的资金并不能完全满足自己的欲望，我们没有足够多的空闲时间，我们也没能开上豪华轿车或者跑车等。因此，问题解决的潜在对象是广泛存在的。可是，我们不能对每一件不如愿之事都尽心竭力。德·格鲁特和艾森伯格指出，如欲启动问题解决程序，首先就必须有能力认识到哪些目标是可以实现的。乍看起来，这种观点似乎自相矛盾，因为根据目标设定的行动方案，反过来又要评估其可行性，还要用该方案来判断该目标是否能够实现。着手解决问题之前即判断该问题是否能够得到解决，必然要求决策者拥有经验层面上的能力。

借助经验，我们方可识别出机遇的存在。识别到机遇之后，问题解决者则会思考其内涵，寻找方法对其善加利用，并且努力将其塑造成为合理的目标。同时，机遇亦可提高个体的抱负水平，揭示出额外的目标属性，这同样可以重新塑造目标的定义。

示例二十一中，一家机构在评估其商业计划之后，改变了原定目标。在评估行动方案的过程中，公司经理发现了一个机遇和杠杆点。这些信息促使他着手修订原定目标，并制订出一整套扩充版的行动方案。

学会爱上电话推销

母公司负责组织旗下子公司的业务。各子公司都需要利用电话营销争取顾客，大家都感到招聘、培训以及管理电话推销员的工作是一种负担。母公司的市场主管认为这是一个问题，不过其解决方案非常简单：母公司全盘负责全美国的电话营销业务。母公司主席起初对此方案并不认同，因为所需的投资过多。随后，他认识到，如果将电话推销进行集中化管理，他就可以着手开展其他商品的销售。从那时开始，他对电话推销集中项目方案的热情，甚至要高于市场主管。

市场主管和主席在针对电话营销中心进行心理模拟的过程中，唯有主席发现了一个前所未有、与众不同的可能性。这一思想——利用电话推销中心进行商品销售，提升了主席的抱负水平，也改变了他所追求目标的本质。通过电话推销中心直接进行商品销售，正是因为有了这一碎片式行动方案的机遇，母公司亦轻松地实现原本的目标——分担子公司的压力。

传统的问题解决模型

为了更好地理解杠杆点的概念及其在非线性问题解决中的应用，我们可将其与传统的几个问题解决模型进行对比。自然情境下人类亲身参与的问题解决，与实验室中的研究内容并不相同。我们每天都进行的认知活动，譬如"问题寻找"，通常无法在实验室情境下进行探查。给实验参与者提供一些现成的谜语或难题，并不能揭示出"问题寻找"的技巧。当然，科研人员为了研究某一现象，就必须对其范围加以限定。我们刚开始并不知道自己的研究应该排除什么，因此难免会遇到麻烦。

传统理论将问题解决看成一个可以分解为互相独立的组成成分的过程。此外，它还认为问题解决的过程类似于机械运转，以一系列的运算符号作为转换规则，从一个阶段进展到下一阶段。

首先，我们将介绍以"阶段模型"为基础的理论——问题解决领域最为常见的论述。随后，再介绍"人工智能方法"——问题解决领域最为成熟的论述。

阶段模型

阶段模式是针对问题解决活动最常见的一种论述。拉南·李普士与奥纳·巴–依兰于1996年总结了理论家、研究者所提出的多个阶段模型，包括：

- 两阶段模型：思想生成，思想实践。
- 三阶段模型：问题发现，思考行动选项，选择。
- 四阶段模型：理解问题，设计方案，执行方案，评估结果。
- 五阶段模型：识别问题，定义问题，评价可行方案，实施，评价结果成败。
- 六阶段模型：识别问题，获取必须信息以诊断原因，构思可行方案，评价不同的行动方案，选择行动策略，实施并且修订解决方案。
- 七阶段模型：问题感知，问题定义，制订方案，评价不同方案，选择，谋划行动，实施。
- 另有一个八阶段模型。

为了将这些林林总总的理论加以简化归纳，我们提出了一个通用的四阶段模型，借以归纳总结上述理论的精髓所在：

一、定义问题。

二、设定行动方案。

三、评价行动方案。

四、执行行动方案。

这种模型有其道理所在。单独从逻辑上来看，在设定行动方案（第二步）之前，确实很难评价行动方案（第三步）。

过于严格地遵循这种线性的问题解决步骤，有可能让我们遇上麻烦。譬如，虽说只有对问题拥有充分的了解之后，方可开始设定行动方案。不过，大多数的常规问题皆无法加以明确的定义，因为它们的界定十分含混。我们根本就无法从"定义问题"开始，因为根本就不存在所谓的"定义"。

试想，一位消防指挥官赶去救火。目标看起来似乎界定得异常明确：扑灭火势，以防复燃。只不过，如本书第二章所述，指挥官还必须判断，自己是要灭火，还是搜救，抑或两者同时进行。如果建筑物已经废弃或者已成危房，消防指挥官就会任其燃烧，不会浪费资源去阻止火势扩散。我们对于消防官的评价高低，取决于他们是否针对特定情境采取了正确的行动，而且有时候上级和同事对于什么才属于正确的行动是存有异议的。

判断问题界定是否模糊的标准就是经验丰富的决策者对于如何实现目标存有异议。"写出一篇优秀的故事"就是一个界定含混的目标。不同的英文教师，对于同一篇文章是否优秀，观点各有差异。"解决大学的停车位短缺难题"同样属于界定含混的目标，因为专家们对于"什么才是理想中的车位状态"当然会持有不同的意见。某位专家可能建议，在校园中心建立大型的停车场，拓展空间。另一位专家则主张，将停车位安排在校园的边缘区域，同时大力发展公共交通系统，建立起一个无机动车的校园。建筑师们之所以会争论"什么才是可接受的设计"，其部分原因就是他们对于目标的界定无法达成共识。

与之相比，数学方程（譬如，已知 $x + 7 = 12$，求 x 值）就属于目标界定清晰的问题。没有人会对答案（$x = 5$）或者问题意图提出异议。大多数人都更加愿意去解答界定清晰的问题，因为它们存在着正确的答案。将一团乱麻整理清楚，自有其乐趣所在。

绝大多数自然情境下的目标界定都比较模糊不清。某些目标的界定含混程度较低，譬如"消防灭火"。某些目标的界定含混程度较高，譬如"解决停车场难题"。还有一些目标的界定含混程度则极高，譬如"写作优秀的短篇小说"。

绝大多数问题解决与决策研究都集中关注界定清晰的目标——譬如，解答数学方程、物理习题或者逻辑推理中的三段论问题。之所以热衷于探讨这些界定清晰的问题，是因为科研人员可以据此布置精心设计的实验，操纵不同的变量，再观察实验操纵是否会影响到正确答案的出现概率。由于所有的问题都存在正确答案，因此这些研究也都不存在任何模糊性。总之，问题解决领域大多只关注于那些界定清晰的任务。

从"问题定义"，到"生成行动选项"，再到"评价结果"，步步紧扣，这种标准化的建议极具系统性，因此也就愈加吸引人心。可是，在处理界定含混的目标时，这种观点注定失效。第一步，界定目标，即永远无法完成，因为目标界定本身就是模糊的，这也就意味着问题解决者难以再进行到下一步。事实上，问题解决者不得不一直受困在第一步。可见，此种标准的解决问题方法，可以说连"屠龙之技"尚且不如，因为它反而会干扰到界定含混问题的解决过程。

请试想以下问题："我希望如何度过自己的人生？五年之后，或者二十年之后，我又希望自己成为一个什么样的人呢？我希望拥有什么样的生活方式呢？所有这些问题，都需要在我参加工作之前，甚至在完成自己的教育之前，就给出圆满的答案。"上述问题来自于专门设计给高校学生的传单。笔者很想知道，拥有高等学历的读者朋友们，有多少人能够清晰地回答出这些问题。

条理不清的问题包括很多类别，不只是界定含混的目标。按照雷特曼的观点，条理不清的问题还有可能表现为"起始状态没有界定"，"目标状态界定不明"或者"从初始状态到目标状态的转换过程界定不清"。对于某些问题而言，澄清初始状态才是重中之重。举个例子，诊断出导致一系列诡异症状的病因，往往可以帮助医师确认合适的治疗措施。对于其他问题，譬如从燃烧的高楼中救助市民，分析受困民众为什么要进入大楼，则纯属无关紧要之事。接下来，我们探讨一下"目标状态界定含混"的情况。对于某些问题而言，澄清目标状态是至关紧要之事。譬如，一位寻找工作的青少年，就可能对一份好工作的关键特征一无所知。对于其他问题，譬如，将某大城市的犯罪率降低一半，目标状态的界定非常清晰，决策者所需要做的就是诊断出犯罪的主要原因（譬如，失业率过高，法纪松弛等），并且找到杜绝这些原因的方法。最后，从初始状态到目标状态的转变，也有可能是重中之重，譬如，制订一份计划目录；从初始状态到目标状态的转变或许也可以是无关紧要的，譬如，一位医师在了解了病情之后，对于治疗过程早已熟稔于胸了。因此，鉴于问题本质各有不同，问题解决的关注点也将大相径庭。

四阶段模型并不完整，而且有误导之嫌。它并没有指明个体应该如何界定目标，或者如何制订行动方案。它仅仅说"这些步骤必须要完成"。它可能包含"诊断问题"这一阶段，可惜这对于某些类型的问题而言毫无用武之地。它让人们误以为所有的步骤都必须按照线性顺序加以执行。绝大多数研究问题解决的行为科学家，现在都已认识到了阶段模型的缺陷之处。阶段模型中的各个成分本身都有其道理所在。它所存在的问题并不在于阶段模型的各成分，而是其线性假设。图十二中的各成分与阶段模型别无二致，差异在于这些成分的组织方式，正因如此，该非线性模型才更加适用于解决界定含混的难题。

人工智能方法

人工智能的研究者致力于使用电子计算机来执行复杂任务和推理任务。20世纪50年代，赫伯特·西蒙与其他先驱者意识到，电脑不仅可以操纵数字，还可处理符号。通过将知识以符号的形式进行编码，西蒙及其同事能够赋予电脑学习、推理以及解决问题的能力。由此，他将思维研究塑造成为一种令人尊敬的科学门类。想验证编码后的电脑是否能够模拟人类的思维过程，只需将电脑解决问题时的表现与正常人类相互对照。先前，美国的心理学家非常排斥思维研究，认为其太不科学。主流的研究范式是探查较低级生命体——譬如老鼠和鸽子——的学习行为。西蒙及其同事彻底改变了这股风气。

1972年，艾伦·内维尔和赫伯特·西蒙出版了《人类的问题解决》

（*Huamn Problem Solving*）一书，介绍了他们的成功经验——以编程手段使得电脑可以模仿人类思维过程，完成复杂任务，譬如国际象棋、谜题等。示例二十二即是他们在研究中所使用的算式谜任务。

DONALD + GERALD = ROBERT

算式谜（cryptarithmetic）的任务就是要解决一道难题，已知 DONALD + GERALD = ROBERT，仅有的线索是 D = 5。每个字母都代表着不同的数字，任务是：分析出每个字母分别所代表的数字。

$$
\begin{array}{r}
DONALD \\
+ GERALD \\
\hline
ROBERT
\end{array}
$$

首先，我们知道 D = 5，因此可以推断出 T = 0。同样，在等式最左侧一列，我们知道 D（5）+ G 最小是 6，最大是 9。我们知道，R 是奇数，因为在第五列，L + L = R，而两数相加并没有进位，因此 R 不是 7 就是 9。同样，其他数字亦可依此类推。

人工智能领域取得了一系列重要的发现，但是其对学界的冲击力并没有达到先驱们理想中的程度。之所以影响力有限，是因为人工智能领域主要关注的是界定清晰的问题。就像示例二十二中所介绍的算式谜一样，它的界定非常清晰。针对这样的问题，内维尔和西蒙发现，个体会使用一些启发式的方法——譬如，寻找到一些中间目标，通过解决它们，来破解整个题目。

执着于界定清晰的问题并不是人工智能方法的唯一缺陷。尽管该方法宣称其研究对象是人类如何进行问题解决，但是整个理论受限于数字电脑的计算过程，比如建立并且搜寻表格。

现在，我们来看一下人工智能方法在探讨问题解决的过程中究竟存在着哪些不足。以下是人工智能方法的一些基本观点：

一、问题以"受限制的问题空间"呈现，通过一系列有限的物体、关系和属性组合而成。

二、问题解决就是在问题空间内进行搜索、直到理想中的知识状态得以满足的过程。

三、搜寻可以是启发式的（透过"手段与目的分析"，设定子目标，逐步实现最终目标）。

四、使用新的形式表述目标，即意味着去除不必要的限制。

人工智能程序会建立起问题空间，内含对所有物体及其属性、关系的涵义的描述。该程序的目标就是要探测到至少一条将初始状态和终点状态连接起来的通路。程序可以采取启发式的搜索，以免除检查每一种可能途径的繁琐。譬如，程序在遭遇到缺口时，将暂时停止，这就是目前状态与目标状态之间的区别，之后填补此缺口即成为子目标，而搜索的主要任务就是缩减当前状态和目标状态的区别。这就是所谓的"手段与目的分析"策略——识别出通往目标状态路上的阻碍，以消除阻碍为新目标，并以此类推。

人工智能的研究者尽管取得了诸多成就，但是我们对其主张还是不可掉以轻心。事实上，该理论的每一条基本观点都存在缺陷，整个框架也是建立在不正确的前提之上的。

首先，所谓的"问题空间"，与我们所了解的任何问题解决相关的人类经验都不匹配。我们根本就没有发现个体去主动地构建问题空间，只有一种情况除外，就是在解决组合性的而且界定十分清晰的问题时——譬如，同时投掷四枚硬币，求其中有三枚正面朝上的概率是多少。假如你不知道相关公式，就只能在纸上画出所有情况，再计算频率。对于复杂程度更高或者精确程度更低的情境，人类通常不会去构建出包含有物体、关系或者属性的问题空间。

其次，"在问题空间内部进行搜索"这一观念也忽略了一种情况——人类有能力注意到自己过去未曾思考过的事情，发现并整合出一套新的解决方法。设若我们已经建立起了问题空间，那么按照逻辑推理，我们应该是无从做出新颖发现的。

再次，除了手段与目的分析之外，还存在着其他策略。"运用手段与目的分析达成目标"，与"发现机遇"是截然不同的两种策略。解决问题的过程中，我们能够敏锐地觉察到各种机遇，即使这些机遇与手头上着力消弭的障碍无关，仍可被个体所领悟到。除此之外，沃斯、格林尼、博斯特和潘纳研究了结构模糊的社会科学难题，结果发现，直接支持手段与目的分析的证据十分缺乏。

最后，"使用新的形式表述目标"的方法，并非只有"去除不必要的限制"这一条途径。有时候，我们的思想会急速发生剧变。请回想示例八"汽车营救"，搜救队的指挥官在没有去除限制条件的前提下，就改变了目标的本质：利用车顶的空间抬起受害者，而不再执着于从车门处救出受害者。

人工智能程序并非"生成"选项的方法。相反，它是一种"建立起搜索区域，之后利用启发法实现更高效的搜寻，找出合理选项"的手段。进行快速搜索恰恰是电子计算机最擅长之事。电脑无须为了搜索而构建任何创造性的程序，也无须创造任何新事物。如果搜索空间的结构足够清晰，则可搜出一些新颖的发现。举个例子，如果你在电脑中输入一千种不同的冰淇淋风味，十种蛋卷类型，加上五百种糕点装饰材料，那么电脑绝对会为你组合出一系列前所未有的冰淇淋口味。

人工智能中的最重要机制之一就是列举出所有的备选项，再高效地对其进行筛选。这种策略与决策中的分析方法相似。这些方法敦促人们尽可能多地生成行动选项，以便将理性层面上最合理的方案囊括其中。这之后，我们再在上述选项中进行搜索，去除糟粕，寻找精华所在。计算式方法致力于将"思维"缩减到"搜索"的层次。因此，对于那些能够转化为搜索过程的任务，人工智能方法的效果最为突出。

为了批判性地检验图十二中所述问题解决模型的主张和思想，或许我们应该考虑一件既考验决策技巧也考验问题解决技巧的事件。该类事件最令人兴味盎然之处在于：探测问题，呈现问题以及形成新的行动方案。

问题解决的经典案例：阿波罗十三号任务

我们选定的问题是，当年阿波罗十三号的氧气罐在起飞时发生爆炸，极有可能导致宇航员无法安全返航[①]。表面看起来，这是一个航空探险的故事，但在另一个层面，它探讨的则是问题解决和决策：探测问题，理解问题的本质，设定解决方案选项，并且选择行动方案。拉威尔和克鲁格出版的书籍介绍了阿波罗十三号的相关数据，记述了工作人员是如何在时间极其有限、局势极不确定的情况下，应对意料之外的危机的。笔者统计了一下，全书共出现了七十三次问题解决和决策情境。

此种类型的追溯式回顾有助于全面地看待问题。不过，它也有可能将读者引入歧途，因为阿波罗十三号任务并不能代表其他的问题解决事件。而且，吉姆·拉威尔对于不同问题解决方式的回忆极有可能是不精准的。令笔者产生此疑虑的原因在于，书中没有任何一个人曾经犯过愚蠢的错误。或许拉威尔的同事无一不是精英；或许他拥有纯净的灵魂，只记下了他人的优点；又或者他的记忆受过"净化"，舍弃了枝枝节节。因此，读者必须倍加谨慎，不可认为拉威尔与克鲁格的文字就必然反映了现实。当然，无论如何，我们仍然可以从他们的著作中有所收获（库珀于1973年对阿波罗十三号事件亦有著述，验证了很多拉威尔与克鲁格所著书籍中的事实）。

书中，类似图十二中的问题解决模型的应用——问题探测，问题呈现，形成新的行动方案以及评价——比比皆是。

问题探测通常并不重要，因为阿波罗十三号所出现的问题都非常清晰，

---

① 阿波罗十三号任务：阿波罗十三号任务是阿波罗计划中的第三次载人登月任务。发射后两天，服务舱的氧气罐发生的爆炸严重损坏了航天器，使其损失大量氧气和电力。三位宇航员使用航天器的月球旅行舱作为太空中的救生艇。指挥模组并没有损坏，但是为了节省电力，在返回地球大气层之前被关闭。三位宇航员在太空中经历了缺少电力、正常温度以及饮用水的问题，仍然成功地返回了地球。——译者注

不需要专业知识即可迅速进行识别。譬如，氧气稍有泄漏即会触发一系列警觉装置。宇航员很难忽略这个严重的问题。在仪器显示氧气泄漏之后，每个人都会认识到宇航员的生命会受到威胁。另有一些问题的侦测则需要专业知识作为支撑。笔者估计，在七十三个情境中，有二十个情境内的问题探测扮演着关键角色。举例来说，利用月球旅行舱作为救生艇，就会产生"如何减少二氧化碳量"的问题。如果有三人同时乘坐月球旅行舱，那么氧气供应时间将无法维持过久。这一问题有可能被人忽略，从而导致严重的后果。

问题呈现是一个关键过程，七十三个情境中的三十一个情境内的问题呈现，都扮演着重要的角色。在十三个情境中，问题呈现直接促成了行动策略或者行动方案的最终确定。通过了解眼前问题的类型，任务指挥官即可明白应该如何加以应对。从一开始，任务指挥官就需要明确所有接收到的意外信号。他们必须从宏观层面上了解飞行器出现了哪些突发状况。一旦建立起情境知觉，那么问题的本质，即从"执行既定计划"转变为"营救宇航员生命"的新任务。问题呈现在处理突发情况过程中占据着中心地位，譬如，若航天器停止系统性运转，某一面持续朝向太阳时，舱内温度或许会失去平衡，这时候，指挥官就要让全部宇航员排成直线，站在航天器的另一面，同时适应电力与氧气不足的窘境，如此等等。

目标修订的事例大约出现有五次。转变最明显的一次，就是从"修复问题，同时继续航行"转变到"停止任务，思考如何将宇航员安全返送回地球"。事后看来，这种转变似乎理所当然，不过，当时任务指挥官与宇航员们对此决定都是比较抗拒的。在工业情境下，譬如管理生产或制造过程中，主管们对于这些转折性决策——放弃正常的生意，转到紧急模式——也都难免踌躇。有时候，他们一味等待，结果反而错过了做出转变的最佳时机。

阿波罗十三号任务中还有很多子目标需要完成，譬如，事故发生之后，思考如何降低耗电，或者设计出一套在两小时之内为指挥模组充电的行动计划——一般情况下，充满电量需要一整天的时间（且须使用几千安的插座）。类似这样的示例不可胜数，因为每一次新挑战都会催生出一系列子目标。这就是手段与目的分析的基本原则：找出当前状态与目标状态之间的差异（也就是说，为航天器充电通常需要一天，我却要在两个小时之内完成），并且将其作为新的目标去完成。从"设定子目标"的这个角度而言，阿波罗十三号任务执行期间需要进行大量的手段与目的分析。

笔者发现，目标转换的事例中，多数并不会出现界定含混的目标。而阿波罗十三号任务中之所以目标转换的次数较少，是因为从一开始所有事项的目标即已界定清晰。绝大多数目标的改变都只是事项优先级的调整而已，譬如，对于水资源的利用（降温系统、仪器保护系统、机组成员日常生活中都需要使用水）。因此，阿波罗十三号任务或许并不适用于研究目标再定义。当然，还有一个可能就是笔者对目标再定义的强调出现了偏差。

与我所预期的不同，阿波罗十三号任务中并没有出现过多的问题诊断。笔者一共发现了十起问题诊断的事例，加上两起任务结束后的问题诊断事例（找出爆炸发生的原因以及返回地球的过程中轨道发生偏移的原因）。对于"减少二氧化碳排放"、"降低电力消耗"、"节约水资源"等问题，诊断都属无关紧要之事。问题呈现异常清晰，任务指挥官只需找出新的行动方案。故此，图十二中问题诊断只作为选项而存在。

对于需要"诊断"的情境，问题诊断则扮演着关键角色。比如说，在返回地球的途中，二号电池组出现了故障。只有四个电池组正常工作。如果说电池组的故障来源于其他问题，那么成功返航的概率将大幅降低，机组成员要完成的工作也就更加繁杂。一位任务指挥官"诊断"了问题原因，他认为，这是一起小概率的故障事件，任何月球旅行舱的任何电池都可能会出现此问题。其他电池也发生同样故障的概率极低。换言之，此问题并非阿波罗十三号所独有，也不代表其他装备同样出现了问题。根据该诊断结果，任务指挥官们忽略了二号电池组出现的问题，继续按照原计划运行。

执行诊断的精细化程度非常重要。宇航员和任务指挥官对于起始故障原因的诊断固然必不可少（事后发现，是因为两个氧气罐中的一个发生了爆炸），但是，更加重要的，并非找出问题起因，而是找出故障所造成的破坏的本质。任务指挥官首先诊断了传感器信号出现异常的原因，结果显示，航天器失去的两个氧气罐中的第一个氧气罐，导致了第二个氧气罐的气体供应停止，这种情况体现为异常的传感器数据，也为指挥官提供了一幅清晰的问题呈现"画面"。他们并没有去诊断为什么一个氧气罐会失效。直到任务结束，宇航员才了解到氧气罐的受损程度。又过了几个月，调查团队才发现，问题起因是氧气罐先前的维修与设计过程所留下的隐患，当风扇运转以便将气体送入舱内时，与风扇相连的一根未受保护的电线冒出了火星。此种细致程度的诊断，在危机发生的过程中是毫无价值的。

最能激发起研究者兴趣的是，在阿波罗十三号任务中，工作人员对于行动方案所做出的创新。这些情境之所以脱颖而出，其原因在于，整个任务中的大部分措施都经过了精心的设计，但是当预设的方案失效时，任务指挥官们有能力去进行"随机应变"。笔者计算了一下，在十三个情境中，工作人员都设计出了全新的行动方案；另外，在大多数事例中，指挥官们事实上都已经在头脑中构思好了新颖的行动方案，却意识到没有必要将其付诸实践。

对于重新构建行动方案的案例，现有资料所提供的细节并不丰富，研究者无从判断"手段与目的分析"以及"杠杆点"、其他策略或者不同策略组合的运用范围。在若干情境中，手段与目的分析都得到了应用。譬如，飞船再进入大气层时，指挥官发现，电池组相对标准情况低于二十安时。此时，问题就是：现有条件与目标条件存在差异。指挥官于是开始寻找缩减差异的方法，最后发现，月球旅行舱备有额外的电力，因此新的行动方案是：将月球旅行舱中的能量上传到指挥模组中来。

另一些情境中，工作人员使用了杠杆点。而在大多数宇航员制订出新行动方案的案例中，手段与目的分析及杠杆点都得到了运用。手段与目的分析识别出了新的子目标，而杠杆点则识别出构建新行动方案的起点所在。

譬如，航天器返航时，任务指挥官需要调整船身方向。为达此目的，需要在地平线划过航天器窗口时，在玻璃上画下"#"标记。可是，阿波罗十三号是从地球的夜晚一面返航的，连地平线都看不到，宇航员根本无从调整船身方向。一位团队领导者意识到，在返航的关键时刻，宇航员们可以看到月球，而月球恰好在地平线的对面。他设计的行动方案是：计算出月球消失的时刻，如此，宇航员即可判断返航路线是否正确。

在回顾阿波罗十三号任务的过程中，出乎笔者意料的一点是，笔者认识到了"预测"的重要性。据笔者推测，共有十五个场景需要预测。其中的四个预测都使得问题呈现得到修订；另外三个情境中，预测则催生出了问题探测过程。个体需要通过预测来计算航天器耗尽氧气与水的时间。预测结果显示，氧气将很快用尽，这提示任务指挥官不可以再固守预定方案了，他们应该制订出新的行动方案。这就又提出了一个有待解决的新问题。任务将结束的时候，预测也占据了一席之地。当时，飞船轨道偏离了预设路线，这意味着宇航员们检测到了一个新的问题。任务指挥官必须判断轨道是否会进一步偏离预设航线，若果真如此，又该怎样加以应对。直到任务结束，他们才发现了轨道发生偏移的原因所在。

为了确保能够筛选出最合理的应对措施，任务指挥官的确对于不同的行动方案都作出了评价。因此，为受损航天器所推荐的新航线，事先曾经在模拟器中进行过研讨，以确定方案切实可行、时间参数准确无误。任务指挥官在评定行动方案时，既使用了"心理模拟"，同时也借助了"现实模拟"的力量。

据笔者统计，"相关工作人员在不同行动方案之间进行选择"的案例，只有四例。第一例，是决定是否应该关闭反应剂阀门。第二例，是决定应该进行"直接中止"（也就是将航天器转向反方向），抑或继续围绕月球旋转。第三例，是在中断航天器电源时，决定是否让船员入睡（令船员入睡可降低出错的概率，但是人处于睡觉状态时又会浪费更多的电力）。第四例，是在航天器重返地球时选择燃烧策略。

第一项决策，关掉反应剂阀门，目的是阻止氧气流失，因为没有人知道泄漏处的确切位置。这一决策意味着登月任务必须要放弃，因为宇航员们无法再次打开反应剂阀门。任务指挥官和宇航员们对此决策十分抗拒，他们并不甘心终止任务。尽管如此，这个决策显然是必不可少的，因此这一事例中并不存在不同选项之间正式的比较。

第二项决策，是选择返回航天器的行动方案。选项包括："直接中止"（也就是将航天器转向反方向）以及"间接中止"（继续围绕月球旋转，不再着陆月球）。鉴于爆炸很有可能已经毁掉了主引擎，而剩余的电力亦可能无法点燃引擎，"直接中止"的方案并不可行。事后证明，这一决策毫不拖泥带水。

第三项决策，是命令船员在航天器断电之前睡觉。任务指挥官决定，船员们在睡觉之前，应该将电力中断。根据库珀的描述，这一决策的根基是，试想"在船员六个小时的睡眠过程中航天器电力终止"的结果，以及试想"睡眼惺忪的宇航员执行复杂任务"的结果，并且相互对照。任务指挥官并没有以同一套标准来衡量这两个选项，而是在头脑中模拟两个选项分别将产生什么样的结果，两害相权取其轻。

第四项决策，是在环绕月球之后，选择航天器重返地球时的燃烧策略。选项一，是极快速燃烧，三十六个小时后可以重返地球。其弊端是降落地点位于大西洋，美国海军在该处并无任何船只。另有一个弊端是宇航员将不得不丢弃服务模组——正常情况下，该模组能够保护航天器的防热罩，而且指挥官还担心防热罩或许已经在爆炸中被毁坏了。他们还忧虑的一点是，即使正常工作的防热罩，从极寒空间迅速重返地球恐怕也难以承受——因为没有人做过类似的测试。选项二，是采取相对更缓慢的燃烧策略，虽然耗时更长，但可降落在太平洋中。其缺点同样是宇航员不得不丢弃服务模组。选项三，是使用短期燃烧策略，降落在太平洋，同时保留服务模组。采取这一策略，航天器降落时间要比极快速燃烧策略晚二十四个小时甚至更多的时间。当时，宇航员所必须的消耗品，如氧气和水已极其匮乏。众人就此决策进行了激烈的讨论，最后选择了选项三。根据拉威尔和克鲁格的著作所述，消耗品短缺带来的问题虽然严重，不过任务指挥官认为，这个问题可以得到解决。与此相比，抛弃服务模组所带来的后果则难以预测，很有可能是灾难性的。如此看来，在所谓的"对比"中，比较的双方分别是一个痛苦但可解决的行动方案，以及一个极可能造成风险并带来灾难性结果的行动方案。

阿波罗十三号任务中的问题解决主要包括以下几个目的：

- 制订新的行动方案。
- 提供预测。
- 制订计划。
- 进行诊断。
- 作出决策。
- 修订目标。

在回顾阿波罗十三号事件中的问题解决活动中，我们可以看到，问题解决并没有遵循一套标准化的步骤，而且绝大多数的问题解决活动中，都没有进行诊断或者制订新的行动方案。该事件中最常见的活动就是清晰地进行问题呈现。其他事件的模式则与此有异。

问题解决与决策

大多数研究者都认为，在自然情境下，问题解决与决策之间的差异非常模糊。某些论者认为决策当中包括问题解决（只有在需要制订新的行动方案时，才需要进行问题解决）。另一些论者则认为问题解决当中包括决策（只有在个体需要比较不同的行动方案时，才需要决策）。总之，两个概念之间的共同之处要多于差异之处。

不妨设想，一位本科生刚刚结束大一的课程。她很想念自己的老友，想要转学到离家更近的高校读书。如此看来，她似乎需要作出一个决策：是继续就读于原校，还是选择转学。不过，大多数情况下，该本科生并不需要作出选择，她真正需要着手处理的乃是解决一系列问题：查询转学之后自己将损失多少学分；搜寻本专业领域内杰出教授的详细信息；反复思考是否应该加入学生社团；判断自己在离家更近的学校读书之后，成绩是否会一落千丈；询问车次信息，了解回家是否便捷。她或许还要谋划用暑期所赚得的收入购买一辆汽车，这样一来自己就不至于总是困在现就读的学校中了。这些既是问题解决，也是决策过程。

为了界定问题并且制订出新颖的行动方案，我们需要借助自身经验，进行下列决策：

- 合理的目标及其属性。
- 异常现象的表现。
- 问题解决的紧迫程度（是严肃地对待异常现象，还是视其为暂时现象、将自动消除）。
- 什么样的机会才值得把握。
- 哪些类比最适用于当下情境，如何将其予以应用。
- 问题的可解决性。

每个决策都是其自身的力量之源。上述列表当中的力量之源与本书在决策部分所讨论的对应内容有相当多的重合之处。总结起来，个体在进行问题解决和决策的过程中，主要有两个力量之源：

- 模式匹配（直觉的力量）。
- 心理模拟。

借助模式识别，我们可以了解合理目标及其属性的特点。个体也能够以模式识别为基础，探测异常现象，并且以恰如其分的严肃程度对其加以处理。它可以帮助我们注意到机遇和杠杆点，发现相关的类比，并且了解问题是否可以获得解决。对于问题可解决程度的判断，可以让我们了解自己什么时候能够取得大的进展、什么时候应该稍安勿躁。

心理模拟是诊断问题起因及其趋势的"引擎"。在将碎片式的行动合并汇总的过程中，它也占据着一席之地。同时，它还是评价行动方案的基础。

上述问题解决与决策的相关论述，是笔者对于自然主义决策所持观点的核心部分。如何发展并且运用这些力量之源，笔者将在后续章节中详加介绍。

<h2 style="text-align:center">[实际应用]</h2>

首先的一点应用，就是提示我们不要对"理性谋划方法"过于热情。当然，在谋划与准备过程中，更清楚地进行预想，确实有其价值所在。尽管如此，我们还是必须接受一个事实，那就是人类在复杂情境中制订计划时，其能力是存在局限性的。须知，当项目进行到中期时，我们很有可能重新修订计划。

绝大多数所谓的"理性问题解决方法"，都是前文所述的阶段模型的变式。这些方法被广为传授，包括商学院、工程系、组织发展课程以及特殊研讨会及工作坊。该类型的方法十分简单，因而极富吸引力，且易于记忆。譬如，凯普纳与特莱格尔在他们合著的书籍《理性经理人》（*The Rational Manager*）中，提出了问题解决过程中的系统性、普遍性方法。按照凯普纳与特莱格尔的观点，首先，个体应该确定每个参数值应该是多少。之后，确定其实际值是多少。之后，思考出数值改变的时间点。再之后，找出当时还有哪些事物发生了改变。此时，个体很快就已经找出问题的原因了。只要目标界定清晰，情境一成不变，那么这种方法就会成效斐然。

当然了，在实际行动之前，尽可能地界定目标，不啻为一个好思路。罗伯特·马格曾经介绍过若干澄清目标的方法。关于目标澄清的重要性——尤其是在任务开始的初期，我与马格的观点不谋而合。我对于理性问题解决方法的疑虑主要是，它们没有预留出进一步优化方案的空间，没有考虑到所有相关的信息，更加没有应对不可靠数据或者不稳定情境的措施。它们无法帮助个体在解决问题的过程中不断增进对目标的理解。

第二项应用，就是提示我们不要对"创造性程序"过于热情。论者提出了一系列不同的创造性方法，包括头脑风暴、共同研讨法、元素排列法等。其中，元素排列法指的就是首先确定各个变量的所有可能性，之后再将它们加以组合，从而形成一系列可行方案。让我们再次使用一下"开发新冰淇淋口味"的示例。你可以提供纯味冰淇淋（咖啡、开心果、甘草等）；也可以加一些配料（饼干屑、浆果、核桃等）或者顶料（生奶油、香蕉、乳脂、小肉球等）。将这些食材配合起来，可以有很多种可能性。绝大多数都是全新的口味（配椰子肉的菠萝冰淇淋，上面再加上熏猪肉片），但大多数的味道会非常糟糕（开心果冰淇淋，迷你肉球，再配以焦糖）。这些做法，看起来就是"想象"能力不足，代之以绝望的系统性分析程序。在绝大多数领域，我们需要的并非天马行空的创造性建议，而是对于目标透彻的了解。创造性方法有时虽然可以催生出前途无限的可能性，但其代价则是要在一大批低劣的想法之间进行筛选。即使是"头脑风暴"，虽然它已经风靡商业领域数十年，如今观之，它更类似于一种社交活动。如果参与者单独进行思考，相对于大家共同讨论，提出的意见通常更加丰富，也更加详实。穆伦、约翰逊与萨拉斯就曾指出，头脑风暴反而会降低生产力。

　　杠杆点与非线性问题解决的另一项应用就是帮助我们更好地理解"谋划"。汤姆·米勒与笔者曾经探讨了不同情境下谋划团队的表现，取得了若干关于谋划、团队协作与问题解决的结论。我们的数据主要来自于三次实地研究，系统地观察了联合部队（陆军、海军、空军和海军陆战队）是如何协同工作、谋划飞机出动方式的。第一次演练，代号"流动之沙"，在新墨西哥州与得克萨斯州进行，我方观察员是汤姆·米勒。第二次演练在太平洋进行，我方观察员是汤姆·米勒和劳拉·米利特雷洛，两人乘坐的是美国海军凯蒂鹰号。第三次演练地点在大西洋，汤姆·米勒乘坐的是美国海军惠特尼山号。我们的观察主要集中在"谋划过程中的压力、形式化的程序、非正式的程序以及被忽略的程序"之上。我们搜集了"必须舍弃的谋划策略"以及"没有必要过度雕琢的策略"的相关数据。我们还回顾了先前类似研究中其他领域（爱国者导弹装置、美国海军陆战队兵团指挥所、医疗转运谋划团队）的数据。上述研究涵盖了七种观察方式与一百多次访谈。

我们逐渐了解到，谋划并非一种简单的、统一的活动。我们需要区分出谋划的不同功能以及谋划与实施环境的类型。

根据功能不同，谋划可分为不同类型。这些功能包括：

- 了解并且协调团队成员的行动。
- 发展出共享的情境知觉。
- 设定预期。
- 支持"随机应变"。
- 侦测互不一致之处。
- 建立时间范围。
- 塑造谋划者的思维方式。

最后一个功能，可以提升个体及团队的学习效果，其重要性更甚其他。有时候，决策者会走进"死胡同"，执着于又臭又长、事无巨细的准备活动，而且他们会反复犯下这个错误。这最后一个功能的目的就是帮助所有人更清晰地认识眼前局势、统一每个人的理解层次，而并非制订出可以获得成功的计划。

统计过所收集的谋划情境之后，我们发现，不同的谋划在以下维度上存在差异：谋划的精细度、谋划属于模块式（各元素之间相对比较独立）还是整合式（能够协调到所有元素）以及谋划的复杂度。有时候，精确度越高越好；有时候，过于精确则实属画蛇添足。有时候，谋划过程中应该使用模块化元素（各元素之间联系不紧），有时候，整合型策略虽然稍欠灵活但效率更高。不得不承认，复杂度固然可能代表着一个计划异常成熟，也可能代表着该计划将会一败涂地。

我们还意识到环境中的动力因素对于"何种谋划类型更加合理"这一问题存在着重要的影响。稳定的环境中，可以采取更加精准而且复杂的谋划。针对迅速改变的环境，则应采取模块式谋划，因为如此一来随机应变的空间才更加充裕。资源有限的环境中，整合性谋划更为合理，因为其效率更高。时间压力与不确定性则使得整合式谋划的构建难上加难。

对于非线性问题解决的研究，也让我们认识到了人们较为容易忽略的事情。在一次高级别的指挥与控制会议上，我们注意到，作战目标内容没有被广泛传播，杠杆点概念没有被详加定义，效果评测也没有被认真执行。我们研究了导致这些疏忽出现的是哪些情景因素。结果发现：作战目标内容之所以没有被广泛传播，是因为团队成员素质不一，经验丰富的成员主要决定事项的优先级别，而经验较欠缺的成员则负责填充细节。经验丰富的人不会解释优先级别背后的原则，因为他们不想将目标的解释权交给经验欠缺的人。由此，杠杆点概念即没有被明确定义。这虽然有损效率，却并非谋划者念念不忘之事。而之所以不去评价计划，是因为计划的模块化程度过高，很难区分出优劣。总之，这一体系所催生出的是模块化的计划，而非整合性的计划。其优点是可以随时对计划内容做出更改，且不影响到其他单元。我们的研究发现，在推崇整合性计划的领域，如果计划中的某一部分发生改变，其所产生的涟漪效应，就会挤压随机应变的空间。

将谋划视作一种问题解决的类型，并且将非线性的成分容纳进来，可以帮助学者更加深入地理解谋划过程。认知科学家对于"谋划"的重视程度不如"问题解决"，但前者似乎才是开展研究的一篇沃土，尤其是分散式的谋划组块究竟如何运行？这一问题非常值得深入探讨。

另外一个需要考虑的课题是策略性谋划。明兹伯格曾经详细地列举了策略性谋划的失败案例及其局限所在。其局限性与自然主义的决策观点相似，提示我们必须注重累积自身专业知识，认识到一味地分解任务、不顾背景而盲目进行分析，无疑将降低直觉的效能。

● 绝大多数问题的界定都十分模糊。而绝大多数问题解决的相关研究，关注点仅限于界定清晰的目标。

● 为了解决界定含混的问题，我们必须随时澄清目标——即使在已经着手实施行动之后仍应如此，不可让目标一成不变。

● 多种多样的决策——从寻找机遇到估测问题的可解决性——都需要借助经验方可实现。

● "人造"任务通常不需要专业经验即可制订出解决方案，而传统的理论大多忽视了"机遇"这一概念。

● 经验丰富的问题解决者可以区分何为"真正的异常现象"、何为"暂时的异常现象"。"人造"任务则直接将问题交给实验参与者，从而忽略了"发现问题"这一过程。

● 结构化问题的意义，是运用"阻碍"或者"杠杆点"设定行动方案，而不是将问题放置到可以进行高效搜索的空间当中。

● 标准的问题解决建议仅仅着眼于界定清晰的目标，而且会干扰对界定含混问题的解决。

● 问题解决是一个具有建构性的过程。问题解决的计算方法依赖于特定的程序——譬如"搜索问题空间"，但其并不具备心理学层面上的现实意义。

SOURCES
OF
POWER

The Power to See the Invisible

第十章

洞察力的力量

本章的主题是"专业知识"（expertise）。论者指出，所谓的专家就是积累了海量知识的人。虽然这种观点是正确的，但它为专家这群人勾勒出这样一幅画面——满脑子都是"事实"，"记忆"量极大，而且"智慧"超凡。大多数领域内，累积专业知识所需的时间长达十年。因此，专业知识与年龄之间存在着很大的关系。这就更加让人们误以为专家是一群行动缓慢的人，他们应该说话很缓慢、思考也很缓慢，因为他们必须在海量的信息当中进行搜索。

根据我们对于不同领域内顶尖专家的观察、访谈与研究，本章将呈现出一个别开生面的专家形象。经验的积累并没有让专家变得沉重，反而令他们更加轻松。

专家看待世界的方式与众不同。他们能够看到其他人所不可见之物。通常情况下，专家并不会意识到，自己认为明显可见的事，其他人竟会无法察觉。

可以用一个事例来比拟上述观点。很多年前，笔者经历了一件事。当天，我的工作非常辛苦，准备上床睡觉。当时我的妻子正在忙着写自己的文章，我一边等她，一边忍不住打起盹来。我躺在床上的时间一定有二十到二十五分钟，一只眼睛压在枕头里，另一只眼睛则暴露在头顶的灯光中。我妻子走进卧室，关掉顶灯，屋里顿时暗了下来。我瞬间惊醒，坐起身来，突然有种异样的感觉，似乎一只眼睛从脸上掉了下来。你如果想亲身示范的话，请首先遮住一只眼睛，可以使用厚挡板、围巾或者手掌（如果只用手指，会进来光线），持续二十分钟。再之后，走进一个没有窗户的房间，关掉灯，闭上门，然后再揭开眼睛上的遮蔽物。请试着体会一下这种感觉。你将感受到我所描述的奇异的对比现象。

我试着回顾这个过程，当我躺在床上时，陷在枕头里的那只眼睛完全接收不到光线。视网膜紫质，即负责黑夜视觉的化学物质，在陷入枕头的眼中逐渐累积。此化学物质如果活跃，则眼睛在黑暗中十分灵敏；可如果其含量较低，则眼睛将更适应于白天的情境。当我妻子进屋时，视网膜紫质含量达到最高值，即使在光线极其暗淡的情况下，该眼仍可视物。另外一只眼睛一直处于光线之下，视网膜紫质含量持续下降。当我的妻子关掉灯而笔者坐起身时，我陷在枕头里的那只眼睛视力极佳，另外一只则毫无用处。这对比是如此强烈，使得我一方面感到屋中光线减弱，另一方面发现自己的一只眼睛完全不听使唤。我揉了揉眼睛，可惜完全没有效果。我抚摸了一下眼眶，看看是不是有什么东西流了出来。毫无感觉之后，我猛然坐起，跌跌撞撞地走进洗漱间。我把灯打开，照了照镜子。很开心的是，眼睛还是一如既往地位于鼻子旁边。不过那只眼睛什么都看不见。我心中暗忖道：这实在是太诡异了。带着不安的情绪，我关掉灯，结果发现两只眼睛都看不太清晰了。之后，我才弄清楚究竟是怎么一回事。

我深入思考了这一经历，一只眼睛可以清晰视物，另一只眼睛则如盲人般无用，这一画面在我脑中异常清晰。由于经验丰富，专家们即可看到其他人视而不见之物。正因如此，他们才可以在自身擅长的领域内来去自如；而新手们则要小心谨慎地"摸着石头过河"。

这次经历还表明，那只一直暴露在光线下的眼睛其实不知道自己错过了什么。它无法感知"看到阴影中的东西"是一种什么样的经历。

很多事物只有专家可以看见，其他人则看不见，包括：

● 新手并没有注意到的模式。

● 异常现象——违反预期的事物，包括并未像预期那样发生的事物。

● 全局（情境知觉）。

● 事物的运作方式。

- 机遇与"随机应变"。
- 已经发生的事物（过去）或者即将发生的事物（未来）。
- 新手会疏漏掉的细致区别。
- 新手自身的局限性。

这些专业知识与我们曾经介绍过的两大"力量之源"存在关联：模式识别与心理模拟。模式识别指的是专家能够利用自身能力，识别出事物的典型表现以及未按预期发生的事物等异常现象。而心理模拟的意义则是总结过去事件、预测未来事件的能力。

我们还总结出了一些额外的力量之源。做出细致区别的能力中，一定包含有知觉学习（perceptual learning）的成分；但是学者对于知觉学习知之甚少，粗略观之，它与模式匹配之间的区别并不明显。除此之外，认识到自身不足并且予以改正的能力，也与本书所讨论的其他决策素质截然不同。

下面将详细介绍专业知识的八个方面。

识别典型模式

我们可以使用"招聘秘书"的例子来说明应该如何识别典型性。试想，一位新上任的公司经理需要招聘首席秘书。他们花费了大量时间来明确该岗位的工作要求与标准，之后，面试了诸多秘书。他们是"秘书遴选"领域的新人。与之相比，办公室经理长时间任职于管理秘书的领导岗位，他们就不需要去面试那么多候选者。他们是经验丰富的秘书选择者。他们或许刚刚面试完名单上的第一个求职者，就已经知道该人才华横溢了。他们不需要再浪费时间和心力去考察其他应聘者。而新手们只有面试过大量的秘书，才能看出不同秘书之间存在什么差异，他们的不同表现在哪些方面以及优于常人的出色秘书是什么样子的。经验丰富的办公室经理十分了解优秀秘书的"典型性"之所在，他们不需要再去经历漫长的学习过程。

新手们很难看出专家认为的显而易见的关系。我们发现，消防指挥官在看到一幢燃烧的建筑物后，马上就知道里面发生了什么。他们可以形象地想象到楼梯、商业电梯、顶梁柱的情况以及它们受到了火势怎样的影响。本书第四章直觉的力量，即讨论了识别模式的能力如何转化为情境知觉，后者可以让人类识别出合理的目标和相关的线索。专家以外的人们，很难识别出典型模式之所在。

示例二十三

无法自救的教练

1981年，笔者妻子海伦与笔者开展了一项关于心肺复苏术（CPR）的研究。我们一共准备了六段录像，内容都是一名长有红头发的救生模型"更生醒－安妮"[1] 接受心肺复苏术的治疗。不过，其中的五段录像里，施救者是新手——仅仅上过八小时心肺复苏术课程的人；第六段中的施救者则是专职医护人员。

观看录像的有三组人：一组是十名新手，刚刚上过八小时的心肺复苏术课程；一组是十名心肺复苏术教练，他们是经验丰富的教师，却从来没有在真人身上实施过心肺复苏术；还有一组是十名医护人员，曾经多次实施过心肺复苏术。研究要求实验参与者做一系列判断，其中最后一个或许是最有趣的，我们请参与者想象他们自己就是命垂一线的人，如果要从六段录像中的施救者中选择一位救治自己，他们会选谁。

医护人员只需看一眼即可认出谁是心肺复苏术专家。十名参与者中有九名选择了那位医护人员。当问及原因时，他们无法用确切的语言表达出来。只是感觉该医护人员整体的行为模式丝丝入扣，动作熟练敏捷，这是他们所认同的——那个人知道自己在做什么。

新手们普遍也选择了医护人员。十名参与者中有五名作出了这样的选择。但是，教练们的结果就不那么理想了。医护人员在录像中的手法，很多都并不遵循教练们在课堂上所着重强调的细节。比如，他没有慎重地选择手的位置。只有三名教练选择了录像中的医护人员为自己施救。

---

① 更生醒－安妮：Resusci-Annie，人工呼吸及心外按摩急救训练模型。——译者注

捕捉异常现象

新手们在面对纷繁复杂的局面时，往往会感到手足无措，因为他们无法形成对事态进展的"预期"。他们遇到的事情全都出乎自身意料。即使已经形成对事态的预期，当现实与所预想的不符时，他们仍然会感到惊讶。一种让专家倍感惊讶、但新手无动于衷的关键线索就是关键事件没有发生。因为新手不知道"哪些事应该发生"，所以他们无法认识到"某些事情没有发生"所具有的重大含义。专家则可做到先知先觉。

以下事例充分说明了在注意到未发生之事的过程中，经验所占据的重要地位。几年前，一位研究者加入到我的团队当中。过了几个月，她对我说，她感觉自己一直处在"边缘"工作，费尽力气才能按时完成任务。可这完全不是我的感觉。我认为，当时整个团队已经组织有序，不再被任务截止时间催促着开展工作了。跟她交谈的过程中，我认识到，自她加入团队以来，我们有一份计划和一份提案书上交得较为仓促，而另外还有十份报告进展比较顺利。我知道，去年同样的十份报告已经将整个团队逼迫得几乎崩溃，因此面对今年的工作进度我感到非常冷静。新来的研究者并没有上述背景知识。她并没有注意到，十份报告完成时，整个团队并没有狼狈不堪。该种类型的线索以及未曾发生的事件是新手所认识不到的。

这些未曾发生的事件可以称之为"消极线索"。只有借助"经验"，决策者方可形成并应用"预期"。只有通过"预期"，个体方可注意到哪些事情没有发生。亚瑟·柯南·道尔所著的小说《银色马》(*Silver Blaze*)中，夏洛克·福尔摩斯就发挥自身才能，注意到了哪些事情没有发生，从而一举破案。那个关键的线索就是晚上的狗没有吼叫。通常，那只狗看到陌生人经过时，都会吠叫不止。但是凶手经过时，狗没有发出声音，这说明狗是认识凶手的。

在识别启动决策模型中，优秀的决策者必须能够注意到模式和典型性之所在。他们只需瞥一眼当下情境，就可了然于胸，认识到自己曾经经历过类似场景或其变式，而且多达几十次甚至上百次。他们的经历赋予了自身识别情境典型性的能力。另一方面，就是认识到模式如何被打破，预期又是如何被违背的。在识别启动决策模型中，这将引发带有诊断性质的努力，其中也包含了"利用意外机遇"的努力。

顾全大局

专家能够从宏观层面把握眼前情境所发生的种种事项——也就是评判典型性的能力。新手会陷入数据的不同元素之间而眼花缭乱，专家则可以看到大局，而且他们很少会被信息过量所压垮。

情境知觉这一概念目前已经受到越来越广泛的关注。安德塞利与加兰德曾经介绍了衡量情境知觉的多种视角。

识别启动决策模型中包含了情境知觉的成分。它指出了在个体识别出某情境之后，所产生的情境知觉的若干方面——包括：需要监测的相关线索、应该追求的可行目标、必须审慎考虑的行动以及个人预期。本书第八章中针对"问题解决"的讨论中，还提及了情境知觉的另外一个层面：杠杆点。当专家向其他人介绍一个情境时，他会着重强调这些杠杆点，并将其作为情境动力的核心因素。

看透事物的内在

专家能够看透事物的内在。他们的心理模型能够说明：应该如何执行任务，团队内部应该如何互相协调，装备又应该如何发挥效能。此模型让专家知道，应该预期什么，哪些预期又将被违背。这两方面的专业知识，在很大程度上，都以专家的心理模型作为根基。

由于专家的大脑中设定了有任务的心理模型，因此他们知道各子任务之间如何整合到一起，也能够调试自己在执行每一子任务时所采取的方式，以便同其他子任务相互融合。这让他们的表现如行云流水般顺畅。他们甚至没有意识到自己正在执行的是一个子任务，因为一切都是高度整合的。

如果专家必须将自己的手法解释给新手，他们或许会将整体任务人为地加以切割，分解为不同的子任务。这种对于整体任务的分割，会令专家感到不适，因为他们知道自己正在教授不良的习惯。他们所教授的，是以"截断"的手法来执行任务。尽管从短期来看，这种做法使得新手无须顾全大局，只需记住不同的步骤、更轻松地开展工作。作为任务心理模型的一部分，专家们熟稔不同决策策略的方方面面，更加了解其适用条件。

团队协调的心理模型，则可帮助专家去预测其他团队成员需要什么、会做哪些事。试想某一位足球运动员新人，他是一名前锋。他或许速度极快、协作意识极强，有破门得分的素养，但总是出现在错误的位置上，不仅没有引领比赛进程，反而干扰到队友的努力。随着他越来越了解比赛的进程，知道队友将如何应对不同的情境，他就会及时出现在合理的位置，进球得分。

专家同时也拥有关于装备的心理模型。他们并不只是按按电钮，接受信息。他们非常了解装备的工作原理，也理解仪器示数的意义。他们知道，装备什么时候会误导人类。一位海军电子装备技术员称自己的操作台是"一个骗子"。他们知道，有时候仪器会显示出根本就不存在的飞机信号，因此在特定情境下他会采取多次核查的策略加以应对。他知道为什么会出现那些虚报信号（根源在于硬件及其算法），因此不会将之盲目归咎于装备上。相反，新手就很有可能相信仪器所显示的全部信息，被愚弄之后，他们会认为机器示数不准，甚不可靠。事实上，专家知道，机器是可靠的，其所出现的故障是可以预期的。

一位工业设计师曾经向我描述了他对日常生活中的装备（譬如，车窗和收音机）的观点。刚参加工作时，每当碰到设计不合理的装备，他都会感到十分愤怒。当他了解了商品的生产过程后，自然就能够欣然接受那些不合理的设计了。他不会为这些设计找借口，反而会专注那些被广泛使用的器械与装备，识别出其内在机制，并且想象着设计工程师组装那些装备的方式。这便是他现在所达到的认识高度。

机遇与随机应变

本书第八章介绍了"识别杠杆点"（抓住机遇，做出调整，并充分利用"调整"）的重要性。专家能够看到这些杠杆点，新手则可能视而不见。

在本书第八章无暇指出的"随机应变"方面，指的就是专家能够进行"反事实推理"：提出与数据不符合的解释及预期。他们之所以拥有这样的能力，或许是因为他们知道不应该过度地依赖数据。与之相比，新手则难以想象与数据不相符合的世界是何等模样。

最近，我们研究了天气预报员，希望了解他们是如何判断云高（阴暗天气下最低一层云彩的高度），以供飞机决定是否起飞或者降落在机场。某天，云高过低，不利于飞机起飞，相关单位派人进行观察。我们询问了那名经验并不丰富的预报员，请他回答自己是如何判断云高是否会升高的。他答道，按照自己的预测，到当天下午两点时，云高会提升一千多英尺（当时的时间是上午十点）。为了探查反事实推理思维，我们询问他，如果云高提前到中午即有提升，将发生什么。预报员无言以对，他无法设想出那种情况。他只能按部就班地遵循一系列的工作步骤，作出预测，但无法设想出一个截然不同的世界。对我们而言，这样就意味着他并非专家。午饭之后，我们的观点得到了验证，当时的时间是下午一点，而云高已经上升了一千多英尺。

在识别启动决策模型中，决策通路里包含了一条路径，即寻找额外信息（漫无目的地采集信息毫无意义）。经验丰富的决策者能够抓住机遇，找到那些既有价值又易搜寻的信息。举例说明，一位天气预报员之所以会预测云高将提升，其依据就是晨间地面温度的提升不如平时那样迅速。此处的关键线索就是温度提升的趋势以及将此趋势与典型提升模式进行对比。此外，只需浏览电子屏幕，即可轻松地追踪温度提升趋势。在搜寻信息方面，才能出众的决策者相比新手而言更加高效。这种寻找信息的技能可以帮助个体更加高效地搜寻数据，以便澄清事件态势。

审视过去与预测未来

审视过去与预测未来也是专家专业知识的一部分，它们的本源是个体运用心理模拟的能力。优秀的幼儿园教师在9月份时看到一个孩子，即可预测到第二年6月份的时候他的表现如何。而一名第一天送孩子来上学的家长，如果孩子一直吵闹着不想入校，则可能倍感苦恼。灾难性的想法将充斥家长的头脑。整个学年都会这样吗？我的孩子会不会也患了"学校恐惧症"啊？孩子的上学生涯从一开始是不是就不容乐观啊？这种思维方式在家长新人身上极易出现，它是非常不成熟的，因为认定"困难将一直存在"的这种想法是非常不理智的。而且，家长的这种幼稚想法，会以某种方式在孩子身上得到印证，他们会误认为这种上学初期的恐慌感与被家人抛弃的感觉，将持续终生。只有教师知道，很快孩子就会欢快地跳下车跑进校园，压根儿不愿意让家长打扰自己在教室里的欢乐时光。因为类似的情景教师已经看过几百遍了，他们可以在头脑中模拟整个学年的发展情况。

在航空领域，专门有一句短语来描述飞行员过度执着于眼前、无法预测前方情况的现象，那就是：飞行员跟在飞机后驾驶飞机。它指的是飞行员由于资历尚浅或者工作负担过重，或者情境知觉不灵敏，从而无法形成预期，无法事先做好准备的情况。雅各布与杰奎斯提出了一个概念，叫作"时间水平线"（time horizon）——指的是提前准备所需要的时间，不同任务的时间水平线皆不同。车速如果达到六十英里每小时，为了确定车辆是否尚在行车线内而打开车门的做法，无疑是愚蠢的。因为，在这样的速度之下，做出调整的能力将被反应时间所影响。驾驶员需要提前很远就多加注意路况，才能平稳地转弯。夜间驾驶的时候，通过车灯的调整，可以轻松地改变时间水平线。如果车灯全关，那么驾驶员就不敢提速。如果开启泊车灯，驾驶员则可以稍微加速。如果打开车头灯，则可以进一步提速。若路况不佳，且刮有大风，则驾驶员开车的难度就将更高。当然，戴上驾车眼镜之后，即使前路崎岖，也可全速前进，因为驾驶员的反应时间更为充裕了。

雅各布与杰奎斯指出，随着个体在工业组织架构内逐渐升职，他的目光需要越来越向前看。经理们需要预测数周之后的事态。高级经理则需要提前一到两年开展准备工作。而大型公司的主席则应思考未来五到十年间的行业发展趋势。某种程度上，这是因为组织内不同层级的反应难度不同。公司主席若想做出变革，必须看透未来的工业走势。如果他奢望在几个小时之内就推行己志，则无疑会产生灾难性的后果。与之相比，产线经理则可以在几分钟内就实现工作变革。时间水平线的适宜水平，取决于系统内不同层级的反应时间。

专家还会体验过去。如我们所知，一位才能出众的设计师只要看到一部分零件，就可感知到其生产制造过程、推测出其生产方式的决策过程。水平高超的国际象棋手，看到棋局之后，即可推断其起始局面。他们甚至能够从第一步就开始模拟棋局走势。负责消除生产系统障碍的人员，则可设想出一系列观测到的问题的原因所在。

在专家的眼中，情境并非仅限于现存的线索，而是由一系列模式与关系组成的，它们来源于过去，并将投射到未来。所有这些都是同时被感知到的，且都属于情境知觉的一部分。

能够审视过去和未来的能力，其根源是对本领域主要目标的理解，以及将这些目标应用到心理模拟中的能力。这是将真正的专家与伪专家区分开来的一种方式。伪专家掌握了许多事项流程和交流诀窍，他们的行动如行云流水般顺畅。他们身上可以体现出许多专业知识的特征。但是，他们一旦偏离了标准模式，则无法随机应变。他们缺乏对情境动力因素的理解。他们无法解释现有状态的"来龙"与"去脉"。此外，他们也无法模拟与自身想法相悖的未来事态将如何发展。

心理模拟的另外一个方面就是设身处地以他人的视角去看待世界。这在我们对于坦克排领导者的研究中体现得尤为明显。作为军人，必须去推测敌方的意图。无论是坦克排领导者新人抑或教练，都注意到了同样的线索。但是，教练同时还会考虑到其他未呈现出来的线索。举个例子，教练会想象敌军如何从对面山坡靠近我军，敌军能够观测到什么以及敌军会在哪里停下观察我军的动向。新入伍的受训者，在布置防守阵型时，则会按照预定距离分兵布阵，并且在自己感觉恰当的地方寻找掩护。教练则能够迅速意识到他们防守中的疏漏所在。受训者从来没有攻打过类似于自己所布置阵型的经验，他们也从未以他人的视角观察自己所布置的阵地——即使这些人都是军官，拥有大学本科学位，还有少数是西点军校高材生；而教练们都是现役士兵，无大学学位。可见，这并非一个"智力"层面的问题，而是一个"经验"层面的问题。

掌握细微差异

专家能够注意到新手即使竭尽全力也无法觉察出的细致区别。品酒师可以品尝出某一种具体的葡萄的味道，甚至能够将一年的酒与其他的酒区分出来。如果你刚刚开始品酒，那么无论你多么集中注意力，放在嘴里回味的美酒再多，也无法感知到其中微妙的差异。那是因为所谓的"差异"并不是一种事实（如，1861年美国内战爆发），也不是一种顿悟（将一个数除以另一个数，就相当于前数反复多次减去后数）。即使经他人告知，或者临时抱佛脚，也无法掌握到细微的差异。只有大量的经验累积，且经验的多样性足够丰富，方可意识到细致的差异。

就职于匹兹堡大学的艾伦·莱斯高尔德研究了放射学家解释X射线的方式，结果发现，经验丰富的放射医师与新学员之间存在着显著的差异。某些物理学家曾经希望探索出放射学家区辨放射图能力的局限所在。数年之前，一个放射学会议组织举办了一场比赛，参赛选手需要解读非常困难的X射线，看谁做得最优秀。为了增加趣味性，主办方设置了一张两个肺部图片重合而且经过双次曝光的放射图。优秀选手们并没有退缩，他们明确指出，这张图曾经受过人为处理，而且还提出了图中存在两个肺部的假设。

应对自身的局限性

专家还会观察另一个方向，他们会审视自己的思维过程，即所谓"元认知"，指的是对思考本身所做的思考。一名经验丰富的学生，在时间有限的考试中，碰到了一道数学难题，他知道要做完这道题会花费很多时间。或许他没有事先掌握这道题的知识点，也可能他担心自己解不开方程，又或者出于其他考虑。如果该生决定暂时不做这道难题，留待后面仅凭自己的潜意识做出解答，或者先做其他题目再来解决这道题目，那么这就是元认知的一个示例。

元认知中包含有四个重要的因素：记忆限制、顾全大局、自我批评和策略选择。

专家对于自身的记忆容量非常敏感，包括工作记忆——类似于记忆电话号码，以及长时记忆——比如，预料到自己会忘记几个月之前将生日礼物藏匿起来的位置。有鉴于此，他们会采取一些微妙的措施，克服上述困难。此外，他们还会将自身的清醒水平、精神集中的能力等因素考虑进来。

专家不仅能够形成情境知觉、认清大局，同时也能意识到自身没有顾全到大局的情况。他们不会束手待毙，直到自身陷入完全困惑之境，反而会提早预料到异常情形，并做出相应的应对措施。

专家敢于批评自己。由于他们的表现相对新手而言更加平稳，因此很容易认识到自己表现失常的情形，而且，他们还会思考其中的原因以便及时做出改正。专家同时也更加敢批评自己的判断和计划，因为他们可以运用自身经验，找出自身判断中的失误之处与计划中的失策之处。

运用这些能力，专家可以思考自己的思考过程，从而改变策略。不论是为了避免记忆局限、不顾大局、持续性的行动困难或者失策的判断与计划，专家都会竭力去寻找最富活力的策略，包括决策策略、需要多加注意的策略或者缩减工作负担的策略等。他们还会实践其他策略，以克服主体策略所存在的缺陷。

显然，新手则很难进行与"情景要求"相关的元认知。所有人在执行任务时，都需要累积到一定程度的经验后，方可预期自己将来会在哪里遇到麻烦。他们需要使用多种策略去解决同一问题，累积起这些经验之后，方可认识到自身的能力水平，包括优势与劣势，如此，他们才能将个人能力纳入到思维过程当中。

　　除上述内容外，专业知识还存在许多特征，这些特征与自然主义决策有着千丝万缕的关系。其中包含了某些因素，譬如，专家在执行一系列行动时更加顺畅，他们对于自己反应方式的整合亦更加到位，而新手只有在熟练地掌握了某一任务的要求，让所有行动都变得自然而然之后，方可腾出心力去展望未来。在驾车新手身上，即可发现这一趋势。最开始，驾驶员会担心自己是否正确地踩到了刹车和油门。他们不敢开得太快。他们同时还会小心留意路面情况。随着他们愈来愈熟练地掌握了全部的驾驶技能——譬如，快速地踩油门然后精准地转动方向盘，他们才能将目光放得更加长远，并提高速度。另外一种行为上的改变就是单独的行为与判断整合到整体的策略当中，不再区别两个或三个分离的行动，它们全部变成同一行动的一部分。一个很好的例子就是六个月大的婴孩如何学习扔球。对于孩子而言，"站立"这一动作并不太自然，而坐着扔球又过于困难。因此，大多数该年龄段的孩子无法同时完成这两项活动。但是几年之后，两个活动就可以合而为一。

　　专业知识的各种概念相互之间存在关联，这一点可通过做饭的例子来予以介绍。

示例二十四

灾难性的配方

　　笔者要给宾客做一顿饭，但我不知道应该如何烹饪。只有一位朋友给了我一道鱼的菜谱。让宾客眼前一亮固然很重要，可是成功地做一次厨师同样重要。我应该做这道鱼吗？我的烹调经验非常少。连买东西都买不好。我的家人还一直津津乐道于那次大家让我买生菜，结果我买回来卷心菜的尴尬事。

对于笔者这种人来说，使用菜谱就是个错误。我们都知道，所谓菜谱就是一系列烹饪步骤的组合。它会列举出诸多食材和调料，以及处理这些食材的方法。但是一切都不是看起来那样简单。

不妨试想，笔者决定使用那份菜谱。趁宾客到来前的几个小时，我开始做菜。菜谱说要使用红辣椒，但我没有红辣椒。我可以用绿辣椒代替吗？菜谱说要用葡萄干，但我没有葡萄干，我可以用葡萄和糖代替吗？菜谱说要用两个西红柿。我翻箱倒柜找到了两个西红柿，但发现它们都很小。我应该再加一到两个西红柿吗？简而言之，我应该如何随机应变呢？我如何知道西红柿的适宜大小？还没开始做饭，我就已经感到焦头烂额了。

我还需要做一些小菜，因此我打开冰箱看看有哪些存货。我只能忽略"几种食材放在一起之后味道如何"这个问题，因为我经验不足，无法想象自己的新菜谱尝起来怎么样。我可以找到食材，遵循菜谱的指示，但无法预期成品的风味怎样。我看着"面粉"这一食材，却完全不知道它会给菜肴带来哪些口味。经验丰富的厨师则知道，面粉会让鱼的口感更加厚重。只有加的面粉足够多，它们才会凝固在一起。经验丰富的厨师能够想象到不加面粉的鱼口味必然过于清淡，因此决定要加面粉。而我，只能看到"面粉"这个词。

现在，我开始做鱼了，同时还在切西红柿。但是，切东西花费的时间太多，西红柿的颜色已经略微泛灰，倒人胃口。本来十五分钟之前就应该放西红柿了，但是，西红柿太小，不好切，我的手指都已经开始感到疲惫了。我缺乏元认知技巧，无法估算切西红柿的时间。我应该在切西红柿的时候把火调小吗，那样会不会影响菜肴的口味呢？

做好的菜究竟应该是什么样子的呢？我之前从来没做过菜，因此也不知道是什么样子。菜谱上说，应该以350华氏度的高温煮一个小时，或者直到鱼肉呈现灰黄色为止。我根本不知道什么是"呈现灰黄色"，所以还是煮一个小时吧。锅的温度恰到好处吗？鱼头看起来已经快好了，里面的肉够酥软吗？雪上加霜的是，客人们还有二十分钟就到了。如果我现在就关火，菜是不是会变得太凉呢？我应该把热度调低吗，这样做会不会把汤蒸干呢？

经验丰富的厨师会注意到鱼的周围没有气泡冒出，这就代表着鱼还没有做好。鱼头之所以如此迅速变黑，是因为我将锅摆放得离加热线圈太近了。我没有看到"未曾发生的事件"——鱼的周围没有气泡冒出。

某些任务看似简单，可以归结为若干"规则"和"步骤"。但是，为了成功地执行这些任务，知觉经验仍然是必不可少的。我们总是愚蠢地以为"步骤"非常易于执行，事实上，个体必须积累大量的经验，方能按部就班地执行各个步骤。所谓"规则"，指的是面对某一情境时，应该执行某一特定的行动。要点在于，要正确识别情境出现的时间。菜谱上说"当鱼头颜色呈现灰黄时，将其从锅中取出"，但是鱼头所出现的灰黄色并不明显。而鱼头颜色发黄，或许意味着"刚刚开始改变颜色"，也有可能是"开始微微冒烟"。

专业与决策

才能出众的决策者在时间极其有限的情况下表现如何呢？本章将介绍我们所做过的两个实验，借以表明专业知识在决策中能够发挥的作用。两个实验都以国际象棋选手为研究对象，因为美国国际象棋联盟对于国际象棋的专业知识定义极其精准。根据国际象棋选手在巡回赛中的表现，每名选手都会累积相应的点数。如果某位棋手比另一位棋手的点数高两百，那么其获胜的概率就是75%。根据点数高低，国际象棋选手被分为七个等级：国际大师（超过2500点）；大师（2200~2500点）；专家（2000~2200点）；A级棋手（1800~2000点）；B级棋手（1600~1800点）；C级棋手（1400~1600点）以及D级棋手（1400点以下）。最优秀的棋手，如鲍比·费舍尔、加里·卡斯帕罗夫以及朱迪特·博罗加，全部都是国际大师。绝大多数美国中等规模的城市中，大师级别的选手非常稀缺。

罗伯塔·卡尔德伍德、柏丝·克兰德尔以及笔者研讨了优秀棋手在时间极其有限的情况下是如何保持优异表现的。毕竟，在绝大多数自然场景中，决策者所面临的时间压力都尤其巨大。我们所提出的识别启动决策模型，就是为了解释才能出众的决策者如何去应对时间压力极大的情境。尽管如此，我们针对消防指挥官所开展的研究，从来都没有发现经验丰富的指挥官是否有作出更加合理的决策。或许，在时间压力过大的时候，即使才能出众的决策者也会表现欠佳。

在我们所开展的一系列研究中，国际象棋的相关项目完成时间较早。为了找出时间压力对于才能出众的决策者的影响，我们比较了国际象棋手在常规赛和快棋赛中的表现水平。常规比赛中，棋手需要在九十分钟内走四十步，换言之，大约每两分十五秒走一步。而快棋赛中，棋手将棋钟设定为五分钟倒计时，然后开始对决。己方棋钟从对方下完一步棋并且按下自己的计时按钮起开始计时，直到己方下完一步棋并且按下计时按钮。如果你的棋钟降落或者惨遭将军，那么你就输掉了比赛。我们估计，在快棋赛中，棋手每走一步仅需六秒钟。即使他们趁着对手走棋时进行思考，仍然没有太多时间去深思熟虑。

为了搜集数据，我们安排了三位大师级棋手与三名B级棋手进行对决（大师级棋手之间进行巡回赛；B级选手之间进行巡回赛。以保持对决双方实力相当）。每次巡回比赛其实包括两局比赛——一次常规赛，一次快棋赛。每对棋手都要对决四次，常规赛和快棋赛各两次，每种比赛中两人分别担任一次持白旗者。我们为巡回赛冠军设置了奖金鼓励，同时为每名参赛选手准备了劳务费。除此之外，计分还会进入到棋手的正式点数中，这对参赛者的诱惑应该强于金钱。

我们之所以同时选择了大师级棋手和B级棋手，是为了确保棋艺水准的平衡。我们事先征询了大师级选手的意见，但是他们并不愿意评价水平较低的选手的棋着。即使棋手走出高着，大师级选手也无法确认该选手是否认识到了高着的深意所在。

棋局开始时，我们不会评定棋手的棋着水准，因为开局一般来说比较仪式化，无法反应随机应变的决策过程。我们重点关注那些难以抉择的棋着——此时才存在真正的选择（由大师级选手制定这些时刻）。显而易见的棋着，迫不得已且每个人都知道应该如何走的棋着，则并不在我们的研讨范围之内。

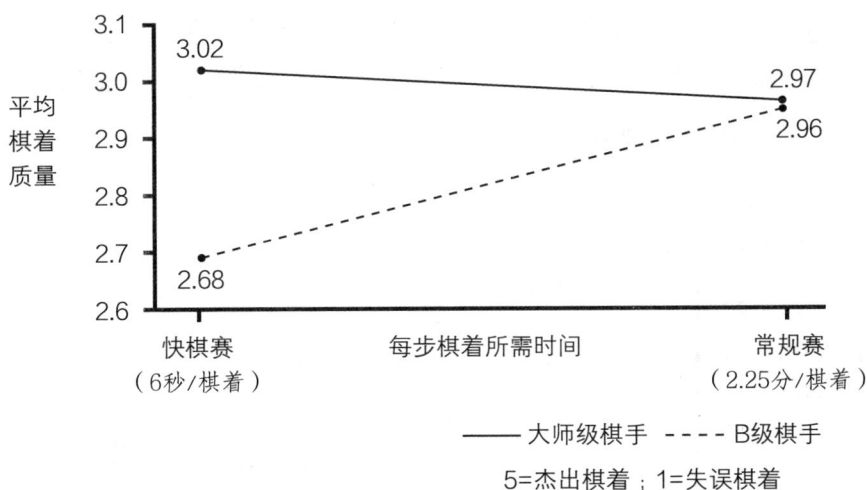

图十三　大师级棋手与B级棋手的平均棋着质量，常规棋与快棋

专家会在五点量表上评定每一决策点。"5"代表杰出的棋着，而"1"代表失误的棋着。图十三显示了评定结果。该图中最重要的发现就是棋着质量很高——即使在快棋赛中亦是如此。时间压力并没有阻止大师级选手的脚步。六秒一着，源源不绝，面对强劲的对手，棋着质量几乎没有改变。本书之前介绍过经验在自然主义决策中的重要作用，图十三恰恰验证了我们的观点。快棋赛中，选手根本没有时间去设想多个选项，再逐个比较。更没有足够的时间去整理思绪，运转大脑，作出决策，再按下棋钟。

两组棋手表现的差异不明显，这并非由于我们的抽样规模过小，也不是因为评定量表不够敏感。但是，在快棋赛中，大师级棋手表现平稳，而B级选手的水准则急转直下。这种转变在数据上是存在显著差异的。

接下来，我们重点关注一下被评定为"失误棋着"（评分为"1"或"2"）的百分比（请参见图十四）。虽然这一类别的棋着总体比例不高，但是，大师级棋手和B级棋手之间存在着显著差异。很明显，大师级棋手的失误棋着所占比例稳定在7%~8%——即使在快棋赛中仍是如此。B级选手则大受影响。常规赛中，他们的失误棋着所占比例为11%。快棋赛中，同一数据则快速攀升至25%，且数据差异显著（与我们的预期相同）。B级选手在时间压力较大的情况下，表现无法同大师级选手的稳定发挥相比。尽管如此，B级选手在75%的情况下，都没有出现失误。

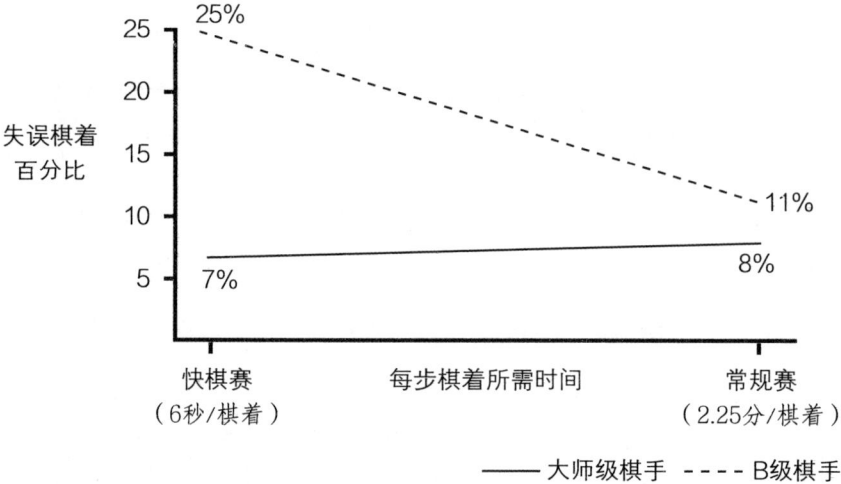

图十四　大师级棋手与B级棋手的败着，常规棋与快棋

　　第一个实验结果成功地显示，才能出众的决策者即使在时间压力较大的情况下，发挥水准仍然较高。第二个国际象棋实验为了验证识别启动决策模型本身，设计出一个研究，试图解答一个更加细致的问题。识别启动决策模型认为，优秀的决策者会选择自己所构思出的第一个可行的行动方案，因此无须设定过多行动选项。那么，优秀的决策者真的能做到这一点吗？如果不能，识别启动决策模型的基本假设就无法成立了。

　　实验的设计较为简单。我们会给选手们提供若干下到一半的棋局，请他们选择棋着，并在此过程中报告自己的思维过程。我们请他们说出自己所想到的全部事情——他们考虑到的所有棋着，甚至是昏着，尤其是他们第一个构想出的棋着。

借助南俄亥俄州一位国际象棋大师的帮助，我们选择了四个棋局，有些是棋局当中，有些则已接近棋局尾声。我们选择了十六名国际象棋手：八名高手（评分在1700~2150之间）以及八名低手（评分在1150~1600之间）。每名棋手都单独参加研究。在每一个人下完四盘棋之后，我们请他们对每一步的合规棋着进行评定。我们希望理解在棋手眼中，哪些是高着，哪些是昏着。结果如图十五所示。根据棋手的评定，绝大部分合规棋着都属于昏着，只有一小部分才是高着。如果说棋手是从这些合规棋着当中进行随机选择的话，那么他们对于自己思考出的起始棋着的评定应该呈现出同样的趋势。实际上，起始棋着的曲线走势与合规棋着是恰好相反的：棋手对于他们所首先思考到的棋着评分更高。它们不仅符合象棋规则，而且在大多数情况下都获得了最高的评分。这些结果在数据统计上是存在显著差异的。我们又分别分析了高手与低手的数据，结果发现，即使是低手，对自己首先思考出的棋着评分也较高。

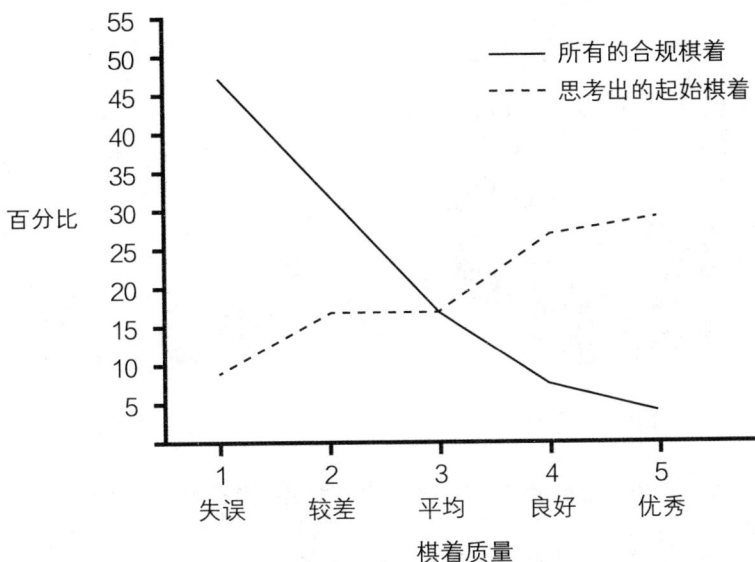

图十五　起始棋着与所有合规棋着的质量评定

图十五中的数据来源于主观评定。或许棋手自认为走了一着妙棋，但实际上是昏着。因此，我们必须对棋着质量作出客观评定。我们邀请一组大师级国际象棋手，针对若干棋局作出客观评定——为不同的棋着评定了点数。最佳的棋着可评定为十点，次之可评定为八点或者五点，另有少数棋着只得到两点或者三点，其他棋着则根本无法取得点数。之所以如此设定实验，是因为我们希望对每一棋着的质量进行独立的测量。为了分析数据，我们并不在乎每一棋着具体得到了多少点数，反而制定出两种分类：只要获得任意点数的棋着，都是可行棋着；而没有得到任何点数的棋着，则不予考虑。之后，只需计算首步棋着获得任何点数的次数。这些结果如图十六所示。在一百二十四个合规棋着之中，只有二十着获得了国际象棋大师委员会给出的点数（在我们所采用的四局棋中，共有124个合规首步棋着——每局大约31着）。如果实验中的参与者是从可能的合规棋着当中随机

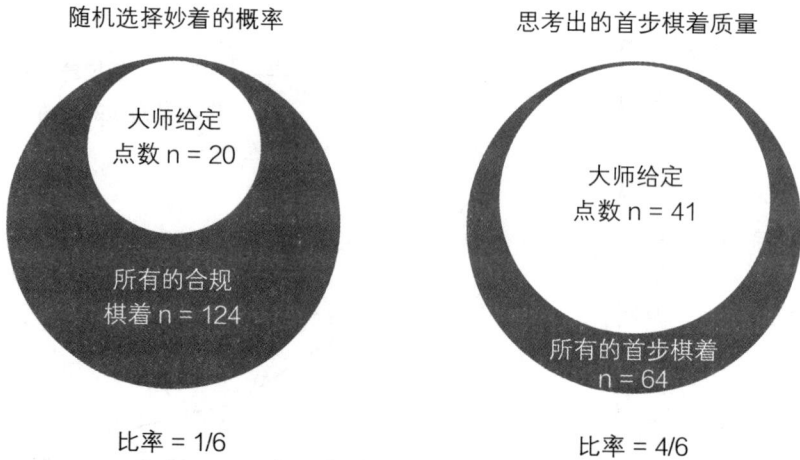

随机选择妙着的概率

大师给定
点数 n = 20

所有的合规
棋着 n = 124

比率 = 1/6

思考出的首步棋着质量

大师给定
点数 n = 41

所有的首步棋着
n = 64

比率 = 4/6

图注：如果评定委员会给定某棋着点数，则该棋着即被评定为"可以接受"；反之，则该棋着即被评定为"不可接受"。十六名参与者每个人都完成了四盘棋，因此共有六十四个首步棋着。四盘棋中每个位置大约有三十一个合规棋着，因此共计有一百二十四个合规棋着。

图十六　针对首步棋着的目标评测

进行抽选，那么其比率应该与上述情形相同——大概六分之一的首步棋着会获得点数。实际上，这一比率却是六分之四。棋手所构思出的绝大多数首步棋着都获得了大师给定的点数，这一结果再一次达到了显著水平。而且，低手同样再次出现了同样的效应，而且其程度之高与高手相若。即便是低手，他们首先构思出的棋着，也都是合情合理的。

上述数据验证了识别启动决策模型的观点：才能出众的决策者所构思出的可行行动选项，就是首先进入到他们脑海中的选项。正因如此，生成诸多行动方案，再对其加以评定，这样做是事倍功半的。在国际象棋中，最重要的就是找到"最佳"的棋着，即便是"优秀"的棋着，也无法满足要求，其实，棋手所念念不忘的恰恰是寻找最佳的行动选项。不过，我们同时还发现，绝大多数情况下，棋手们都会选择首先构思出来的行动选项，即使在他们思考了其他行动选项的情况下仍然如此。

论者对本实验提出了两点反对意见。其一，是我们的研究结果过于显而易见。所有人都知道，首先映入个体脑海的必然是合理的行动方案。其二，是棋手们内心中肯定思考过特别不合理的棋着，只不过不愿意告诉研究者而已。或许，他们想到了所有的行动方案，而且是随机思考的；接着，在无意识的层级上，再对这些方案进行筛选；剩余的方案才进入到意识层面。如果这种猜想是正确的，那么我们的研究结果就纯属痴人说梦了。

两种批评意见本身就是互相矛盾的，势必只有一种意见能够成立。批评者认为我们的研究并没有证实假设，如此，则个体仍然可能在无意识的状态下思考所有的行动方案，这种观点如果成立，那么我们的结果就不那么显而易见了。

第一种批评意见是我们的研究结果过于显而易见。可是，对于那些教授决策技巧的专业培训人员而言，研究结果是非常出乎意料的，因为他们坚持认为，最好的决策策略就是要设想到所有可能的行动选项，再择优取之。或许这种观点在某些情况下的确有其道理所在，譬如决策者本身的经验水平较低时。但是，倘若我们的研究结果如此显而易见，那么上述决策技能培训班早就不应该存在于这社会当中了。

第二种批评意见是棋手们或许在无意识层面上思考过所有的行动选项。笔者也认为，出声报告思维过程这种方法的主观性较强，或许会影响研究结果的模式。但是，这种反对意见的真意何在呢？个体在每个决策点上都会构思出所有可行的选项吗？如果这是实情，那么不妨设想一下将发生什么。什么是"所有可行的选项"呢？答案是，所有的合规棋着，加上违规棋着，再加上按兵不动。举例说明，你向上移动了皇后，我对此的回应，也可能是把一杯水摔到你的脸上，谩骂你。可行方案的数量实际上如恒河沙数，是无穷无尽的。如果我每次遇到一个决策点都要无意识地思考到所有的行动选项，那么我在每一天的生活中，根本没时间有效地作出决策。因此，"首先构思出所有选项，随之进行筛选，再择优取之"，这种观点是我们无法苟同的。一定存在着某一机制，来确保个体只去构思合理的行动选项，而且这个机制并不依赖于对不合理选项的筛选。

这两个研究有力地证实了经验的确会塑造决策过程。经验丰富的个体拥有让人叹为观止的能力，他们无惧时间压力的影响，只去构思合理的行动选项，而不会浪费时间和心力去比较大量的不同方案。不能仅仅因为"经验可能会误导决策结果"，而将其拒绝在科研领域的大门之外，我们应该设计出不同的研究去理解"经验"的多面性。

[实际应用]

最重要的应用就是培训个体迅速地掌握专业知识。我们对于专业知识的视角应该贯穿到整个培训过程当中。最典型的视角就是专家的知识面更宽，他们可以运用的事实和规则更加丰富。本章中，笔者的视角与众不同：所谓的"专业知识"就是学习如何去感知，知识与规则只不过是附带而来的。

至今为止，在专门技术培训领域中占据主导地位的方法就是教导"知识"、"事实"与"程序"。整个20世纪60年代，专门技术培训都处于无人问津、结构混乱的状态，而且产生于该时间段的大多数专门技术培训项目的组织性和实施性都非常差。20世纪60年代到20世纪70年代，美国培训界占主导地位的是系统性方法。这些方法视技巧和知识为一系列程序和规则，培训过程中，可以将它们进行分解，随后再系统性地予以教导。

这一策略适用于简单而且程序化的任务。尤其是在更替率较高的工作岗位上更为如此，对于教育程度极低的工人而言，这种培训策略的教导效果非常高效。系统性的培训方法毕竟要好过死记硬背。尽管如此，它却无法帮助人们累积起更高层级的专业知识，以作出更好的判断和决策。

胡伯特·德雷福斯与斯图尔特·德雷福斯曾经介绍了人们从新手进阶为专家的过程。他们指出，新手会遵守规则，而专家则不囿于规则所限。而那种认为"专家不遵守规则的原因，是他们非常了解规则"的想法，是极其错误的。胡伯特·德雷福斯举了一个例子，那就是通过训练车轮的方法来学习骑自行车。可是作为成年人，我们很难同意"操控车轮已经成为骑自行车体验中不可分割的一部分"这种观点。我们根本无须去训练对车轮的操纵，反而会产生出一整套骑自行车的动力感觉。

将做事步骤呈献给培训者会造成一种"自己已经取得了进步"的错觉。当新手意识到做事步骤的实施需要根据情境的不同而加以调整，但是没有人能够说明究竟眼前的情境存在哪些特点时，上述信心难免烟消云散。自然情境下的判断和决策，很少是直来直去的。如果我们希望像专家那样去思考，就必须理解专家的思维方式。我们需要理解他们感知情境的策略和方法。我们必须钻研专业知识的每一个方面，这样一来，专业知识才可以成为培训的路标。在本书第七章中，笔者讨论了美国海军陆战队班长相关的研究项目，当时我们所重点关注的目的，是教会班长们像专家一样学习，而不是强求他们像专家一样进行思考。在那种情景下，我们没有充分的条件去鉴别关键的线索、模式以及类似的事物。尽管如此，在其他情境中，我们则有可能通过知识启发来了解才能出众的决策者如何进行思考以及如何将该成果应用到培训者身上。以此为目的，研究者开发了"认知任务分析"模型。

认知任务分析描述了在执行复杂任务过程中所需的专业知识。认知任务分析的步骤包括：识别专业知识的来源（并且在此过程中了解背景知识）；评价专业知识的质量；通过知识启发了解优秀决策者的心理过程；对结果进行加工，以便他人理解，并将其应用到实际中。传统的任务分析关注于"培训者应该遵从哪些步骤"，却忽略了知觉、判断和决策技巧。鉴于当今工作任务愈加复杂，信息技术的出现，令职场人员和管理人员的压力倍增，传统的任务分析策略已经无法满足时代需要了。

在组织中，绝大多数专业知识都仅仅存在于员工的大脑当中，并没有得到广泛的分享。绝大多数组织文化中，宝贵的专业知识或者被忽略了，或者被视作理所当然、不加珍惜。如果一名优秀的员工为公司服务了三十年，退休之际，他想要拿走自己最喜欢的个人电脑、若干软件程序或者一整套工具，公司肯定会阻止他，因为组织了解装备的宝贵价值。可是，组织同时又眼睁睁地看着员工怀揣着渊博的专业知识扬长而去，本来那比区区的设备更加稀缺，可组织不去保留人才，甚至不会认识到自身的损失。

事实上，在组织中，知识作为一种珍惜的资源，有时候确实被如此对待。我们可以看到"知识"与"石油"之间的相似之处。

19世纪早期，石油还属于新生事物。它只会沾上农夫的靴子或者污染饮用水源。1854年，一位加拿大地质学家发现了从石油中提取出煤油的方法，随后报纸上出现了大标题"巨鲸的好消息"。一瞬间，石油变成了一种资源。今天，许多石油工程专业的主题就是如何更好地利用石油。人类创造出了多种方式去定位油田，测量其质量，提取石油，并且应用石油（请参见表格五）。

表格五　知识工程的各个方面

过程	石油	知识
搜寻	何处钻探	专业知识在哪里
评价	是否钻探	知识的价值
提取	钻井平台	提取知识

过程	石油	知识
处理	精炼原油	编撰知识
应用	用于供热/供电	用于培训和设计

我们可以以"知识"为主题列出同样的表格。人类可以识别出专业知识的来源，测量知识的价值，提取知识，编撰知识，并且将其付诸实践。正因如此，我们才可以讨论"知识工程学"这一学科。组织如果希望最大限度地应用其专业知识，就应该使用知识工程学来创建专业知识的文化。我们可以使用认知任务分析来实施知识工程学。

第一步，识别专业知识的来源。任何在组织中工作过一段时间的个体，都会积累一些值得分享的经验。通常，我们不认为那就是专家。只不过，不同个体在不同领域中都会了解到一些值得珍视的知识。认知任务分析的宗旨就是要将关注点集中在"专业知识"而非"专家"身上。具体而言，分析目标就是找出那些依靠自身知识得到组织尊敬的个体，以了解他们如何看待自己的工作。

第二步，评估知识的价值。认知任务分析需要付出"时间"和"努力"。如果不是需求迫切或者收益显著，没有谁会费心费力地去进行认知任务分析。一旦确定了专业知识的来源之后，我们还需要再次评估分析项目的价值。再对照石油工程学的例子，即使我们找到了石油，也并不意味着就一定要钻井开采。我们必须评估采油的难度和代价，并将其与石油质量相互对比。如果油田较深，难以开采，那么不妨暂时不开采。

知识的重要性必须同提取知识的代价取得平衡。提取知识的代价不可轻视，包括访谈、抄写、分析、展示知识的方法以及分享经验教训的代价等。我们需要考虑：分析项目的结果如何？谁会获益，获益程度如何？

某些情况下，认知任务分析绝对属于明智的投资。若干年前，美国电话电报公司开启了一个项目，旨在设定课程培训软件开发人员查错及分析解决问题的能力。美国电话电报公司每年都会花费巨额资金用于软件开发和故障排查，因此该课程必然有其价值所在。鉴于公司决定以后要将该课程应用于绝大多数软件开发人员，因此增加投入以确保课程质量过硬也就在所不惜了。在这样的情况下，知识工程学是有其成本效益的。美国电报电话公司雇佣了笔者所在的团队，采访了十五名才能出众的技术员工，并以这些访谈为基础，设定了为期两天的培训项目。这些工作获得了非常积极的回应。某些培训项目的开发人员认定，我们所使用的方法必须应用到将来的课程开发当中，也就是说将目光转回到公司内部，充分利用其内部的专业知识。

第三步，提取知识。认知任务分析方法之所以出现，就是为了进入到专家的思想当中去。这些方法包括结构化访谈——实际工作中存在哪些困难，专家在思考任务中将使用哪些概念等，以及模拟任务——这些任务要求专家在开展工作的过程中出声报告自己的思维过程，或者在工作完成之后回答访谈问题。本书下一章中，笔者将事无巨细地介绍其中一种方法：运用困难事件的相关故事，提取专家头脑中的知识。

第四步，编撰知识。我们知道，对提取出的知识加以表征的方法多得不可胜数。应用研究者所使用过的方法包括表、图、关键线索列表、对专家思维过程的电脑模拟、为故事做注释、为访谈做抄本甚至将访谈过程进行录像等。

在美国电报电话公司的研究项目中，培训项目设计者将"故事"纳入到了新课程的材料当中。在新生儿急救护理的研究项目中，相关人员设计了培训资料，帮助护士识别出败血症的前兆。这些课程无一例外地介绍了事件细节——即所谓的"故事"——并且指明了关键线索。通过这种方式，线索都在一定的情境下予以呈现，更加易于理解和使用。我们曾经测试了护士学员对于败血症先兆的记忆情况，结果发现，即使在最初学习的数周之后，学员的记忆成绩仍然非常优秀。

识别出任务的"决策要求"（关键决策及其决策过程）也有其用处。对于每一个决策要求，我们都会说明其困难之处在哪里，并且介绍专家克服困境的线索与策略。决策要求可以跟实际发生的事件相互印证。任何希望了解细节的人，都可以审核那些用于确定决策要求的访谈及事件的记录。

第五步，应用知识。本书之前的许多事例中，已经介绍了认知任务分析的实际应用。在我们的研究项目中，故事、表、图、关键线索列表都曾经扮演过关键的角色。借助它们的力量，我们可以识别出败血症诊断过程中的关键线索，培训护士对于这些线索加以识别，为职业编程人员的故障排除提供了认知模型，并且向系统设计者展示了交互界面设计过程中的核心决策。

认知任务分析是一种"抓取"专业知识并将其应用于培训及系统设计的方法。其他形式的应用则包括了更加优秀的选择方法以及更加优秀的构建组织记忆的方法。

另外一种实际应用本书没有详细介绍。那就是通过认知任务分析，协助公司削减培训经费。与之相比，传统的培训项目往往无法提升员工在实际工作岗位上的表现。

绝大多数组织都以在职培训这种直接的体验作为主要的培训方式。尽管如此，才能出众的员工究竟如何进行在职培训，我们却知之甚少。柏丝·克兰德尔与凯罗琳·扎姆波科曾经发表了关于在职培训的若干研究。研究者不仅研讨了"操作仪器过程"的教授，还重点探讨了"知觉技巧"的教授，他们发现，才能出众的教练与在职培训授课者在课堂教学中的表现截然不同，具体表现为：他们看待新手的方式、衡量新手学习程度的方式以及反思新手看待任务的方式。柏丝发现，医院急救部门对护士进行培训时，都重点关注救治步骤与仪器操作，对专业知识的知觉层面则不予重视。由此，受训者难免感到自己并没有做好履行工作职责的准备，这种"无能感"或许就是导致从业人员高流转率的原因之一。鉴于招聘与培训都耗资巨大，因此，对于医院而言，高流转率绝对是一个亟待解决的问题。尽管如此，负责培训的护士从来不会提醒自己去讲述知觉技能，也不重视提升被培训者知觉专业知识的发展。柏丝和凯罗琳则抓住了知觉培训的契机，制定出相应策略，指导才能出众的员工如何进行更加优秀的在职培训。在设计在职培训项目方面，我们取得了优异的成绩，其中最突出的就是"洛杉矶乡村消防部门"这一案例，我们成功地帮助消防队长更迅捷地培训好自己的新人。

凯罗琳·扎姆波科与丽贝卡·帕林斯卡为一家专攻小型便利店的跨国企业设计了在职培训项目。他们重点解决的问题是如何在产品质量与客户服务之间取得平衡。项目实施之后，无论是便利店经理还是普通员工都报告说，新入职员工的表现得到了大幅提升。除此之外，在项目实施七个月之后，采用了在职培训项目的商店平均每家较去年同期的营业额增长了24500美元。其他条件类似、但是没有采用在职培训项目的便利店，其增幅则大约只有10300美元。

认知任务分析的另外一项应用领域就是市场调查。虽然我们认为消费者并不是所谓的"专家"，但还是可以应用认知任务分析去理解消费者作出判断和决策的方式。市场研究人员比较中意的一种调查方式，就是从不同的市场部门进行取样，据此开展结构化的问卷调查与访谈。这些研究皆基于实验室的方法，是十分严谨的。不幸的是，上述研究难以回答"消费者是如何作出决策的"这一问题。还有一种市场调查的方法就是"焦点小组"：召集数位消费者，邀请他们非正式地进行交谈、回答若干问题。这种方法有助于了解消费者的思维过程，却无法令研究者做出更深层次的探索。

我们曾经多次使用认知任务分析来探讨消费者的决策策略。劳拉·米利特罗负责了上述研究项目的开展。在一项市场调查的相关研究项目中，我们被告知，该公司已经找到了问题的答案，也建立起了令人满意的消费者决策模型。鉴于我们在相关领域并没有丰富的经验，他们并不冀望我们能够锦上添花。之所以寻求我们的帮助，只不过是因为该项目太过重要，不容许出现任何一丝疏漏，因而需要我们查漏补缺。两周之后，劳拉的团队耗时两天，针对个体消费者进行深度的认知任务分析访谈，同时，公司负责人在访谈室的单面镜后观察访谈过程。负责人感觉访谈的结果出乎了她的意料。劳拉团队关于购买决策如何发生、何时发生、为何发生的描述极其细致，根本就不是问卷数据所能望其项背的。负责人遂召集起自己的团队，介绍了我们的访谈结果，并且根据该研究的发现来制订具体的行动方案。

认知任务分析虽然无法做到每一次都如此成功，但是在市场调查领域它是定量方法的重要补充与替换选项。

关键要点

● 专家能够感受到新手视而不见之物：细致的区别、模式、新异的视角、未发生的事件、过去与未来以及操纵决策活动的过程。

● 经验丰富的国际象棋选手即使在时间压力极其突出的情况下，仍可使出妙招，而且首先映入他们脑海的棋着恰恰都是高着。

● 高技术等级的培训不仅需要强调"工作程序的掌握"，也需要强调"知觉技能"。

SOURCES
OF
POWER

The Power of Stories

第十一章

故事的力量

人类拥有"反复讲述故事"的需求

如果人类将自己的每次视觉输入都看作互相分离的元素，或者每次将双眼的注视点从一处转移至另外一处时都要重新思考各个事物之间的联系，那么生活显然将是令人头晕目眩的。所幸，这种情况不会发生。在信息进入大脑之前，世界在我们眼中是以强光对比的形式进行组织的。人类也已运用其他高效的组织元素，将视觉世界表述为各种"格式塔"（Gestalt），正因如此，我们才可以自然地将互相临近的事物进行分组。如果头上飞过一群鸟，我们会将其视作一群，拥有"共同的命运"（common fate）。每当鸟群调转方向的时候，我们也无须再去单独追逐每一只鸟的踪迹。如果有一只鸟离群索居，那么这只鸟将引起我们的注意，因为它打破了"共同命运"的模式，吸引到了我们的注意力。从婴儿期起，个体就以这种方式看待世界了。向四个月大的婴儿展示若干共同运动的圆点，婴儿就会将其视作同一个单元。如果令其中一个圆点自行离去，则婴儿就会感到吃惊。我们之所以能够识别出这种惊诧之情，是因为婴儿会立刻停止进食，婴儿会表现出惊吓反射。也就是说，即使是婴儿，亦通过"模式"来组织视觉世界。

本章中，笔者的观点是，人类会使用类似的策略去组织"认知世界"——思想、概念、物体以及关系的世界。人类会将上述元素联系成不同的"故事"。通过理解其产生过程，我们可以更加充分地运用故事的力量。

"故事"由若干种不同的因素混合而成：

- 主体——故事中的主人公。

- 困境——主体所尽力解决的问题。

- 意图——主体关于如何行动的计划。

- 行动——主体为实现意图而采取的措施。

- 物体——主体使用的工具。

- 因果关系——实施行动所产生的（计划中与非计划中的）效果。

- 背景——围绕在主体与行动周围的海量细节。

- 意外——故事中发生的出乎意料之事。

简单地说，故事会将这些因素与其他因素结合在一起。以下是柏丝·克兰德尔在针对护士所开展的研究中发现的一个故事。

示例二十五

婴儿心率未达到每分钟八十次

新生儿疾病筛查部门的一位护士主要负责一名躺在"不足月婴儿人工抚育器"中的婴儿，她发现，相邻床位的婴儿每隔几个小时就会出现轻微的皮肤颜色异常现象。随后，肤色渐渐变浅，自行恢复到健康的粉红色。她把这些情况告诉了该婴儿的主护护士，对方同样注意到了这些异常现象。之后，过了几秒，婴儿的皮肤转为深蓝黑色。监视器显示：他的血压完全触底，心率下降，随后则稳步上升至每分钟八十次。

她马上意识到，婴儿罹患有心包积气。空气充满了心脏附近的液囊，将其变成了一个"气球"，由此，心脏附近的空气压力使得血液无法输送到四肢中去。他的心脏实际上已经处于瘫痪状态。她之所以知道，是因为她曾经看过一次类似的症状，那是她自己主要负责护理的病患，那婴儿最后离世了。

同时，婴儿的主护护士呼喊着申请X光急诊，另有一位医生来准备刺穿婴儿的胸壁。主护护士推测婴儿的肺部已经瘫痪，这是呼吸机中儿童的常见症状，此外，心脏模拟器也显示，婴儿心率持续稳定在每分钟八十次以上。但是，首先发现婴儿症状表现的护士则努力纠正这种错误认知——"问题出在心脏上，心跳停止了"——与此同时，众人却坚持认为心率应该参照监视器上的显示数字。护士将手放在婴儿身上，尖叫着让大家安静，通过听诊器感受婴儿的胸膛，完全感受不到心跳，护士不得不用手按压婴儿的胸膛。婴儿主治医师这时候出现了，护士急忙转过身，将注射器放在医生的手中，说道："是心包积气。我敢确定。请刺入心脏吧。"X光技师在隔壁屋子喊道："护士的判断是正确的"，婴儿的心包里的确充满了空气。医师将气体放出，婴儿起死回生。

事后，整个团队探讨了监视器出现错误的原因。他们发现，监视器记录的都是电流活动，而且它持续收到了来自心脏的电流冲动。监视器虽然能够记录电流冲动，却无法显示心脏是否在将血液输送到身体的其他部分。

这个故事警告我们，机器有时会产生误导作用，必须对此给予高度重视。它还警告我们，救生方法——如通气管——有时反而会杀死本应保护的婴孩。这个故事的主题是"专业知识"——目睹过婴儿死于心包积气的护士，相对其同事而言，更加敏捷地识别出了疾病症状。故事还有一个主题是"允许"——它告诉我们什么时候允许吵吵闹闹，即使牺牲一段友谊亦要力排众议。故事还反映了医院的文化氛围、行事界限在哪里以及如何说服他人。读者还可从故事中收获其他体会。

类似于示例中的故事指出了很多经验教训，对于没有亲眼目睹事件的人来说，不啻为一种间接体会的经验。类似的故事还可以传承价值观，让新来者知道他们所进入的是一种什么样的环境。对于如笔者这样的研究者来说，此类故事还可以帮助我们理解"情境"和"关系"的意义。

我们喜欢精彩的故事反复地被人讲述，更加值得回味的是人类拥有"反复讲述故事"的需求。每一次的讲述，都能让我们更加清楚地认识到故事当中所蕴含的道理。笔者臆测，这种需求产生的时间非常早，甚至在个体获得语言能力之前即已出现。我甚至目睹过一位尚未学会说话的小孩子给别人讲故事，那就是我的侄子亚历山大。

亚历山大当时只有16个月大，连"妈妈"这样简单的词都无法含混地讲出来。那时候，他就已经能够根据家里发生的真实事件，讲述故事了。亚历山大一直非常喜欢家里的宠物狗凯西，他平时总是去拉扯凯西身上的白毛。凯西总是远远地躲着亚历山大。有一天，亚历山大把凯西逼在角落中，用力地去拽它身上的毛。凯西惨叫一声，轻轻地咬了亚历山大的手，让他以后小心一点。这次被攻击的经历让亚历山大受到了惊吓。几个小时之后，妈妈桑迪回到家后，亚历山大冲到她的怀中，伸出自己的小手，展示绷带——那是他伤口的证明。之后，亚历山大告诉妈妈发生了什么事。他发出"呵、呵"的呼吸声，模仿凯西，接着，又发出"叽啊"的声音，说明凯西对于亚历山大出现的反应。然后，他猛然拉开自己的手臂，模仿自己被咬后的反应。随后，他用另一只手抚摸被咬的那只手——以显示伤口很痛，同时还假装哭泣，最后，又展示了一下绷带。观众就此了然。这就是整个故事的经过。

在妈妈表现出同情之后，亚历山大又讲述了一遍故事。他又跟自己的爸爸米切尔讲了好几遍。被咬之后的几周，亚历山大都醉心于这个故事。他反复地讲给父母，讲给我，讲给家族里的每一个成员听。在商场里，如果有人弯腰跟他礼貌地说话，亚历山大也会讲这个故事。绷带脱落，亚历山大的手臂上留下了一个小疤痕，这又进入到了他的故事情节当中。学会说简单的词语之后，他不再发出"呵、呵"的呼吸声，反而直接说出"凯西"，以确切地指认加害者。

好故事的特征

类似于"婴儿心脏几乎停摆"的故事之所以有其价值，存在几个原因。首先，因为它比较戏剧化。一个婴儿濒临死亡，最后一分钟的救援，才挽回其生命。其次，它令听者产生共情。我们可以想象到自己很有可能就是那名忽略了问题严重性的主护护士，因此，如果故事指明了教训，我们非常乐于吸取。最后，它具有教益性。即使无法弄清楚每一处细节，我们仍然可以感受到故事中所蕴含的智慧。因此，我们愿意将这些故事放在自己的头脑中，作为一个"类比"，以便在将来遇到相似情况时加以运用。"戏剧性"、"共情"、"智慧"是关键所在。我们能够记住故事，是因为它具有戏剧性。我们之所以运用故事，是因为我们可以认同其中的一个或多个人物。我们乐于反复讲述故事，是因为它们之中蕴含着智慧——每次讲述，都令人更加牢记其教训及意义。

优秀的故事通常都包含有若干令人意想不到的成分，那就是戏剧性的部分。人们有时候会讲流水账故事，我们虽然表面上礼貌地倾听，心里却在琢磨其意义何在。我的侄子亚历山大所讲述的就是流水账。随着他年龄渐长，讲述的故事也愈加精彩。

优秀的故事是不同因果关系——哪些因素导致了哪些效果——的集合。故事情节越复杂、越微妙，可以借鉴的经验也越丰富。故事必须将不同的元素清晰地结合起来，并且以易于记忆的方式展示其相互关系。科研工作者为了寻找出因果关系，会进行实验。可是，为了控制混淆条件，我们必须限制背景情境。我们会招募20名实验参与者，以确定结果的可靠性。正因如此，我们无法确定实验室中所获得的成果是否适用于实验室之外的情境。与之相比，故事当中的事件，则发生在自然的情境之下。它会指出，只有在特定的情境下，某些原因同时发挥作用，才会产生某些结果。以这种方式来看，故事也是一种实验报告，将原因与效果联系了起来。它可以告诉我们"在这种情况下，将会发生什么"。

有时，甚至只要对故事的细节稍加询问，也可以对其情境做出更加谨慎的审视，在效应出现之后理解其真正的原因是什么。

在科学实验中，为了确定因果关系，我们会通过调节某一变量的程度，来观察其对结果的影响。譬如，本书第十章中所描述的国际象棋的相关研究中，我们希望了解时间压力对于象棋比赛中昏着出现概率的影响，因此，我们调节了时间压力的程度，再测量昏着比率的高低。结果发现，时间压力对于昏着比率的影响极小。事实上，我们真正感兴趣的是同时考察两个变量：时间压力与棋艺水平。通过同时改变这两个变量的水平，我们发现，单独看起来，影响都很小，但是，结合在一起之后则影响显著。时间压力对于B级棋手的昏着比率影响巨大，对大师级棋手则无显著影响。心理学家称其为"交互作用"，也就是说，时间压力这一变量对于最终结果的影响大小程度，取决于另外一个变量——棋艺水平的高低。极少数情况下，实验中会同时调节三到四个变量的层级水平，但是，倘若出现三级交互作用，那么即使是设计实验的研究者，也很难说明该交互作用的意义何在。因此，我们的研究每次只探讨少数变量。由此，我们无法从宏观上确定不同变量之间如何相互影响。与此相比，在故事中，结果由大量的重要变量或者起因因素所决定，每一个变量或者因素都需要进行详细的描述，了解其发挥作用的轨迹。可见，故事当中，本身就包含了大量重要的原因，同时，听者亦可思考是否存在其他可能的原因。

我们之所以视故事如珍宝，可能的原因是，它们非常类似于研究项目的报告，但是更加易于理解、记忆和应用。故事之所以不够科学，其局限性就在于没有控制好混淆条件。听故事的时候，我们无从判断是否所有的相关原因都已得到描述，亦不知晓如果情境有所改变，不同的原因之间会产生什么样的交互作用。在"心包积气"的故事中，如果婴儿脸上的蓝色稍稍变浅，那么主护护士应该如何做出反应呢？如果心率变化幅度更大，那么第二名护士是否应该越俎代庖呢？我们并不知道答案是什么。我们只知道，在那种特定的情境之下，发生了那些事情。为了"丰富度"——全套的交互情境，我们牺牲了"精确度"——追踪每一因素效果的能力。在绝大多数情况下，这种权衡都是物有所值的。我们都知道，只要达到某一程度，如果说婴儿肤色的改变过于微弱，或者被其他条件所掩蔽，那么主护护士就可能注意不到这些症状。而如果心率变化过于起伏，则第二名护士则必然能够注意得到。也就是说，我们知道哪些是变量，只是不能确定护士做出反应的阈限值（threshold）在哪里。

和实验一样，故事也有其终结所在。如果我向大家介绍了自己所开展的一项研究，之后却坦承由于时间紧迫，我并没有分析数据，那么你一定会追问：既然如此，一开始为何还要做那个实验。只有得出结果，我们方可借此追踪每一个变量的效果。在故事中，所谓的"结局"也就显示了中心议题是如何得到解决的。很可惜，大多数情况下，个体都会设计出复杂的计划，但是就此撒手，从来不去了解计划是否得到了落实，也不知道其结果如何。由此，计划者无从获取反馈，也不知道应该如何改进自身的行动方案。我们请他们讲述自己的故事，他们却说不出只言片语。因为他们并没有形成对计划及其结果的"格式塔"认知。

除了"戏剧性"、"共情"和"智慧"之外，优秀的故事还必须包括另外一些更加基本但必不可少的特点：

● 可行性。各元素皆令人信服。我们必须要能够接受每一个步骤与行动，或者，如果各元素并不切实际，那么也一定要得到解释。异常现象必须要能够解释清楚。

● 一致性。各元素之间互相融洽。

● 经济性。故事所包含的细节详尽。

● 独特性。人类并不喜欢那些模棱两可、解释方式过多的故事。

这些标准与本书第五章中对于"心理模拟"的描述相一致。"故事"与"心理模拟"之间绝对存在着重合之处。两者都属于因果链条。两者皆须具备可行性、一致性、经济性和独特性。主要的区别是，心理模拟是我们在自己头脑中讲述的故事，其复杂程度较低。因此，"主题"与"转变"的个数不能太多。此外，心理模拟是虚拟的，而故事则一般都是实际发生过的事件，因此更易于添加细节和解释。心理模拟依赖工作记忆来运行，因此必须呈现流线型。还有一点区别，故事重点关注的是人物及其意图，而心理模拟则既可想象人物亦可想象无生命物体的事件序列。

运用故事理解眼前事件

"故事"最普遍的一种应用就是"理解事物"。一天的训练之后，部队飞行员齐聚一堂，讨论工作。或许，当天雷达系统失效，某名飞行员经过数次尝试之后，终于构思出一种新颖的工作方法，绕过了常规程序。因此，他要讲述这个故事，因为这种类型的故事只有多说几次，其含义才会逐渐明了，而其他飞行员之所以愿意用心聆听，则是因为类似的情况也可能发生在自己身上——他们希望间接地收获那种体验。

公园中聊天的妈妈们也会做同样的事情。一位妈妈或许会说，最近几周，自己的女儿每次上床睡觉之前总是拖沓，最后，妈妈不得已尝试了一些新方法，以读故事书为例，首先读一些精彩刺激的故事，之后再读些孩子更熟悉也更具安神效果的图书。其他妈妈们则用心倾听，一边思考有没有其他妙策，一边或许也在反思为什么孩子虽然很困，可是上床之前还是要大发一通脾气。在飞行员和妈妈们讲述故事的过程中，经验逐渐固化为专业知识。而诀窍亦渐次水落石出。

潘宁顿与海斯提共同探讨了个体在庭审阶段对于法律证据的认知方式。他们发现，决策者会努力将各种线索整合为一个故事。陪审员的任务就是要在头脑中分析全部的证据，可要做到这一点着实不易。因此，如果将证据组织成一个故事，记忆并且理解证据也就变得更加轻松了。陪审员会在脑海中构建出一个故事，再将其与公诉人和辩护律师列举出的证据相互印证。潘宁顿与海斯提发现，实验中扮演陪审员的参与者会接受与自己脑海中所构建的故事更加匹配的陈述。陪审员实际上是在使用自己的故事去评价律师所讲述的故事。

或许我们可以用一个"不匹配"的故事——辩护律师所讲述的故事并没有获得陪审员的认同——来进一步说明上述观点。1991年，重量级世界拳王迈克·泰森被起诉在宾馆中强暴了一名年轻女性。泰森的律师了解到，该名年轻女性在准备与泰森约会的过程中，心情十分激动，她随口跟室友说，自己或许能够利用泰森发上一笔横财。泰森当时刚刚离婚，并且向前妻支付了一笔高达数百万美元的安置费。辩护律师认为，己方已经构建出了一个非常合理的故事——年轻的女性利用美色勾引并且利用迈克·泰森，当她发现两人的关系无法撑过当晚时，就转而起诉泰森强奸，敲诈一笔金钱。辩护律师的这个故事也存在其支持证据，因为强暴发生之后，该女性并没有马上到警局报警，反而推迟了好几天。这就表明，她之所以状告泰森强奸，只不过是因为自己先前的图谋（或许是先跟泰森结婚，再离婚，借此成为富婆）无法得逞而已。与其他故事一样，这个故事同样有着需要完善和修补的弱点。譬如，年轻女性在与泰森媾和的过程中，身体受到了伤害。不过，辩护律师觉得这一点也可以解释：该女子身材娇小，而泰森是一名重量级拳击运动员。

这个故事并不成功，因为女性身体上所受到的伤害与强暴受害者的典型表现相同。此外，该女性之所以在被强暴之后数天才去报警，并不是因为愤怒、复仇和阴谋，而是出于震惊和抑郁，这是强暴受害者的典型行为模式。在陪审员面前，她的证词显示，自己是一名家教优良、心地纯洁、值得信赖、不攻心计之人，与辩护律师的故事情节不符。当时，该女子并没有因为自己身体的受损而寻求金钱弥补。陪审员必须思考，如果这位长相漂亮的年轻女性渴求财富和生命，为什么她还要让自己经历强奸审判的痛苦历程呢，莫非仅仅是为了惩罚泰森？强奸审判无法给她带来金钱，她自己也并没有揭露真实身份。难道是愤怒吗？她拥有大把的时间冷静下来，而且她看上去也并没有怒气冲冲。辩护律师的故事无法解释的事实和内容太多。因此，陪审员拒绝了这个故事，故此认定泰森有罪。

审判进行的过程中，笔者询问一位律师，执法人员是否接受过"构建故事"的相关训练。他说，根本就不存在这种培训。法学院十分重视法律论据、判例、证据规则等，对于人类会如何接受或者拒绝某个故事则不予理会。

笔者认为，泰森的律师本可以讲述一个更加合情合理的故事。他无须说服陪审员该受害者不是一名无辜的人，而是处心积虑的恶人。我认为，或许辩护律师应该接受的一个事实是，该受害者非常值得同情。他们可以接受该女子的纯真无邪和值得信赖的态度。他们可以声称，当晚的事件超过了被害者本来的预期。她因为受到操纵（而非胁迫），与泰森发生了性关系，随后身体亦遭到了伤害。之后，她既感到迷惑不解，又觉得心情低落——这是每一个人都予以证实的——而且，心中满怀罪恶感。当晚发生的事情，与她的理想信念完全不符，她在脑中重新构建了当天的事件，进而相信自己真的被强暴了，而且，在她心中，自己当时反抗的激烈程度已经超过了事实。因此，她声称自己被强奸，虽然很真诚，却属于一场误会。

这个故事虽然也可能无法发挥作用，但是，相对于泰森的辩护律师所提出的故事，看起来似乎更加合理——与证据更加一致，更加可行，也更加清晰。它或许能够构建出一定的模糊空间，让本来毫不疑惑地认定罪名成立的陪审员，稍微改变心意。

让我们再来阅读一个运用"故事"解释眼前事件的例子。这个示例的主题是刺杀约翰·F. 肯尼迪总统。该示例的目的是说明如何使用"故事"来解释观点。

示例二十六

神奇的子弹

针对"肯尼迪总统被刺杀事件"，华伦委员会所发表的官方报告中，声称一颗子弹同时击中了美国总统肯尼迪与得克萨斯州州长约翰·康纳利。据报告所述，这颗子弹射中了肯尼迪的后背，从他的脖子穿出，随即进入到康纳利的身体内，击碎了他的肋骨，从胸膛穿出，又进入到康纳利的右手腕，击碎了他的桡骨，又第三次进入了康纳利的身体中，深埋到他的大腿内。在康纳利被送到帕克兰纪念医院的途中，子弹滑落了出来，在担架旁被人发现。

一颗子弹居然完成了一段这么曲折的旅程。某些阴谋理论家，包括拍摄了电影《刺杀肯尼迪总统》的奥利佛·斯通，皆认为刺杀谋划者另派人将子弹放置在康纳利身旁，以掩饰其他子弹的踪迹。他们声称，在康纳利身边所发现的子弹不过是掩人耳目之物，就是为了说明那许多伤口都是由同一颗子弹造成的，如此，才与行凶者仅有一名枪手——李·哈维·奥斯瓦尔德的事实相符合。根据这种阴谋理论，如果说民众发现刺杀现场存有多发来自多个不同方向的子弹，那么大家就会意识到刺客不止一人。因此，策划阴谋者需要掩盖子弹的踪迹。

雅各布·柯恩重新审视了支持前述"神奇的子弹"理论的解剖结果与

弹道测试结果。柯恩的分析之所以引起了笔者的兴趣，在于他对待阴谋理论的态度非常严肃。他请读者去设想，若的确存有阴谋——当时不止一名刺客同时开枪射击，而且，后续的掩盖计划是在康纳利的担架旁边人为放置一颗子弹。那么，阴谋者最开始是如何知道他们要额外放置一颗子弹的呢？如果他们的目的是尽可能地减少子弹数量，那么为何还要再放一颗子弹呢？这样做显然是"此地无银三百两"，无法安抚人心。如果康纳利受了伤（否则他为什么要上担架），那么可以肯定的是子弹仍然在他的体内，而这会被急救医生所发现。

另放一颗子弹的唯一理由就是阴谋策划者希望大家相信"神奇的子弹"理论，以降低众人的疑惑之情。他们一定以为，只要人们相信《华伦委员会报告》（或许该文件也属于阴谋的一部分），那么策划者们就是安全无虞的。该报告的薄弱环节就是"神奇子弹"的存在，为此，他们必须在康纳利身旁放置一颗子弹。

刺杀之后的几个月，尸检与X射线分析相继完成，"神奇的子弹"理论即已甚嚣尘上。为了让这个故事合情合理，我们需要想象（心理模拟）阴谋策划者是如何在事前就预料到一切的，而且要精确到子弹所运行的具体轨迹。让我们构建一个故事，说明阴谋策划者在发现自己的方案存在漏洞——从得克萨斯州教科书仓库发射出的子弹，既需要打中肯尼迪（一次），又打中康纳利（三次）——之后，应该如何做出反应呢。

一名阴谋策划者可能会说："啊哦，这看起来太不自然了。"

另一位阴谋策划者可能会回答："没问题，我们只要让所有的医生和X射线技师伪造物理证据就好了。如果他们不配合，我们就把肯尼迪的尸体藏起来，用四十分钟的时间，改造他的伤口，让X光图符合我们的意愿。你们也知道，如果说只有一颗子弹，那么所有的证据就都解释得通了。"

"可是，向肯尼迪开枪的人不是很多吗？我的意思是，我们怎么可能事先就知道谁能打中他呢，枪手们的位置都在哪里呢，这样我们才能了解怎样改造所有的X光图啊？"

"哪里哪里，伙计。你们对付的可是中央情报局（CIA）啊。当然了，我们之前在国外的任务中每个人都出现了失误。不过，这次一切都将是完美的。不要担心。"

"假如埋伏在草丛圆丘的枪手击中豪华轿车那边呢，就是正对着奥斯瓦尔德那边呢？那样不是也很麻烦吗？"

"你总是说'假如假如'，这是你的毛病。听我说，他们是神枪手，不是恐怖分子。即使有子弹擦枪走火，我们只要没收所有人的胶卷、所有人的目击证词，同时不被别人发现就可以了。或者，我们也可以接管媒体，这样其他人就发现不了了。想做成这件事，方法很多啊。"

阴谋理论是存在漏洞的。只有在整个计划模棱两可的情况下（如"中央情报局可以做出任何事情，而且无须顾虑后果"），阴谋论才存在其可行性。不过，在我们试图构建一个让阴谋得到实施的故事时，则会遭遇麻烦。阴谋策划者在康纳利的担架附近放置了一颗子弹，这种想法乍看起来似乎合情合理，可是，如果稍加深究，就会发现问题重重（譬如，为什么要将子弹放在康纳利的身边；如何事先就构思出"神奇的子弹"理论；如何伪造证据）。毫无疑问会损坏整个故事的可行性。如果仅有一两个不符之处，我们还可以搪塞过去，但是，倘若不符之处逐渐累积，那么我们就会对相应的故事失去信心。概言之，阴谋论的很多部分都没有满足可行性与一致性的标准。

构建故事来增强行动力

本书第五章中，我们曾经讨论过如何通过事件序列的重新构建，使用心理模拟去"诊断"眼前情境。构建故事同样可以用于诊断情境。譬如，在排查仪器的故障时，工程师就会在心里构建故事，推测是哪些故障导致了观察到的各项问题。如果我们以这种方式进行诊断和故障排查，那么我们就可以将优秀故事的标准应用到故障排查的过程当中。所谓故障排查，就是在初始状态与故障之间建立因果链条。链条之间的联系必须具备可行性，譬如，线路不太可能突然中断，因为若不存在相应的原因，这种情况极少出现。由于并不存在合理的原因，下列示例中的故障排查人员才并未考虑到电线故障这一可能性。

季节性短路

房子已经老旧，而且故障频发。比如，电力系统就总是出现问题。保险丝又经常烧断。经常性的电力中断，让房屋主人不胜其烦。电工来了之后，发现保险丝总是在夏天出问题，冬天的时候则毫无故障。除此之外，电工并没有发现其他问题。

最后，房屋主人只好求助一位排查故障的大师。大师与房屋主人谈论了一下相关情况，两人共同进行了排查。在地下室，他们走进了储藏间。电工大师问房屋主人这间屋子是怎么使用的。房屋主人说，夏天的时候，他们重新布置了房间，腾出了一条过道。冬天的时候，大家会把仪器堆积起来，门则会长锁不开。故障排查大师请房屋主人按照夏天的布置调整房间物品的摆放。大师开始审视那条最宽的步行道上面的地毯。他趴在地毯上仔细排查。最后，他发现，一根突出的钉子恰好穿透了一根关键的电线。夏天的时候，只要有人踩到这根钉子，就会停电。而冬天的时候，根本没有人会踩到这根钉子。

故障排查人员解释道，自己之所以不浪费时间去检查主要的电力系统，是因为已经有人检查过了。他知道，如果不逐块分析整个电力系统，就不可能解决间歇性的停电问题。他所使用的策略就是找出两个季节之间的核心差异，借此分析出问题的深层根源。

几年之前，我们访问了美国电报电话公司的几名顶尖软件程序员，试图发现他们在高效的故障排查过程中所使用的方法。结果发现，他们全都使用类似的策略，那就是"构建具有连续性的故事"。最初的"失败报告"能够提示出可能存在的问题，而"故事"则可以引导程序员检验若干特定的成分。有时候，初期的搜索即可获效。如果无效，也至少告诉程序员，哪些部分运行正常，哪些部分运行失常。如此，他们就可借此构思出更加合理的故事，将自己的排查转移到不同的方向上去。故障排查人员一方面需要构建出更加合理的故事，同时又要通过故事搜集到更多的信息。这一

过程与本书第九章中所介绍的非线性问题解决理论较为匹配。既需要运用"对当前状态的认识"继续行动，同时又要将失败的教训整合到"对当前状态的认识"当中。故事构建与故事修订在"诊断"过程中扮演着中心地位。

[实际应用]

我们发现，在累积知识的过程中，最为有力的工具就是运用"故事"。如果你只是简单地询问专家他们为何如此优秀，他们的回答很有可能是泛泛而谈，没有过多的启示意义。但是，如果我们请专家讲述一些困难的情境与非常规的任务以及他们是如何运用自身经验力挽狂澜的，那么，你就可以一探他们的视角，以及他们看待世界的方式。我们之所以称其为"批判性决策方法"（critical decision method），原因在于其关注重点就是在事件发生的过程中所作出的关键判断与决策。

在"新生儿急救护理中心"的相关研究中，柏丝·克兰德尔邀请经验丰富的护士来说明她们是如何辨识败血症早期症状的。护士们对她说，答案是"经验"与"直觉"。她们并不知道自己知道什么，因为她们所知道的都是知觉性质的内容——如何去看。唯一让柏丝获得实质性成果的研究方法就是请护士们讲述自己处理过的具体事例，然后将每个事例都与不同的知觉线索相互联系。访谈结束之后，柏丝就可以将全部的故事整合到一起，罗列出一份败血症线索的详尽列表。

在我们运用故事累计知识的许多年间，我们的策略亦不断进化。首先，我们会尽力寻找到一个优秀的故事——包含大量专业知识、知觉技巧及判断。有时候，专家会讲述很多戏剧性强但是对研究者意义不大的故事。在我们针对消防指挥官所开展的早期研究中，消防人员通常都会跟我们说一些有人不幸牺牲的救火经历，因为这些事情给人留下的印象最为清晰。很快，我们就发现绝大多数的故事都没有什么中心思想，根本就不包含左右为难的决策事件。因此，作为研究者，我们必须改进实验指导语，请参与者讲述一些非常规事件——这也是新手通常感到束手无策的案例及相关的故事。

我们逐渐发掘出了开展访谈的策略，典型情况下，我们会以四重途径来审视某一事件。

第一重途径，就是通过故事的梗概版本，判断其合理程度，做好相关准备，从一开始，就去审视其中重要的部分，不在琐碎的问题上浪费时间。

第二重途径，是完整地叙述故事。我们会将各种细节锁定在时间线上，以便更加清晰地了解发生了什么，并且将事件发生时间及时长进行可视化处理。某些情况下，借助时间线，我们可以发现"不一致"的情况。如果条件允许，我们会将故事画出来，展示知识如何从某一状态转换为另一状态，并且在每个阶段都注明情境知觉。

第三重途径，是探查思维过程。当个体对情境的认知发生改变，或者到达了需要在不同目标之中进行选择的某一点时，我们通常会询问个体，他注意到了什么。如果选择了某种行动方案，我们会询问是否存在其他可能的行动方案，个体是否考虑到了各种选项，如果有，那么是基于哪些因素选择了最终方案。我们乐于就假想情况提出问题。譬如，如果没有接收到某条信息，那么个体最有可能如何行动？如果该行动方案受阻，那么个体将如何做出反应呢？马文·柯恩在探查关键事件方面拥有独到的方法。他会将注意力集中到故事的核心部分上，然后告诉个体："现在，想象那部分并没有发生。为什么没有发生？怎样解释这种事？"通过这两种探测方法，我们可以揭开专家心中所隐藏的假设——这些往往是专家无法明确地意识到也不会让他人知晓的事。

如果时间允许，我们还会使用第四重途径探查事件。在每一个选择点——无论是"对事件的解释"，抑或"行动方案的选择"，我们都会询问新手此时是否会感到迷惑。"如果我才是需要作出决策的人，如果因为某种未知原因我要在这家急诊机构工作，我能够像你一样看待这些症状吗？我会犯下哪些错误呢？为什么我会犯错呢？"这种探查性问题可以帮助我们了解新手会忽略哪些专家极为重视的信息。

误导使用者的说明书

软件工程师正通过某一软件打印报告。打印这些报告的时间特别紧迫。他注意到，篇幅较短的报告打印正常，但是，篇幅较长的报告则会被"拦腰斩断"。不知为什么，系统只会打印出一半的文件。他向某人请教这个问题，结果被告知，系统之所以这样设计，是为了限制报告的篇幅，提高工作效率。他通读了操作说明书，却没有发现任何关于"限制报告篇幅"的内容。

现在，他开始感到疑心重重了。他意识到，从头到尾审核电脑软件的语句太过消耗时间。午餐之后，他决定粗略地浏览一下软件语句。他发现，"255"这个数字反复出现。无须检查软件程序语言的细节，他就已经意识到，256字节通常都是一种自然的约束条件。他设想，"255"这个数字，就是为了让程序在到达预设限制之前停止运行。现在，他已经掌握了确凿的证据。他把软件语句拿给一位开发者，后者承认，程序的确限制了报告的长度。可惜，没有人将这一点白纸黑字地写在说明书上。

图十七就是对上述事件的图示表达。访谈过程中，我们询问了个体可能出现错误的时机。软件工程师回答道，最可能犯的一个错误，就是误认为问题的起源是系统失误，而不是说明书文件撰写上的疏忽。新手如果处理这个问题，很可能浪费大量的时间去调试语句，最终却无功而返。另外一种错误，则是过早地去寻求他人帮助，因为公司文化并不鼓励这种未获证实的请求，如果一个人总是动辄求助于他人，就会失去大家的认可。第三个错误，就是虽然意识到问题出现在说明书的撰写上，但需要通读软件语句去寻找问题。这样做耗费的时间过长。"255"数字频繁出现这一证据，足以让个体有充足的理由去求助他人了。

这个故事说明，要想作出正确的最初诊断，必须累积相当丰富的经验。

进行探查式的访谈实属不易。在笔者的公司，我们为此培训员工长达数月之久。首先，我们会举办工作坊，让受训者进行练习。其次，会安排

时间线

8：00 - - - ► 12：00   1：00 - - - - - - - - - - ► 3：30

确定问题 → 重新阅读说明书 → 思考报告篇幅为何受到限制 → 需要支持"系统限制"的确凿证据 → 搜索程序 → 看到了"魔力数字"——"255" → 找出功能性支持人员

确定问题 → 假设：程序错误 → 使用纠错程序

假设：程序错误 → （阅读语句）

思考报告篇幅为何受到限制 → 为什么它们篇幅如此之短

思考报告篇幅为何受到限制 → 新手会去搜寻程序错误

为什么它们篇幅如此之短 → 被告知：为了提升工作效率

看到了"魔力数字"——"255" → 新手会自己进行排查

找出功能性支持人员 → 展示问题清单 展示程序语句 展示搜索成句结果

展示问题清单 展示程序语句 展示搜索成句结果 → 确认了256字节的限制

初步的认识

■ 总是有一半的报告打印不出来。
■ 假设：说明书中并没有明确指出标准的限制。
■ 背景：时间压力大——六周的周期只剩两周，需要排查五千行计算机语句。

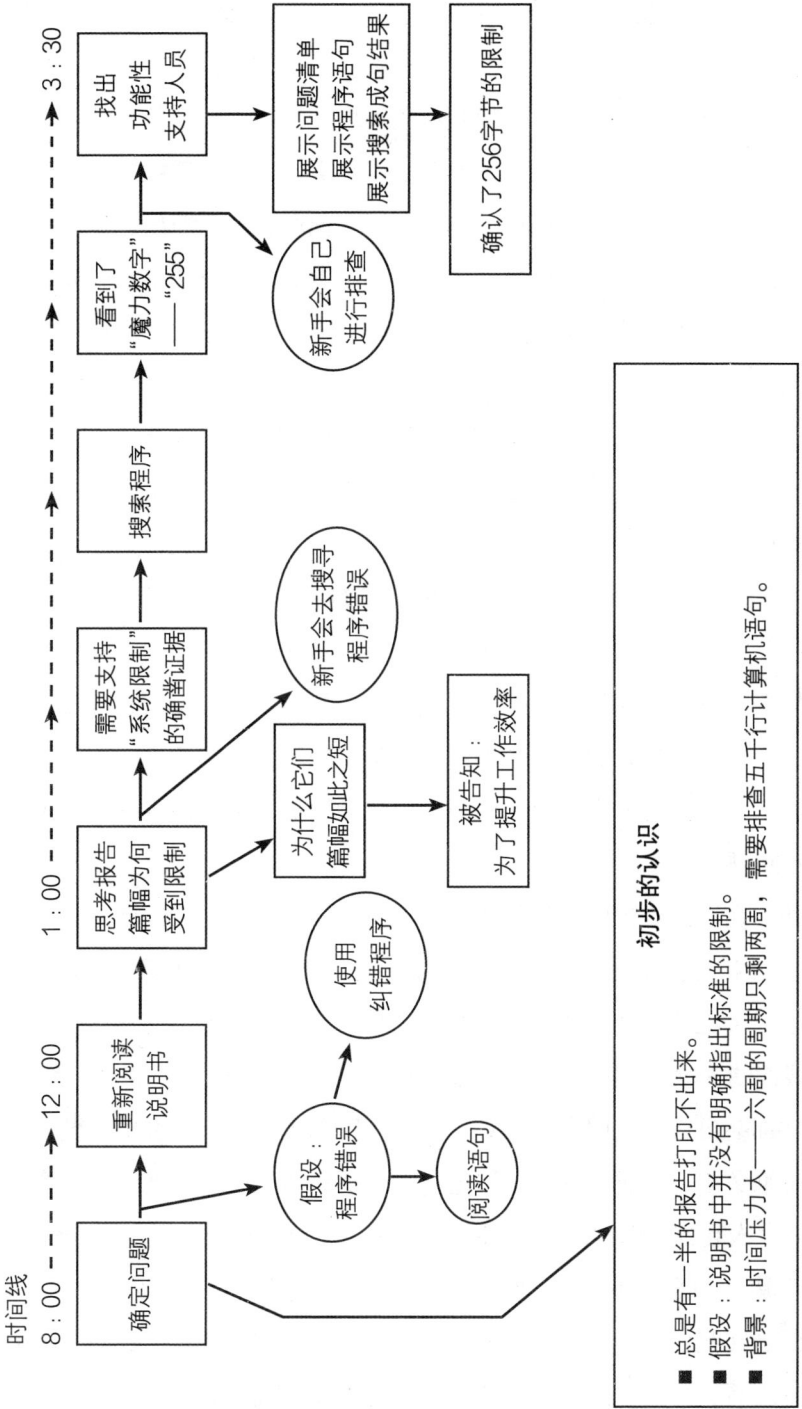

图十七 找出误导使用者说明书的隐藏限制

他们编码其他人所做出的访谈。再次,受训者将协助他人进行正式访谈,负责记录笔记的工作。最后,受训者需要独立主持访谈,同时,一位经验丰富的访谈者从旁进行监督。要想开展成果卓著的访谈,仅仅按部就班是远远不够的。访谈人员必须认识到专业知识在事件当中出现的契机,这样才能将大部分访谈时间用于探讨正确的领域。他们必须判断出,哪些探查性问题可以引发出最有用的信息,在每个课题上又应该花费多长时间。通常情况下,访谈人员能够接触到专家的时间非常有限,一般来说只有几个小时,因此他们希望听到尽可能丰富的事件内容。我们会事先设定好探查性问题,以便与访谈目标进行匹配,但是,根据具体的事件背景,我们还必须做出必要的调整。访谈者还需要了解什么才是优秀的故事。有些人并没有掌握这方面的知识,他们会漫无目的地进行访谈,再报告自己对于该事件的看法,而听众的反应则是:"那又怎么样呢?这有什么意义?"

因此,仅仅说"我们邀请个体讲述故事"是具有误导性的。除了与专家交换故事,我们需要做的还有很多。找到优秀的故事本身就已经很难了,运用故事去探查受访者的专业知识则更是难上加难。我们不会被动地听他人花费四十分钟讲述故事,反而必须积极主动地提出认知探查性问题以及后续跟踪问题。

此外,在访谈过程中,我们还会尽量少说话,将时间留给专家。这就意味着,如果专家讨论完某一话题,随即自然地转入下一话题,那么,我们也会随之关注下一个话题,就如同一切都是事先计划好的一样——即使那并非我们的本意。专家跳过的话题,我们可以回过头来再去详谈,事实上,专家通常都会自行再说回我们关心的主题。时刻思考未被论及的话题虽然会增加思维负担,不过,这样总好过从一个话题步履蹒跚地谈到另一个话题。曾经有人观察我们对F-15战斗机飞行员的访谈过程,之后,他评论说,那根本不像"访谈",更像是"对话"而已。这样的观点让我们都不禁莞尔,因为这话是在我们访谈的第三天说出口的。对方不知道的是,在前两天的访谈结束之后,马文·桑德森、劳拉·米利特罗以及笔者都会再花费两到三个小时，去思考工作中的优点和不足，借此调整我们将要采用的访谈策略。为了让访谈顺畅进行，实现研究目标，我们付出了大量心力。

如果没有了解专业知识的一整套策略，访谈中提出的问题就难免过于简单，受访者的回答也不会提供任何有价值的信息。大多数职业运动员的电视访谈都属于这一类别。索罗门曾经采访过久负盛名的钢琴家艾夫根尼·纪新，他指出，自己的访谈并没有揭示出专业知识的成分：

虽然纪新在解释与音乐相关的知识时如数家珍，但是，他无法明确地说出自己的琴艺为何如此之高，如同美洲豹无法说明自己为何会长出斑点一般。我问他："您是如何遴选自己的加演节目的呢？"那是我们第一次会面，当时是伦敦的早春，纪新举办小型表演会的前一天。他回答道："它们就自然地出现在我的头脑中了。""您是如何判断自己的观众的呢？""我能够感到空气中的一些东西。""您什么时候可以确定自己能够写出新曲呢？""这对我来说一直特别清楚啊。""您如何决定自己去参加哪场演唱会呢？""我会参加自己最感兴趣的那些。"估计采访古圣先哲也无非就是这样子了吧。

索罗门或许认为自己所采访的对象类似于古圣先哲。可是，还有一种解释，被访者之所以回答得含糊不清，原因恰恰在于采访者所提出的问题。

正如"故事"可以探查"专业知识"一样，"故事"同样可以用来沟通"专业知识"。在"美国电报电话公司"的相关项目中，课程开发人员将故事纳入新课程的学习材料当中。他们甚至将部分访谈录像也囊括其中，帮助受训者了解专家如何去执行故障排查任务。在"新生儿急救护理"的相关项目中，我们同样开发了若干培训材料，训练护士如何识别败血症的症状。这些材料包括：事件详述、故事，并且注明了何处可以搜寻到关键线索。利用这种方式，线索就可在一定的情境中予以呈现，故而更加易于理解和使用。

认知任务分析特别耗费人力，而且只有训练有素的访谈者方可成功做到"提取知识"，因此这样的分析并不是只要在必须的情况下即可实施。在一项受到美国海军人事研究及发展中心资助的研究中，我们开发出了一套认知任务分析的"流水线式方法",即使经验尚浅的人员亦可加以应用。这一方法的根基是我们在多个领域所开展的专业知识研究。

并非所有的知识工程学项目皆可获得成功。本章结束之际,笔者将向读者介绍发生在很多年前令我们记忆深刻的一次失败。

示例二十九

被人贬斥的会议记录

笔者的一位朋友当时正在组织一次大型会议,询问笔者的公司是否能够共襄盛举。她刚刚举办过一次会议,已经开始着手整理海量的会议记录了——因为与会人员皆已将自己演讲的摘要全部发送过来了。文档数量极多,用处却不尽如人意。因为又要准备新一次的会议,她询问我们是否愿意参加讲习会,听一听演讲者的故事,将其整理,并作为会议记录的一部分。听起来非常有趣,虽然不需要访谈任何人,但我们还是同意了。我们五个人来到了会议举办中心,每个人负责连续五场的讲习会。每当演讲者放映重点内容的幻灯片时,会场中每一个人都开始奋笔疾书,我们作为观察者则正襟危坐。而每当演讲者举例子或者讲故事时,我们则开始奋笔疾书,其他与会人员正襟危坐。

两天的会议结束之后,我们收集到了大量的优秀故事。我们知道,官方的视图都会列举出"做这件事的五大步骤"、"做那件事的七大方式"等,这些皆属于无用之物。把这些幻灯片从一个会场换到另一个会场,也没有人会注意到的。演讲者的幻灯片上,到处都是有用的小窍门,譬如"保持开放的交流状态",以及"不要等到问题难以解决时才想到亡羊补牢"。这种类型的小智慧,对于那些不愿跟他人交流或者等到问题过于恶化才意识到其严重性的人来说,或许有效。只不过,我们坚信,将组织遭遇危机时的种种故事记录下来,才能捕捉到真实的专业知识。

我将所有的故事与事件详情记录下来,总结成短小精悍的三十页会议"记录"。演讲者们所介绍的事件,有些令人捧腹,有些催人泪下,有些则让听者热血沸腾,从中可借鉴的经验和教训很多,这些事件中还存有大量的认知模型。我们公司其他人看到这份文件也感到特别激动。我们将它发送给了会议组织者,她甚至比我们还兴奋。她准备再申请几笔资金,将该文件拓展成一本著作。按照正规程序，会议组织者向每名会议参与者都发送了一份文件复印件，请大家审核是否赞同文中的内容。

从那时开始，境况急转直下。绝大多数演讲者都感到特别失望。有些人甚至异常愤怒。问题在于，演讲者所希望听众记住的，是类似于"构建和谐雇佣关系的十二个关键步骤"的要点视图。他们花费了大量精力准备报告，结果却发现官方记录中居然没有反映出任何他们的深思熟虑、任何他们制作的图表以及任何他们介绍的重要观点。相反，读者看到的全部都是一些故事和奇闻逸事。

我们想向他们说明，与"故事"——譬如，工厂倒闭时，他们是如何保持雇佣双方的对话畅通的——相比，那些口号是多么缺乏意义。我们在每个故事之前，都附上了若干介绍性的材料，以点明主旨，可是这并不能让演讲者们满意。我们撤回了稿件，将其附加到我们所讲述的故事之后。

关键要点

- "故事"将"事件"组织成有意义的框架。
- "故事"作为自然的实验，可以联系起"原因"及其"结果"之间的网络。
- "故事"与"心理模拟"相似，两者皆可使用同样的标准加以评价。
- "故事"可被用来提取并且沟通"专业知识"的微妙层面。

SOURCES
OF
POWER

The Power of Metaphors
and Analogues

第十二章

经验的力量

神奇的经验银行

1941年，日军成功偷袭珍珠港之后，日军将领渊田美津雄，对于军事行动的成功倍感惊奇。他问道："美利坚人竟然不知亚瑟港？"亚瑟港事件在日本妇孺皆知，发生于1904年的日俄战争期间。日军当时的战术就是偷袭亚瑟港，旨在摧毁沙俄的太平洋舰队。该战术极其成功，而且令世人震惊的是，日本最终赢得了那场战争的胜利。

人会使用"类比"和"比喻"来处理各种各样的困难任务：理解情境、作出预测、解决问题、预期事件、设计装备、制订计划等。所谓"类比"，指的是从相同或者相关领域，寻找到与手头任务相似的事件或者示例；所谓"比喻"，则一般着眼于完全不同的领域。人类所拥有的全部经验，无论是亲身经历还是从他人处得知，都可以作为"类比"或者"比喻"。每当我们接到新的任务时，都可以从这个巨大的"知识基地"中调取资源。这个巨大的"知识基地"就像一个满含经验、故事和图像的"银行"。我们可能会忽略类比，可能会选择一个具有误导性的类比，也可能没有正确地解释类比。不过，通常情况下，人类的经验银行皆可顺利运转，即使面对完全陌生的任务，亦可为我们提供相应的框架与解释。

20世纪80年代早期，工程师为了估算B-1轰炸机的辅助电池组每隔多长时间需要更换，他们查阅了C-5A运输机的相关资料，进而估测出了大致正确的数据。C-5A运输机辅助电池组，就是工程师为了作出预测，所使用的"类比"。

与此同时，史提芬·乔布斯与史蒂夫·沃兹尼克正在设计麦金塔电脑。两人的依据则是在施乐帕罗奥多研究中心、惠普以及其他地方的所见所闻。譬如，他们决定，麦金塔电脑的交互界面应该采取类似于"桌面"的形式。使用者可以看到一个一个的文件夹，使用鼠标将一个文件夹拖入到另一个文件夹中，如此等等。"桌面"这个概念就是在麦金塔交互界面的设计过程中所使用的"比喻"。

比喻式推理

过去，"比喻"仅仅被作为语言的一种修辞方法。英语老师在解释这个概念时，最喜欢引用莎士比亚的著作，很可能是"我的爱人就像是红玫瑰"这样的名句。这时候，我们似乎应该坐直身子，在比喻的芬芳中沉醉（因为使用了"就像是"这一短语，所以实际上这是一种明喻，当然，这种程度的细节我们并不关心）。而科学研究者所关注的重点则是比喻将如何影响人类的思维方式以及情绪反应。结果发现，比喻的确能够影响人类看待世界、解释世界的方式。拉科夫与约翰逊在其著作《人类赖以为生的比喻》（*Metaphors We Live By*）中指出，个体对于事物的认知方式可以受到比喻的掌控，譬如，"争论就像是战争"这句比喻告诉我们，我们应该攻击对方的立场，尤其是薄弱环节，同时防守己方的薄弱环节。而如果采用"争论就像是演奏音乐"这种比喻，那么我们就会将争论看作各方消除不和谐状态的有利契机。

拉科夫曾经指出，如果女孩对自己的男朋友抱怨"这段感情没有什么前途"，她实际上就是在用旅行来比喻爱情。旅行有起点，亦有明确的终点，同时，旅行者必须不断前行。如果脚步停止，也就无所谓"旅行"了。换一种比喻，如果说"爱情就像是一道拱门"，则会令人感到，一砖一瓦组合起来，可以达到"整体大于部分之和"的效果。它们超越了自身，爱情的终极目标，不再是改变和前行，而是稳定。

拉科夫、约翰逊与其他研究者让我们认识到了"比喻"对于人类思维方式的影响。"比喻"利用基本领域，也就是熟悉的领域，来实现情境知觉，也就是解释并且理解一个新的领域。政治辩论可以被视作争夺比喻权的一种战争。在美国，如果政府需要介入到正在爆发内战的小国事务当中，经常使用的一个比喻就是学校操场。两个小孩子打在一起，这时候，更强壮的孩子趁着两人没有受伤之前，及时制止两人，让双方冷静下来。这是一种英雄主义的场景。与之相反的一种比喻通常是出自《雷默斯大叔》（Uncle Remus）的焦炭宝宝形象——本来想帮忙，但是自己越来越陷入焦炭之中，直到不可自拔。这是一种令人恐惧而又栩栩如生的比喻，一般跟越南战争联系在一起。

比喻不仅会装饰人类的思维方式。它还会组织人类的思维架构。它帮助人类形成了与同情及情绪反应相关的条件反射。它使得我们能够作出情境知觉。它决定了我们所重视的证据和追求的结果。

如果上述观点成立，则其意义必将是深远的。丹特-莱德、克莱因与艾格勒斯顿开展了一项研究，试图理解人类如何运用比喻去设计装备。我们首先访谈了顶尖的比喻研究者，希望征求一些有益的意见。结果众人都毫无头绪，甚至还有一些人对该研究课题持消极态度，认为比喻根本不应该如此研究。

接着，我们将目光转向设计师本身，拜访并且采访了曾经制造出创新性系统及交互界面的大师。这次我们得到了完全相反的答案：比喻在这些设计师的工作中，占据着核心地位。有些设计师解释道，每当他们设计交互界面时，都会考虑用户脑海中最有可能出现的比喻是什么。对于首款文字处理软件而言，比喻对象就是打字机，而交互界面设计室的工作，就是构建出比喻对象，同时避免两者之间的差异。键盘也是如此，不过，用户无须在每次换行时都单击回车键，这一点也让某些用户极不适应。他们还需要令软件每隔一段时间自动保存当前文件，以防止因为系统崩溃而丢失文件。这种问题显然并不存在于打字机上。

设计师约翰·莱辛就职于美国空军非行动力实验室，他向我们展示了引导飞行员穿越危险空域的不同方案。航空规划师通常可以事先制定出合理路线，因此问题的关键就是帮助飞行员遵循指示。在莱辛为我们展示的方案中，一种做法就是使用空中高速公路这种比喻对象。在显示器上绘制出高速公路的图案，飞行员需要将飞机调节到高速公路上飞行。美国海军提出的一种方法则是在屏幕上显示一架虚拟飞机，在选定路线上前行。此时，飞行员的任务就是与虚拟飞机组队前进，时刻跟随在虚拟机后面。如果需要加速，则虚拟客机的发动机就会变红。如果飞行员速度过快，虚拟机则会放出减速伞——通常用于飞机着陆时的减速过程。

我们发现，合理的比喻对象必须能够组织起个体的行动，并且借鉴人类已经特别熟识的行为——譬如，组队飞行、在高速公路上驾车或者整理桌面上的多个文件夹等——如此一来，个体方可调用已经发展完备的协调技能，顺利完成新任务。

我们还发现，有些比喻的用处有限，譬如，利用医院作为比喻物，来向飞行员展示飞机哪个系统出现了问题。这些无效比喻的组织架构是概念性质的，并没有做到对行动进行协调。譬如，即使显示出水力系统"生病"了，这种交互界面也无法为飞行员提供任何有用的信息。因为飞行员对于如何应对疾病并不熟悉——但是对组队飞行则熟练无比。

我们还发现，比喻可以用于培训之中。某次飞行旅途中，坐在我身边的女士正在阅读一本网球教学书籍。该书介绍了各种击球姿势的标准动作。譬如，在打球时，双腿应该分开数英寸，双腿间应该是球拍的宽度，手臂应该在合适的高度，肘部则应在适当的角度内挥动（插图是手臂上摆放着一个量角器），球拍前端也应该放在恰当的位置，等等。我无法想象一个人如果需要记住这么多的规则，怎么可能再有精力去打球。我不禁将其与另外一种教导方式进行对比，曾经有位经验丰富的教练对我说："在球网附近击球，就像是把一个馅饼拍在别人脸上。"它更加类似于一种"波涛汹涌"的动作。虽然很少有人曾经把馅饼拍在他人脸上，但是这个比喻十分令人信服。绝大多数人先前都缺乏击球的经验，而这个比喻对象之所以有效，就是因为它同时协调了手臂、大腿、身体以及时机等困难因素。教练还教导学生说，网球中的翻手击球，就像是扔飞盘一样，应该照此去尽力想象。再一次，这种比喻针对某一动作的展开提供了身体"流动"的整体感觉。在某一动作被分解为若干元素之后，对这些元素进行协调就属于画龙点睛之笔了。通过比喻，整体的协调方可成为起点。

类比式推理

为了理解人类如何解决界定含混的问题，可以采取的一种策略就是：在实现目标的同时，尽力去界定目标，从失败中吸取教训，更加清晰地明确目标内容。另外还有一种策略就是：找出类比对象，借此认识目标的特征。譬如，如果我的汽车无法启动，我的目标就是要让引擎正常运转。假如我能够回想起，之前有一次我忘记关掉车灯，结果电池电量耗尽。因此，我就可以通过开启车灯，来验证电池是否电量充沛。如果车灯不亮，那么我的目标就不再是模糊的"让引擎正常运转"，而是应对电量不足的电池。类比式推理亦可帮助我们设定行动方案。如果我驾驶着一辆手动挡的汽车，或许我可以回想起某次我看到有人向山下推车以启动引擎。虽然身边没有山，但是我可以让乘客帮助我推车，以积累必要的动力。

针对类比式推理的机制，研究者提出了若干假想。其中心理学巨擘罗伯特·斯滕伯格认为，解决类比性问题中，包含 a:b:c:d 的成分——譬如，"狗"之于"跳蚤"，恰如"鲨鱼"之于（鲸鱼、鲫鱼、鳗鱼、鱿鱼）。正确答案是"鲫鱼"，因为它会在鲨鱼旁边游弋，依赖其进食。斯滕伯格的研究设计严谨，引人入胜，但是，这一模型似乎用处不大，原因有两个。其一，斯滕伯格所使用的问题人为痕迹过重，背景信息匮乏。其二，斯滕伯格为实验参与者提供了第二项中的类比对象，他直接告诉参与者，应该使用哪些类比对象。与之相对应的是，问题解决者也必须找出应该使用的类比对象。绝大多数情况下，在现实生活中，最困难的工作恰恰就是找出合适的类比对象。

另外一种假想由艾莫斯·特维斯基提出。他认为，判断两个项目之间相似性程度的标准是两者之间共享了多少元素。这一方法解释了"人类如何判断相似性程度"以及"如何借由相似性程度进行类比"的问题。问题在于任何两个项目之间的共享元素都是无穷无尽的。以这本书与读者左脚上的鞋子为例，两者都距离月球更近，距离太阳更远，距离银河系中心更远；两者都比汽车要轻；两者都要比人的嘴巴更大，如此等等，无穷无尽。仅仅计算共享的特征还不能奏效，共享的特征一定要非常关键，必须是具有相同因果关系的特征。

朱利安·魏詹菲尔德认为，脱离"目的"去谈论"相似性"是毫无意义的。如果你的目的是启动一辆电池电量耗尽的汽车，那么将其推下山坡以及利用人力把车向前推动一定的距离，两者效果是相同的。如果你的目的是启动一辆没有汽油的车，那么将其推下山坡去找电话亭以及利用人力把车向前推动一定的距离，两者效果则是截然不同的。仅仅观看两种行为方案——推下山坡和用人力向前推动一定的距离是无法判断其相似性的。它取决于你想要达成什么样的目的。作为运输汽油的工具，咖啡罐和内胎具有相似度。但是，作为维持自行车车胎压力的工具，两者则截然不同。

魏詹菲尔德与笔者研究了人类在实际生活中运用类比的方式。我们的研究对象是莱特-帕特森空军基地一群运用类比解决大量困难问题的工程师。朱利安与我只是在象牙塔中思考类比的应用，这群人则每天都在亲身实践。

我们所关注的工程师面临着一项重要而困难的任务：在飞机建造出厂之前，就预测其零件的维修率。如果工程师高估了零件的可靠性，那么，空军将不会储备足够的备用零件，在制造零件的过程中，飞机不得不停止运行。如果工程师低估了可靠性，则空军的仓库中将装满不必要的备用零件，浪费纳税人的财富。事实上，作出精确的预测是至关重要之事。

工程师倾向于使用分析式的方法来计算可靠性，可惜，目前并不存在足够优秀的分析方法来作出这种预测。1971年，有两个人想出了可供工程师实践运用的策略。其中一位是唐·泰特梅耶少校，就职于莱特-帕特森空军基地的美国空军工程部门。另外一位是弗兰克·马赫，就职于基地附近的私人企业，他是一位心理学家。他们想出的策略是运用数据来计算装备中的相似部分。他们称其为"比较式分析"。其基本原理为：

一、对于将要预测可靠性的系统，尽可能地对其加以明确定义。

二、找出国防部内关于相似系统的最接近示例。

三、解释选择该系统的基本原理。

四、搜集关于该系统可靠性的相关数据。

五、根据该系统与所感兴趣系统之间的差异，调整可靠性数据。

六、揭示出调整的基本原理。

七、将该预测结果提供给策划人，以资借鉴。

自从比较式分析提出以来，已被广泛应用于空军一系列新机之中，在海军和陆军中亦有所应用。

朱利安和笔者意识到，这是类比式推理的绝佳示例。在研讨"如何运用比较式分析预测B-1轰炸机子系统的可靠性"时，我们既发现了一些该方法在现实生活中"直接"的应用，又发现了若干有趣的"调整"。以下是直接应用的一个示例。

示例三十

估测传输管的尺寸

B-1轰炸机管道系统与FB-111轰炸机类似，差异在于B-1的系统体积更大，需要更多的管道。因此，FB-111轰炸机的管道尺寸被增大，借此调整到合适的比例（在此示例中，"FB"代表"战斗轰炸机"）。

以下是一个稍显复杂的示例。

增加液压系统的压力

为了估测B-1轰炸机的水力系统的可靠性，一位工程师选择了B-52轰炸机——这是B-1将取代的飞机——的水力系统作为类比对象。尽管如此，B-1轰炸的水力系统规格将为四千磅每平方英寸压力，而B-52则为三千磅每平方英寸压力。工程师认识到，更高的压力将导致更加严重的磨损和较低的可靠性，因此他将B-52轰炸机水力系统的可靠性数据下调三分之一。他认为，B-1轰炸机的水力系统并不如B-52轰炸机可靠。

其他人或许并不同意他的估算。他们或许会指出，B-1轰炸机所使用的是全新材料，效果与众不同。即使他们并不同意论断结果，却能够了解该预测背后的基本原理，并可据此自行调整。

这些预测的基本原理如下。水力系统的可靠性受到一系列因素的影响。我们了解其中大部分因素，但是并不了解全部，也不知道它们之间如何相互产生作用。如果能够找到一个足够合理的类比，那么我们就可以对其加以运用，因为它当中包括了一整套的因果关系——甚至包括那些我们并不了解的因果关系。类比同时还反映了各原因之间的交互作用，这些交互作用是我们所无法确认的。因此，借助于类比，我们所作的决策可以反映出那些难以探明的因素及其性质。这就是类比式推理的力量所在。

对于上述任务，如果我们无法正确地使用类比，则将陷入束手无策的境地当中，我们的智识不足以构建并且应用方程，也缺乏继续采取行动的过硬信息。因此，只好开展一种非正式的实验，运用先前的事件——结果已知、原因大致清楚，去预测新的事件。

拒绝完全相同的类比

一位工程师发现，B-1轰炸机上所使用的辅助电池组，与货运飞机C-5A的完全相同。工程师判定，类似于B-1这样的轰炸机所使用的辅助电池组，相对货运飞机的相应装置而言，要求不同，而且更加苛刻，有鉴于此，他否决了现有的C-5A数据。

轰炸机或许不得不急速攀升，即在所有装备未能完全准备好的情况下启动，起飞。与货运飞机不同，所有的仪器装备都要瞬时启动，这将向辅助电池组施加大量的压力。除此之外，轰炸机有时还需要紧急转弯，躲避敌机的攻击及导弹。货运飞机无须承担此种类型的阻力。鉴于工作环境有异，工程师总结认定，来自货运飞机装置的数据将无济于事。

通过这些示例，朱利安与笔者深入了解到了人类在自然情境下运用类比式推理的方式。

首先，我们了解到，个体不会仅仅依赖于相似性去选择类比对象。如果你要购买一辆绿色的车，你不会浪费精力去搜寻其他绿色汽车的可靠性记录。你将选择那些动力系统相似的类比对象，即与你所预期的事物更加相关的类比对象。如果你经验不足，无法详尽地考虑到各影响因素，那么必将陷入麻烦之中。总而言之，我们所寻找的参加实验的工程师，大多智识过人。

之后，克里斯·布莱泽维克、马文·桑德森以及笔者研究了新入职坦克排领导者的决策方式，结果发现，类比式推理对他们而言，可谓功过参半。举个例子，在一次演练中，一位坦克排领导者决定，再次选择三天前自己在相同区域的演练中所行进过的路线。尽管如此，他的经验却并不丰富。他没有考虑到，前一天晚上，当地下起了大雨。结果，当他再次率领部下前进时，前两辆坦克迅即陷入淤泥之中，整个任务执行得七零八落。他认为自己选择的路线是完美的类比，但他忽略了两者之间的关键差异。

其次，我们发现，某些影响因素易于调整，有些则难以调整。如果压力能够影响到水力系统的可靠性，则如果类比对象的压力与我们所预测的系统有所差异，就按照比例估测出相应数值即可。另外，如果使用模式会影响辅助电池组的可靠性——因为轰炸机的苛刻要求与货运飞机的平稳飞行截然不同，个体将无从知晓如何做出调整。有鉴于此，即便两种飞机所装配的器械完全相同，个体也必须将此类比全盘抛弃。如果某事物及其类比对象之间的差异可以用"比例"表示，则因果关系即可做出相应调整；如果无法以"比例"表示，则在万般无奈的情形下，我们只能通过臆测去进行调整。朱利安总结认为，人类会根据"神秘的"特征（无法轻易做出调整的质性类别）去选择类比对象，然后针对更加简单的特征做出调整。在选择类比飞机时，我们会选择执行同一类型任务的飞机，然后调整体积这一维度；相反，我们不会选择体积接近，但是执行任务类型有所差异的飞机作为类比对象。

再次，我们了解到，通过类比进行推理的逻辑，与科学实验的逻辑相似：在并没有了解到所有产生作用的相关因素的前提下，即作出结论。试想，某人从巴西雨林归来，手中拿着一种新药，号称拥有治疗艾滋病的功效。为了验证其说法，我们完全可以开展一个实验，请艾滋病患者作为参与者，将他们随机分配到"实验组"（接受该药物治疗）以及"控制组"（并不接受药物治疗）。之后，我们会进行检查，判断实验组中的参与者相对控制组参与者而言，艾滋病症状是否有所改善。如果确有改善，我们就可以得出结论，认为该药有效。请注意，我们虽然得出了这个结论，但是，我们其实并不了解艾滋病的全部诱因，更不知道这些诱因之间如何相互影响。通过对参与者进行随机分配，我们有信心认为，两组参与者身上会有同样的影响因素发挥作用——尽管我们并不知道那些因素究竟是什么。

最后，在我们运用类比时，实际是在创建一个相同影响因素发挥作用的情境，尽管我们并不知道影响因素具体包括哪些内容。类比对象与被类比事物必须在影响因素上尽可能接近，而且我们可以根据匹配情况不理想的数据进行相应的调整。有时候，我们不会考虑若干重要的因素，因为对它们的了解并不充分。正因如此，相对实验结果，我们对于类比式推理结果的信心并不那么坚定。类比式推理的本意是解决我们无法通过实验明确了解的案例，解决我们了解不足、无法使用方程解决的案例。

在运用类比的过程中，人类需要维持一种微妙的平衡。如果我们对于某事件掌握的信息较为充足，那么就不再需要类比，找出解决"方程"即可。如果掌握的信息较为匮乏，那么类比式推理既可能解决问题，也可能产生问题。只有在介于上述两种状态之间时——我们对该领域有部分了解、但是不足以开展满意度分析，类比式推理才可发挥最大效用。正如本书在第十一章中所说，"类比"代表着若干相互存在交互作用的影响因素。通过运用并且调整类比对象，个体作出的预测，可以将无法探明的因素纳入进来。

接下来需要调查的一个问题就是这些预测的准确度如何。为了进行研究，笔者搜集了一系列基于A-10攻击机所作出的预测。我获得了A-10攻击机设计过程中所作的相似性预测数据，并将其与批量生产后的飞机可靠性进行对比。在经验丰富的工程师手中，基于类比所作出的预测与实际数据匹配良好。针对A-10攻击机"故障间时长"的预测数据，与实际数据之间的相关为＋0.76，达到显著水平。对于另外一项数据，"每飞行一小时的平均保养时间"的相关系数则更加理想，高达＋0.84。

当然，某些预测也并不准确。"维修时间"的预测值与实际值之间的相关仅有＋0.36。笔者发现，对于这些数据，工程师并没有掌握到类比对象的准确数据，他们不得不自行估测。教训非常惨痛，本应基于坚实数据所做的类比，却过多地掺杂进了主观臆断。如果我们仅仅通过臆测调整相关的数据，那么预测精准度必然会下降。

示例三十三

预测一家电影院的上座率

笔者的家位于一个小城镇，俄亥俄州的黄泉镇，人口不超过四千。镇中有不少宜人的餐厅，还有若干小店，匠人们贩卖陶器、衣服和画作。此外，还有一家优秀的电影院，名字叫作"小艺术"，会播放一些大影院不予考虑的电影。

安提俄克学院非常清楚这间影院对社区的重要意义。小艺术影院关闭之后，学院购买下了这家电影院。学校并不想在这场买卖中吃亏，因此它要求运营者至少要让影院维持收支平衡。

詹妮·科波斯维特，长期以来一直担任影院经理，再也无法不顾及票房，而只放映拥有重要意义、保守影评家赞赏的电影，如《猎户座腰带》等。为了帮助她解决这个问题，就职于安提俄克学院心理系的研究者丹·弗里德曼（同时也是一位资深影迷），安排他的一名学生，负责分析小艺术影院数据库这项光荣的任务。该学生将小艺术影院过去十年间所放映电影的信息全部搜集起来。丹、丹的学生以及笔者共同想出了将电影分门别类进行编码的方法，其类别包括：动作/爱情/政治，美国/英国/配字幕片，动画片/纪录片/老戏新演，等等。学生将这些数据添加到数据库中，我们则分析了数据走势。如此，我们就能够知道哪些电影吸引到了大批观众，哪些电影无人问津。

做完了这项工作，我们也获得了开展研究的机会——利用此数据库预测未来的影院上座率。小艺术影院每周上映两部电影，我们选定了未来十八周的时间范围，在此期间，共将上映三十五部电影（每部电影上映一整周时间）。对于每部电影，丹和我都会找出其类比对象——最接近它的电影——而且必须曾经在小艺术影院上映过，并输入到了数据库中。我们会提取该电影在数据库中的相应数据，查看其特征，做出调整，并且预测其类比对象的票房。如此，我们共分析了三十五部电影。接下来，我们邀请了在黄泉镇工作或者生活的十七个人，组成了"控制组"，让他们预测即将上映的三十五部电影的票房。

我们还统计了另外一个数据点。我们邀请詹妮经理在不使用数据库的前提下，同样作出预测。之后，丹与我则静候三十五部影片的上映，准备收集数据。

控制组的预测成绩仅仅略强于机遇水平。他们所作预测的中位数（典型数值）与实际上座率的相关是＋0.17——这个数据并不高。詹妮预测的则准确得多。她的预测值与实际值相关系数达到了＋0.31。丹和我是两个业余爱好者，一辈子都没有为电影院预订过影片。我们的预测相关值却高达＋0.45，比前两者都高。这并不是在赞颂我们两人的丰富经验或者数学能力，而是我们运用数据库完成了类比的思路。

人类经常使用类比式推理。如果你想卖掉自己的房子，房地产经纪人会打开最近出售的房屋数据库，估计你的房子所在区域的需求大小，借此估测房屋价值。房地产经纪人会搜索类似的房屋——同样的邻里环境、同样的建筑风格。这些变量很难做出调整；但是匹配这些变量则非常简单，此外，调整房间面积也特别轻松。如果你所卖的房子配有一个游泳池，而合理的类比对象却没有，那么，房地产经纪人就会在数据库中搜索两间几乎一样的房屋，只不过一个有游泳池、一个没有，借此估算游泳池的价值。两者的差别就只是游泳池而已，房地产经纪人可以将此因素计算到你的房间当中。这种逻辑和工作步骤几乎与工程师对于可靠性的估算完全相同，亦与丹和我预测电影院上座率的方法别无二致。

设定预期与解决问题

至此，本节内容主要关注了类比式推理的一种应用——作出预测，并且介绍了如何提取并且修正类比的方式。事实上，类比还存在其他重要用途，主要包括：设定预期和解决问题。

设定预期

类比还有一种拓展性应用，那就是预测在新情境之下会发生什么。不妨回顾一下示例二，也就是在火灾中广告牌可能掉落的那次事件。消防指挥官抬起头，看到广告牌降落到了屋顶之上。他想起了先前的一次火灾，那一次，大火烧毁了广告牌的木头支架，结果广告牌轰然倒塌。指挥官随后命令附近人员退后到安全地点，以免悲剧重演。"类比"为他提供了"预期",避免了潜在的问题。除了为决策者提供预期,类比和比喻还可以帮助科学家提出一些新颖的理论。

解决问题

类比可以为我们提供行动建议。在做数学家庭作业时,学生会翻阅笔记,查看之前教师是否讲解过类似习题,并将其作为模板,按步骤解决问题。此过程的逻辑与作预测的逻辑相同:回忆先前事件中是否有与当前事件在背后机理方面相同的地方,确认当时所使用的策略,对其加以调整,以满足当前需求,并且着手落实。即使没有足够的思索时间,个体也将认为两件事情的影响因素大体相同,故此,只要按照相同的步骤行事,即可收获积极的效果。人们之所以首先选择该类比对象,就是因为它与眼前事件的影响因素相同。

如前所述,只有积累起一定的经验,方能可靠地运用类比式推理。新手往往可能忽略重要的影响因素,从而选择了错误的例子作为模型,或者应用示例的方式有误。如果要培训新手,就要在提供示例的同时,附上详尽的说明。譬如,一位数学教师为学生讲述了一系列核心习题作为示例。对于每个示例,老师还将指出"选择点"之所在——即学生选择错误的解题方法或者错误的方程之时。教师还可指出,为了避免这些错误做法,专家会运用哪些线索。如此一来,学习者不仅掌握了示例,还初步认识到了一条重要的原则,那就是要谨慎地应用这些示例。

系统设计师也会频繁地使用类比。他们会借鉴自己先前的作品,或者他人的惊世之作。在研讨"设计师所使用的证据及信息类型"的过程中,克莱因和布莱泽维克发现,设计工程师更喜欢使用实体模型进行小规模的展示,进而获得第一手信息。如果展示过程中发现该想法并不切合实际,设计工程师就会参考先前的系统,将其作为类比对象。他们借助这些类比来设定新系统的耐受性、默认配置等。

我们还发现,如果对类比运用不当,设计师或许会陷入麻烦之中。在下面这个示例中，设计师就忽略了若干重要的影响因素，并且错误地选择了一个本该被拒绝的类比对象。

示例三十四

机载空中警报控制系统是错误的类比

"联合监视目标攻击雷达系统"是一种新型飞机，可以飞临战线，监控敌军的一举一动。联合监视目标攻击雷达系统越接近战线，作战效果越好，可这也将其置于对方的防空火力范围之内。鉴于存在这样的风险，联合监视目标攻击雷达系统需要设置精妙异常的工作站，以加强自我防护。设计师在理解这套自我防卫套件的需求时，将机载空中警报控制系统选定为类比对象。

设计师认为，自我防卫并非是一个多么严重的问题，因为在机载空中警报控制系统上，它就没有得到过多的重视。两种飞机都运行速度缓慢，且无须快速转向。在机载空中警报控制系统上，设有大量的武器主管人员，通过雷达监控是否有威胁临近；而联合监视目标攻击雷达系统也将安排相应人员操控雷达，监视敌情。表面看来，这是一个不错的类比，将机载空中警报控制系统的经验应用到联合监视目标攻击雷达系统上来——只可惜，联合监视目标攻击雷达系统迥异于机载空中警报控制系统，它并无坚实的空中支援，亦无截击机从旁护航。此外，负责操控雷达的人员的主要任务是监视地面上的敌情。在机载空中警报控制系统上，武器主管可随时观看空域视图。而联合监视目标攻击雷达系统监控空中来敌的能力极其有限，不像机载空中警报控制系统可以掌控数百英里内的一草一木。机载空中警报控制系统是一个安全的平台，而联合监视目标攻击雷达系统则不啻为航行于空中的一个巨型运动靶子。其飞行航线较低，易于预测，还会产生大量的电信号，易被敌军探测接收。按照我们的判断，以机载空中警报控制系统作为类比对象，误导了设计团队的成员，使得他们没有在自我防卫这方面投入足够充分的注意力。

不出所料，在"沙漠风暴"行动当中，美国空军的确曾经使用过联合监视目标攻击雷达系统。只不过，必须在没有敌军战斗机或者防空炮队的情况下，方可出动，而且，还要专门派出友方飞机保护联合监视目标攻击雷达系统。

两方面的应用比较突出：一是运用类比进行相似性分析；二是将类比应用于高级电脑推理程序当中。

过去二十年间，相似性分析技术被广泛地应用于多个领域。同时，它也曾被错误地使用，绝大多数情况下，都是因为粗心的技术人员没有做出适宜的调整。举个例子，在某一案例中，某海军装备的可靠性数据被简单地套用到陆军的项目当中，这样做忽略了以下事实——舰船在水面上的行驶较为平稳，而坦克与卡车则多有颠簸，由此导致预测并不精准。类似这样的失误会给推理方法本身抹黑，虽然失误的真正原因在于没有正确地应用该方法。这一方法之所以被误用，是因为使用它的人们并不理解其背后的逻辑。

在我们自己所开展的关于类比式推理的研究中，我们却很难发现运用相似性分析的案例。绝大多数人依靠自身力量即可进行完美的类比式推理。作为研究者，我们能做的很少，只不过是给大家都在做的事情用一个术语命名而已。笔者曾经准备描述出如何更好地运用推理去作出预测。结果发现，绝大多数人对于自己的表现已经相当满意，并不希望多此一举了。

还有一种运用方法是构建基于电脑的系统，帮助人们提取并且使用类比或者先前案例。计算机科学家一直在探索"基于类比式推理"的系统的使用，借以克服"基于规则"的专家系统的不足。罗格·施安科就是引领此运动的先锋之一，还有詹尼特·克罗德纳以及克里斯·哈曼德。爱得威纳·瑞斯兰德则研讨了基于案例的推理的应用，并以其为基础为法律工作提供建议。读者尽可参阅研究者所提出的若干基于案例的推理框架。以下是基于案例的推理项目取得成功的一个示例。该项目受到美国空军材料实验室的资助，目的是探讨如何将类比式推理应用到生产领域。

投标人的伙伴

　　绝大多数生产公司都会记录先前的工作，这些记录对于未来的投标工作具有重要价值。尽管如此，这些数据往往编号混乱，如果时间紧迫，营销部门很难迅速找到合适的案例。或许有人能够记起："嘿，三年之前我们不就处理过这样的事吗？"之后，如果运气足够好，就可以追踪到零件编号，确定当时的具体成本。更常见的情况下，他们的回答则是："或许你是对的，可是我们实在没办法找到那些数据了。"因此，他们只能从头开始，准备投标。

　　我们与附近一家生产公司建立起了工作关系。该公司名叫安真奈科斯，它是一家按照订单制造喷气式飞机引擎的加工车间。与那些反复制作同样零件的企业不同，安真奈科斯这样的公司一般都只制造独特的零件，且仅制作少数几件。每当接到新订单时，他们都要商议公司是否能够胜任，如果可以，具体的生产流程是什么。他们必须权衡成本与流程（譬如，在这台机器上钻孔、在另外一台机器上塑形等）以及每一个步骤所耗时间甚至材料残余物之间的关系。比如，以某种方法进行生产或许较为容易，但是最后衍生的剩余物过多，因此最好更换一种策略。该公司甚至要将自身的"学习曲线"考虑进来。比如，他们知道，或许存在更加明智的生产方式，但如果想要正常运行，事先就必须试验四到五轮，可公司并没有足够的时间或者边际利益去承担该风险。每一次工作的开展都是一个待解决的新问题。

　　我们双方的共识，是建立一套系统，帮助营销人员寻找并且运用先前的案例。这将是一个基于案例的推理系统，尽管该系统本身并不会做太多推理，其主要的价值就是帮助谋划者找到相关的案例，并且利用其中蕴含的优质信息。我们帮助他们整理了公司历史，他们投标而得的工作（包括失败的工作）以及生产特殊零件的历史。巴兹·里德和戴维德·克林格负责该项目。该系统的名称是"投标人的伙伴"。

　　"投标人的伙伴"会利用现有的数据库。在准备新零件的投标过程中，它可以让员工迅速地浏览文件夹资料，以确定是否先前曾经存在过相似案例。有时候，他们会发现公司之前曾经生产过零件标号相同的部件，这是非常理想的情况，除非原材料价格或者其他因素发生了改变。更多的情况下，完全的匹配是很难发现的，此时，系统就会尽力寻找相似的案例。我们还根据若干特征——譬如：尺寸、材料类型甚至是昵称——对先前案例进行了编码。举例说明，一个圆形的部件，中间如果切出了缝隙，则被昵称为"火鸡毛集合"。所有人都这么叫，因此我们会将这个名字输入到文件中以便于查找。

"投标人的伙伴"会提供若干相似的案例，由操作人员自行选择类比对象，或者进行调整。输出的投标文档中，会注明各种成本，由此，所有人皆可看清投标背后的推理。输出文档中还会说明，如果投标成功，那么安真奈科斯公司应该如何生产该零件。该系统可以使得投标过程更高效、更轻松，而且公司对这些投标也将感到信心十足。

"投标人的伙伴"于1989年提出。一位流程工程师第一次使用"投标人的伙伴"时，首先出现在屏幕上的案例，基本上就是一个完全的匹配，那是他们两年之前制造过的零件。他并没有参与当时的项目，但是他认识到自己手头负责的投标不啻于该项目的"镜像"。输出报告显示，早期该零件生产的过程中废金属率高达30%，因此，他走到加工车间，经询问之后，发现目前废金属率已经大幅下降。如此，他清楚地了解了公司制造该零件的过程，信心满满地去准备投标。

● "比喻"和"类比"通过明确情境知觉、确定合适目标以及标记出相关信息片段来指导思维过程。

● 推理有助于个体在未知因素过多的情况下作出预测。

● 推理与实验的功能类似，它们都会将具有交互作用的影响因素与结果联系起来。

● 通过考虑类比对象与现有状态之间的差异，我们可以调整类比数据，作出合理的预测。

● 当数据库的资料较为丰富，但是其信息不足以进行严谨的分析时，类比式预测最有用武之地。

● 类比可以用于"设定预期"及"问题解决"。

SOURCES

OF

POWER

The Power to Read Minds

第十三章

读心术的力量

为什么看穿他人的想法如此重要

现实生活中，在很多情况下，你指派给其他人一个非常简单的小任务，可是，那个人却没有正确领会到你的意图。或许你想要修理一个咖啡马克杯，于是请自己的配偶去商店的时候顺便买点胶水。结果，配偶买回来的胶水，根本就无法黏合陶瓷。当你指出所购物品并不令人满意时，对方则回答："你根本就没提过马克杯的事儿啊。你说要胶水，我就给你买了胶水。我怎么知道你的心思？"或者，你让孩子打扫一下房间，结果孩子把地板上所有的东西都移到了别的地方，再开动吸尘器。你回来之后，不禁连连抱怨，五分钟之后家里要来客人，可是屋子里却一团糟，根本没有可以坐的椅子。孩子则说道："我按照你的要求打扫了。你根本没说家里要来人。我怎么知道你的心思？"

答案是肯定的。每当我们做出请求时——请求他人帮个小忙，或者下达命令——我们都需要对方能够读懂我们的心灵。为达此目的，双方皆须拓展认知范围。提出要求的人应该明确要求背后的意图，而执行任务的人则需想象其他人真正的需求是什么，考虑到所有未明确解释的细节。

"你要去商店啊，那顺路到隔壁的五金商店去买点胶水吧。"这看似并非困难的请求，不过，走进五金商店之后，你会发现，胶水的类别真是五花八门，包括用于木质的胶水、用于玻璃的胶水、用于金属的胶水。有些超级胶水这样做广告"粘上之后就再也不会开裂"，这是好事还是坏事？是否还要稀释胶水呢？因此，我确实应该告诉你为什么要买胶水：修一个陶瓷杯，我最喜欢的那个。杯把掉了，留下一个小缺口，我觉得里面可以种植一点小植物，放在桌边，像老朋友一样。你被我对陶艺的钟爱所感动，于是欣然同意。这时候，你就已经知道我的意图了，如此，即可选择恰当类型及恰当容量（店里容量最小的胶水）的胶水。不过，这足够经济实惠吗？接下来的几个月我需要多少陶瓷胶水呢，这管胶水丢失或者干燥的概率又是多大呢？你需要多多了解我以及我使用胶水的习惯，才能作出决定。或许我应该告诉你买多大管的胶水，但我压根儿就没想到这一点，而且，我根本不知道不同的胶水具体是多大尺寸。

之后，你又要作出一个选择：快速干燥抑或非快速干燥的胶水？那取决于马克杯的损坏方式，以及缺口是否整齐，是否有老虎钳将不同的碎片捏合在一起。但是，如果你买的是快速干燥的胶水，而我拼接碎片的时候又出现了错误，那再将其拆开并且重新组合就会相当困难甚至是不可能完成的任务了。你还需要了解我的双手灵活度。这项工作并不像看上去那么简单。你发现自己会使用心理模拟去想象我使用不同胶水的样子。你越了解我，你执行我的任务就越得力，因为你可以阅读我的心灵，考虑到我没有说出口的事项。

通常情况下，我们无法事先就明确所有的细节。如果你帮我一个忙，那么我实际上是要依赖于"你阅读我的心灵"以及"想象我作出各种决策"的能力。我相信，我无法预先就将全部相关的细节告知你。总有一些人我无法信任，因此我并不会给他们分配困难的任务。

拥有阅读他人心灵的能力，是与其他人进行合作的重要基础。在示例三十六中，决策者仅仅关注了命令的字面意思，却忽略了下达命令之人的意愿。

示例三十六

戈本号的逃脱

戈本号是一艘德国战船，第一次世界大战初期驻扎在地中海领域。在战争正式打响之后，英国海军本应该搜索到该战舰并且摧毁它。可惜，英国人失败了。他们虽然将戈本号团团围住，但完全不了解英国海军部的作战意图，因此戈本号趁机通过达达尼尔海峡逃窜到黑海，据此，奥斯曼土耳其政府被迫参战，并且支持德国（这一决策导致奥斯曼土耳其帝国陷落，英国在近东地区的委任统治体系亦建立起来）。戈本号还封锁了沙皇俄国百分之九十五的战舰（因为沙俄唯一的一艘战斗蒸汽机船布置在了黑海），促成了沙俄国内困难的政治经济状况，导致俄国革命爆发。

早在战争打响之前，英国人就知道，他们必须摧毁戈本号——德国在地中海区域唯一的威胁性武器。英国军舰时刻都在竭尽全力地搜索并且追踪戈本号。他们等待着战争的开始，到了那一时刻，即可击沉戈本号。

英国宣布战争开始的时间是1914年8月4日下午11点。戈本号刚开始失踪了几天，最终，英国定位成功，十多艘英国战舰包围了戈本号。不幸的是，战舰指挥官对于英国国防部长官温斯顿·邱吉尔在7月31日所发布的命令并不理解。关于击毁戈本号的命令中，有这样一句话："此阶段不要引发我方与超级大国之间的武装冲突。"

邱吉尔既希望戈本号被击毁，同时又警告部队要高度戒备奥地利的重型战舰，告诫英军要小心应对，因此才有了"不要引发我方与超级大国之间的武装冲突"之语。邱吉尔发出此警告的本意是为了避免英军与奥地利军队交锋。可惜，海军少将厄恩斯特·特拉普里奇（围困戈本号的战舰的总指挥），认为这句话也适用于自己所面临的情况。从技术层面上来看，戈本号的确要比各围困军舰要大，并且配有巨炮。他矛盾了一会，最终决定，最保险的方法就是重新组队，不要冒任何风险。戈本号遂趁机向东逃窜，深入黑海。

邱吉尔听到这一消息时，不禁目瞪口呆。他从未料到，自己的话居然被误解到这种地步。

指挥官没能及时读懂温斯顿·邱吉尔的思想，因此也不能彻底了解"不要引发我方与超级大国之间的武装冲突"这句话背后的含义。事后看来，邱吉尔为了避免此错误，应该附加上奥地利战舰的相关信息。他对于拿下

戈本号的意愿应表现得更加强烈。不过，如果他希望将士们对于命令中的每一个词语都仔细斟酌，防止任何歧义出现，那是根本不可能实现的。因为关键的要点会湮没在细节与澄清的洪流当中。

正确答案是不要罗列这些细节。那样做花费的时间太长，会产生其他代价。或许我们表面上假装认为所有的规则和流程都清晰无比，然而，这并非事实。譬如，如果你为某人指派任务是看到绿灯时就按键，该人问道："什么是绿色？"这种问题根本无法回答。你尽可以解释说所谓的"绿色"就是波长在530~570毫微米的光线，可惜，这样的信息似乎毫无用处。我们的假设是共同生活于某一文化内部的群体将能够清晰理解若干通用的参照物。

增强彼此间的理解，有助于提高团队执行力

下达并且理解指令的重要性，在飞机航行这一情景下表现得尤为突出。如果机组每一名成员对于同一条信息的理解各有不同，则结果将注定是悲剧的。飞机空难之后发掘出的很多录音资料显示，灾难的起因恰恰是机组成员无法理解同事的所作所为。在为美国国家航空航天局所开展的一项科研工作中，我们就亲眼目睹了这一情况，实验对象是真正的宇航员，他们在实验中需要驾驶美国国家航空航天局的727全任务飞行模拟器。该项目的目的是观察在困难情境下的团队协作及决策情况。马文·桑德森与笔者观察了几组机组人员在面对模拟故障情况下的应对方式。机组由机长、副机长以及飞行工程师组成。

示例三十七

驾驶舱内的战斗

实验中设置的一个故障情况是飞机右翼的三号油箱出现不正常的泄漏。我们一共观察了三个机组，其中的两个，机长与飞行工程师产生了分歧。

显而易见，漏油之后，飞机的航行距离将会变短。除此之外，机长还

需考虑到一个次级结果，那就是失去平衡。由于油箱位于右侧，随着航油泄漏，该侧机身将难免变轻。正因如此，飞机落地时的操作难度将大幅增加。事实上，飞机所载航油足够支撑其降落到邻近的飞机场，因此失去平衡才是最严重的问题。

在每个案例中，机长都会要求飞行工程师重新规划航油流向，以确保所有的引擎都可从左翼完好的油箱获取能量。该方案的本意是通过抽取航油，降低该侧机身重量，重新获得整体平衡。尽管如此，在每一个案例中，飞行工程师不是抗拒此命令，就是误解此命令。因为飞行工程师主要负责监控和管理航油流向，并不负责操纵控制系统，因此他们更加关心的是航油短缺。在某一案例中，机长不得不完全地调转座椅方向（驾驶飞机的任务交由副机长负责），以检查飞机引擎的情况。他发现，飞行工程师并没有遵循自己的命令，仍然在抽取三号油箱中的航油。这一重新装配方式与机长的设想并不一致。飞行工程师解释道，这样做是为了保证航油不被浪费。机长无法说服飞机工程师，后来副机长前来助阵，终于使得工程师转变心意。所幸，飞机引擎正常运转。着陆时，两侧机身的不平衡已经达到了两千磅。在另一次模拟飞行中的另外一个机组中，机长完全无法说服飞行工程师。最后飞机降落时，两侧重量差达到了五千磅。而在官方推荐的安全飞行标准中，该数字应该不高于一千磅。

问题并不在于飞行工程师误解了机长命令的含义，而在于工程师没有理解机长究竟想做什么。机长下达重新装配的命令时，他觉得缘由是非常清晰的。飞行工程师按照自己的理解，重新解读了命令内容。如果机长没有转身，他永远不会发现飞行工程师做了什么，也永远想不到自己的命令居然并没有被下属所理解。飞行工程师无法领会到机长的实际意图是进行一次异常的重新装配，他没能够读懂机长的想法。

如果我们的同事全都特别熟悉集体文化、任务的性质以及我们的奋斗目标，那么，我们确信，同事一定可以读懂我们的想法，填补未曾明示的细节。正因如此，拥有丰富合作经验的团队，其表现才优于刚刚组建的集体。

美国国家航空航天局曾经开展过一项关于"工作疲劳对绩效表现之影响"的研究。机组成员需要在高仿真的模拟器中连续工作八小时。研究人员会将同样的故障情形，分别在飞行起始与临近飞行终点时加以展示。最初的预期是机组成员在飞行起始时的表现将更加优异，因为大家的精神比较振奋。结果却截然相反：机组成员竟然在飞行临近终点时的表现更佳。他们的优势在于所有人都已经共同了解了工作情景，他们逐渐掌握了其他人的应对方式，而且他们很大程度上已经能够读懂其他组员的思想。

机组成员并非唯一要与"揣测意图"这个难题进行搏斗的团队。

致命的"拔河比赛"

手术正在进行，外科医生决定降低病患的血压。他请麻醉师为患者注射有降压作用的药物，却没有解释自己的最终目的。麻醉师注射了药物，随后即注意到病人的血压有所下降，故马上注射另一种药物，提升病人的血压。对于麻醉师来说，这样做属于标准步骤，目的是确保病人的关键生命体征保持平稳。医生注意到，血压比自己设想的要高，因此他指示麻醉师加大第一种药物的剂量。麻醉师遵从了这一命令，随后，又注射了第二种药物，让血压恢复到正常水平。这一循环持续进行，直到病人停止呼吸。

工作中，最能够了解笔者想法的同事就是芭芭拉·劳。我们从1979年开始共同奋斗，相处时间比其他同事都要长久。不论是谁审阅过的文章或者手稿，如果没有芭芭拉把关，我都会感觉坐立不安。

我的安全网

笔者撰写了一份关于"理解他人意图"的手稿，正式发出之前，我将其交给芭芭拉，请她代为修订。她注意到，该文从另外一项我们最近完成的研究中引用了若干数据。为谨慎起见，她找到那篇研究，逐一对照数字是否匹配。她发现了一两处不符合的地方，因为当时没找到我，她将手稿给了乔治·凯姆夫——该研究的主要负责人，以供核查。芭芭拉知道，我希望将手稿发送给吉姆·班克斯——就职于蒙特利陆军研究学院的实地调查小组，是四位资助人之一。芭芭拉还知道，吉姆最近阅读了乔治·凯姆夫的文章。她希望吉姆确保两篇文章之间没有自相矛盾之处。当乔治发现有一个不符之处他无法解决时，芭芭拉决定暂时压住稿件。她的理由是，相对于匆匆忙忙地按时提交文件，确保每一个细节的准确无误更加重要。

请读者将此示例与我公司的另外一次事件进行对比。

示例四十

马文的鼠标

马文·桑德森的职责之一就是维护公司的计算机系统，使其正常运转。有一天，公司最为重要的一台计算机的鼠标出现了故障，无法修复。马文随即下达了购置替代品的命令。为了确保命令内容足够明确，马文找出了先前的鼠标采购厂家，并且写出了自己想要购买鼠标的型号，甚至还把上次购置鼠标的收据注明，以供参考。他认为自己已经做到面面俱到了。他自己的工作既小心谨慎，又清晰透彻。应该不会存在模棱两可的情况了。

让马文吃惊的是，购置的鼠标并没有满足要求，甚至根本就跟电脑不相匹配。办公室的相关工作人员购置了错误的鼠标。为了追踪原因，马文发现，该硬件厂家已经不再卖先前的鼠标了。

办公室的工作人员猜测，马文指出公司名，是因为他喜欢这家公司的产品。办公室联系了那家公司，订购了与先前鼠标价格最为接近的产品。他们并不知道还存在相容性的问题——并不是所有鼠标都能够适配所有的电脑。除此之外，采购新鼠标的过程中，马文正在旅游，办公室人员就没有跟他直接联系。而采购命令看起来又显得时间紧急。办公室人员希望借此展现他们雷厉风行的作风。

在这个示例中，办公室人员尽管尽力去了解马文的想法，却失败了。他们以为自己知道马文的本意：从同一家公司购置一个物美价廉的鼠标。他们并没有购置电脑硬件的相关经验。马文同样知道他们缺乏电脑硬件的经验，正因如此，他才把旧鼠标的收据和型号信息发给下属，借以降低工作难度。事后看来，他意识到自己应该明确地表示自己希望购买一个不那么昂贵的鼠标，用在特定的电脑上。如此一来，下属即可了解他的意图。发现旧鼠标已经退出市场之后，他们就可以更加合理地随机应变。虽然马文详细地告诉办公室应该做什么，但没有指出背后的原理，这实际上就导致了当原有计划无法施行时，下属极易走入歧途。

与之相比，请阅读示例三十九，笔者基本上除了"审阅手稿"之外，没有向芭芭拉·劳提供任何信息。由于经验丰富，芭芭拉可以探测到潜在的问题（数字不相互匹配），顾全到大局（朋友与资助人或许也会意识到不匹配之处），预期到事件后果（公司可信度稍受影响），平衡事项优先级（改正问题，抑或迅速寄出手稿），并且主动地决定暂时压下稿件。她之所以能够做到这些，是因为她知道我的做事风格，也了解过去曾经给我带来困扰的事件。因此，她能够猜测到我真正的意图。

高效理解他人意图

在一个团队当中，如果所有人都了解团队的真正意图，那么其优势是不言而喻的。表格六就列举出了两种团队氛围之间的对比，其中一种团队，所有的成员都理解其意图所在；另外一种团队，命令只是生硬地下达，大家并不知道其背后的理由。表格六重点介绍了第一种团队的功能。对于命令意图的讨论，实际上赋予了团队成员独立行动并且在必要情况下随机应变的权力，也为他们提供了更加精准地读懂他人思想的基础。

意图沟通的一项重要功能就是增强团队成员的独立性、降低成员的注意需求及监控需求。他们可以评估工作是否取得了进展。如果其他人只是告诉我做事的步骤，那么我总是会怀疑自己是否犯了错误（"这符合他的要求吗"），因此，在执行下一步行动之前，只能等待上级的允许。如果其他人既告诉我应该做什么，又说明事情的目标之所在，我应该就能够展现出更高层级的绩效，也能够更加敏锐地发现自己的错误。除此之外，我还可以更加从容地应用自身的经验，注意到原有计划中的疏漏之处，以及可能会出现的问题。如果在执行任务的过程中遇到问题，我甚至能警告同事目标中的错误出现在哪里。

表格六　沟通意图的功能

增强独立性的培养	通过降低"澄清命令内容"的需要，提升团队绩效
	探测出偏离领导者所做假设的情况
	事先即检测到工作疏漏所在，并且为可能出现的问题未雨绸缪
增强随机应变的能力	无须上级下令，即对局部情况进行处理
	识别出原有计划中并未说明的机遇所在
	设定事件优先级，并作出权衡性的决策
	无须等待下一步命令，即有力地因应事件后果

"沟通意图"的另外一项重要功能就是允许个体更加合理地随机应变。我们当然不希望团队中的每个人都自行其是，那将造成混乱。读者应该还记得，笔者公司办公室的人员就曾经"随机应变"地采购了错误的鼠标。尽管如此，我们还必须承认，极少有人可以预先就设想到所有的意外情况。除非领导者想要亲自去指导团队执行的每一个任务的细枝末节，否则，他们就必须放弃一些职权——包括关键任务"何时开展"以及"如何执行"的权力。如果团队成员理解任务背后的意图以及原因，那么他们随机应变的能力就会变得更加强大。针对谋划者并未事先考虑到的现场情况，他们可以进行恰当的调整，在计划遇到阻碍时，可以找出临时构思解决方案的方式。他们可以识别出其他人未曾事先预料到的机遇。他们有能力足够透彻地理解工作目标，借以设定并且修订事项优先级，并且决定何时抓住或放弃机遇。设若无须上级指导，下属即可完成一项任务，那么，他们就可

以随即执行下一项任务，而非一味地踯躅不前。

美国陆军中校拉里·沙图克目前主要负责西点军校的人因项目。他开展了一项"指挥官意图陈述"（借以解释执行某项任务背后的原因）的相关研究。他将军事作战行动计划呈献给现役的营指挥官。每名营指挥官都需要阅读并且解释该军事计划，随后将自己的意图转告给自己下属的连指挥官，转告方式有很多，包括指挥官意图陈述、行动命令以及作战简报等。每名指挥官都要选择自己曾经使用过几个月的方法传达命令。沙图克随后采访各连指挥官，询问他们在遇到意外情况时，应该如何应对。接下来，研究者将连指挥官做出回答的情况进行录像留存。事后分析发现，连指挥官与营指挥官的想法相互一致的比例仅有百分之三十四。当沙图克告诉营指挥官他们的下属对于原有计划如何做出调整时，大家的反应几乎普遍都是："为什么要那样做？"

现存的书面记录表明，历史上某些组织曾经着力培养过员工的独立性及随机应变的能力。按照军事历史学家特雷沃·杜普伊的观点，普鲁士军队在惨败于拿破仑之后，就曾经成立过类似的组织。他们重新整合人员，建立起一支职业武装力量，在接下来一个世纪的战争中优势尽显。虽然我们反复听到纳粹德国军官声称自己在战争中的举动，不过是在"遵循命令"，现实情况却并非如此。德国军官推崇独立的思想。德国军队的文化可以在杜普伊描述的一个著名故事中体现出来。故事主题是19世纪末期普鲁士军队的领导者所采取的战争策略。

示例四十一

知道何时不听命令的士兵

一位少校因为战术不佳而被弗雷德里克·查尔斯王子批评。少校辩解道，自己只不过是遵从了上级命令而已。他提醒王子，上级的命令与国王的命令一样重要。弗雷德里克·查尔斯王子立刻回答道："陛下之所以擢升你为少校，正是因为他相信，你应该知道什么时候不可听从上级命令。"

鼓励随机应变和首创精神，确保每个人都能理解上级所下达命令的含义，这些事情说起来特别容易，但是，在现实生活中，这些实践活动则难上加难，因为它意味着高层人员必须舍弃自身的某些职权。美国陆军就曾经付出过相应的努力，其结果只能说喜忧参半。

美国陆军曾经尝试过的一种策略就是在下达任务命令或者说军事命令——细致地解释接下来一天的行动详情——的同时，下发"指挥官意图陈述"。指挥官意图陈述可以帮助士兵读懂上级的想法，在实际情景中遭遇不确定性较高的情况时，能够顺畅地执行命令。

某些关注"指挥官意图陈述之效用"的研究将关注点集中在位于加利福尼亚州沙漠高原的国家训练中心。在这里，美国陆军开展了现实模拟度极高的培训活动，并且使用成熟的激光和电脑系统监控敌军在战斗中的动向。一位旅指挥官如果知道部队要开去国家训练中心，就会提前几个月开展训练。一旦到达之后，他们就要在两周的时间里应对一系列不间断的战斗，学会如何在身体困乏并且面对压力时英勇战斗。某些观察家就将美军在"沙漠风暴"行动中的成功归因于士兵在国家训练中心所收获的丰富经验。

在国家训练中心进行的一项实战练习的相关研究中，威廉姆·科瑞恩发现，在所有的指挥官意图陈述中，只有百分之十九提及了任务的目的，并且说明了上下级之间可多多进行作战意图的沟通。我们也发现了同样的结果。乔治·凯姆夫调查了国家训练中心的指挥官意图陈述，结果发现其差异性很大。某些陈述只有短短的二十一个词，我们可以搜集到的样本中，最长的陈述达到四百八十四个词。我们请相关领域的专家评估了三十五份陈述的效用大小。量表的评分范围在"完全无效"和"非常有效"之间。结果发现，平均评分结果低于中间值。

出现此问题的大部分根源在于意图本身所具备的神秘特质。"理解他人的意图"究竟是什么意思？如果你能够跟下达命令的人相互协商，你会提出哪些问题？我们需要哪些知识才可以理解他人的所思所想？

沟通意图的七个关键点

通过观察若干团队及其针对工作目标进行沟通的情况之后，笔者总结出了描述意图当中若干关键的信息类型。个体可以使用七种类型的信息，帮助其他接受命令的人来理解将做之事。这七种类型包括：

一、任务的目的（高水平的目标）。

二、任务的目标（对于理想结果的设想）。

三、计划中的步骤序列。

四、计划的基本原理。

五、或许必须作出的关键决策。

六、反向目标（须竭力避免的结果）。

七、限制条件及其他注意事项。

这七种类型的信息并非总是必不可少的。相反，这个列表可以被视作一张核查清单，借以决定计划中是否需要添加更多的细节。在笔者的公司里，每开辟一个新的项目，我们都会核查列表上的相关项目。我们需要确保所有项目的参与者对工作目标达成共识。

第一种类型的信息是最显而易见的：从宏观层面介绍团队为什么要执行某一任务。笔者重新审阅了凯姆夫和我共同分析的三十五份意图陈述，却发现这一类型的信息仅仅在十四份声明中得到了体现，而且往往只是简单的一句话而已。这就是科瑞恩所发现的那百分之十九的信息；这也是示例四十中马文·桑德森未曾指明的信息，结果导致公司购置的鼠标并不适用；这同样是温斯顿·邱吉尔在下令"英国战舰应回避超级大国的武装"时疏漏的信息。

第二种类型的信息绘制了一幅命令被成功执行后的画面。几乎在所有的意图陈述中都有所体现。在笔者所审阅的三十五份意图陈述中，只有一份将其疏漏了。不过，在三分之一的陈述当中，这方面信息的相关内容只有寥寥数语，譬如"这是一次防守型任务，目的是防守住阵地"。这就像是将你派到五金用品商店，仅仅告诉你要买胶水一样。如果我为你描述出一幅更加细致入微的成功场景，那么我如愿所偿的概率或可增大："我希望今天下午你能够给我买一小瓶陶瓷胶水。"这一成功图像还需与第一种类型的信息相互配合"这样我就可以在晚上修理一下咖啡马克杯了"。

第三种类型的信息的着眼点是计划——也就是工作中容易遇到麻烦的地方。他们会把如何执行任务的细节罗列出来，反而无法顾及全局。这是马文在订购鼠标的过程中所犯的错误。在笔者所审阅的意图陈述中，这一方面的信息获得了最高程度的关注。在三十五份意图陈述中，有三十二份提及了相关内容。该主题在所有评论中，也占到了百分之四十左右。指挥官传达给部队的是具体的工作步骤，只字不提指挥官和参谋军官的胸中谋略。以色列国防军的汉南·舒瓦茨上校指出，下发的计划应该让执行任务的部队自行裁量。让他们设想出如何实现任务目标。如果你并不信任他们，就另请高明，或者开展更加合理的培训。至少，不应该犯下"事无巨细地指导下属每一个行动"的错误。

第四种类型的信息是计划背后的推理过程。也就是对于计划的原理进行介绍，甚至描述出制订计划过程中的思维走向。这是让其他人进入你头脑中的另外一种途径，他们可以借此机会，利用所获得的知识，将计划付诸实践。在三十五份指挥官意图陈述中，该信息总共出现了三十一次，通常是与第三类信息——计划本身——结合出现的。比如，如果我要派你去买胶水，为了节省你的时间，我或许会说，按照计划方案，你应该首先去购置杂物，因为在超市的工具摊位你可能就会发现胶水。如果没有发现，那么再去五金商店也不迟。请注意，通过告诉你计划背后的原理，我实际上也为你提供了一个设定不同方案的机会。你或许更愿意先去买胶水，因为它轻便且不会磨损，之后再去买杂物。设若先去购物，你还要拿着大包小包走进五金商店，这样并不明智。

第五种类型的信息可以帮助个体作出关键决策。某些情况下，个体需要事先对意外情况作出预期："有时候，五金商店里面非常拥挤。如果是这样的话，那么就先去超市。"某些情况下，个体需要设置事项的优先级"如果走出超市之后，五金店里的人还是那么多，排队要等十五到二十分钟，那就不买了。不是什么大事。晚上的时候我再亲自去一趟"。笔者发现，在总共三十五份指挥官意图陈述中，有十三份包含了关键决策与事项优先级的相关信息。舒瓦茨中校指出，这些信息可揭示出计划中的已知弱点，帮助下属了解谋划人的思维过程，并且识别出计划出现差错的情况。笔者所审阅的任何指挥官意图陈述中，都没有出现任何与计划弱点相关的信息。

第六种类型的信息称之为"反向目标"，也就是个体不希望发生的结果。

反向目标适用于"在有意义的各选项之间进行澄清"的情况之下。在某一项指挥官意图陈述中，作战目标是提前阻击敌人。具体计划是运用炮击降低敌军的行进速度，指挥官又加上了一句："我方不得过度主动参战。"他意识到，在一次防守型任务中，部队很容易意气用事，直接参战，这并非他所乐见的情况。他感到，自己的部队犯下类似错误的概率不低，因此值得一提。我们当然无法事无巨细地罗列出自己不愿见到的结果。尽管如此，某些情况下，为了说清楚意图所在，而讲明哪些是并不符合个体的意图，是值得一试的。反向目标在三十五份意图陈述中共出现了五次。

第七种类型的信息包括了需要个体考虑的限制条件及额外信息——一些小规模的观察，譬如，"小心这一点"或者"你或许该试试那种方法"。如果我们派一名新手司机去办一件小事，我们或许会补上一句："有可能下雨。咱们这儿很长时间不下雨了，所以路可能会变得很滑。多加小心。"在指挥官意图陈述中，该类型的信息主题通常是关于战场及天气情况。

除了这七种类型之外，笔者还希望再加上一项，将时间与资源囊括进来。优秀的意图描述应该讲明任务必须在什么时间内完成，可以付出什么样的代价（如金钱、时间、死伤等）。汉南·舒瓦茨曾经劝说我放弃这个想法。他解释道，一名指挥官或者领导者如果执着于时间和资源的澄清，那么就不啻为微观管理。高效的指挥官更应该清晰地描述出任务大局，包括未来事态的潜在走势。如此一来，下属方可利用这些信息，面对各种情况自行作出决定，从而最完满地完成任务，实现高层级的目标。某些情况下，或许组织能够遵循严格的时间表和预算安排。但更普遍的一种情况则是在混乱的自然情境下，时间表会难以遵守，而资源在整个项目或者任务期间也会时而紧缩、时而充裕。决策者如果认为他们可以在起初的限定条件之下完成任务，那么就属于不会变通了。你应该让他们了解发生了什么事情，这样他们才能加以调整，按照相应要求，或者放缓，或者提速。鉴于指挥官意图陈述的目的之一就是帮助个体灵活处理、随机应变，因此，我们为了适应变化的情境，不应该对灵活性进行限制。

卡尔·维克曾经介绍了一个指挥官意图陈述模型的流水线版本。在维克所提出的版本中，共包括五种类型的信息：

- 这是我认为我们所面临的情况。
- 这是我认为我们所应采取的行动。
- 这是个中原因。
- 这是我们应该多加留意的内容。
- 现在，请跟我交流。

指挥官意图陈述，实际上代表了任何组织中，某一个体交代其他人所应采取行动的情况。工业、教育行业、健康护理——全部依赖于个体与他人沟通目标并且在必要情况下要求澄清目标的能力。

描述自身意图的艺术就是要尽可能精炼地提供信息。掺杂进去的细节越多，主要观点也就越容易受到混淆。尽管如此，在描述意图的过程中，如果遗漏了重要的信息，对方就很有可能在关键的决策点上产生疑惑。

在构思如何描述意图的过程中，我们还需要考虑到一些其他因素，包括个体与团队的专业知识、情境的稳定性以及对工作结果的想象能力。

面对经验丰富的团队成员时，你可以将注意力更多地集中到高层级的目标上。如果团队成员经验不足，那么你不得不对计划中若干细小的步骤多加明确。在瞬息万变的情境下，你或许不应该说出任何反向目标，因为事态多变，你的想法或许也会随之改变。如果目标的界定较为含混（你并不清楚自己所追求的目标是什么），那么你应该更加重视关键的决策点，因为你对结果的想象很有可能根据计划的执行情况而发生变动。

在相互合作、亲密无间的团队中，执行任务的成员有能力去想象领导者和谋划者的思维过程。无须上级持续下令，前线的执行者就可以依照计划行事。下级越了解上级意图，其行动就越坚决。对于这一点，共同的工作经历特别重要，只有与上级合作的时间足够充裕，方可有效预期上级对于不同事件的反应模式。

"意图"这一概念既适用于人类，也适用于设备。尤其是在与设计精巧的电子计算器设备进行合作时，我们同样要费力去推测机器将要做什么。举例来说，随着商用飞机的技术越来越成熟，决策支持电脑系统的应用也越来越普遍。其中之一就是所谓的"飞行管理系统"，它主要用于追踪飞机从起飞到降落过程中的行进轨迹。该系统可以替代自动驾驶模式，借助电子计算机的能力，保持飞机以正确的速度、朝着正确的方向稳步飞行。乔治·凯姆夫曾从美国国家宇航局申请到一笔研究经费，用于探讨飞行管理系统的效能高低，结果却发现电脑系统同样需要沟通意图。

示例四十二

飞行管理混乱系统

这是一次从美国西海岸到东海岸的常规飞行。飞行高度为三万英尺。时间是凌晨三点三十分。

一名坐在驾驶舱空服员座位上的公司人员不小心踢到了航线控制开关，结果控制开关移动到了一个危险的位置上。这一事件发生时，开关与门的位置很近，在一个基座的后面，因此大家都没有看到。没有人知道控制模式已经发生了转换，飞行管理系统也没有通知机组成员。

到那时为止，飞机仍然处于正常线路上。但是，航行控制开关被踢了以后，飞行管理系统为了使飞机继续维持预设的稳定航线，就开始不断调整其他控制器，将其作为抵消方式，对航线的偏离做出回应。机组成员却丝毫未察觉出异样，而飞行管理系统也显示并没有任何意外情况发生。因为航行控制开关被置于不恰当的位置之上，因此飞行控制系统不得不持续不断地对其效果进行抵消。

当飞行控制系统达到极限时，电脑终于放弃了努力。它自动关机，并将控制权交还到后知后觉的飞行员手中，当时，飞机的状态已经完全失控。在没有任何警告的情况下，飞机开始停转，并且垂直下跌。机组成员刚开始还以为是引擎故障。为了控制住飞机，成员们采取了若干措施，但并未生效，反而使得情况雪上加霜，飞机的下降速度越来越快。

所幸，故事最终有一个大团圆结局。飞行员控制住了飞机，令其停止了下坠之势。他们最终意识到了问题所在，并且将航线控制开关调整到正确位置上。不过，经此一事，飞行员已经很难再完全信任飞行管理系统了。

飞行管理系统存在的一个问题就是飞行员无法预期该系统将要"做什么"。按照伊尔·维纳的观点，在非常规事件中，人类对于自动化系统最多的疑问就是："它在干什么？它为什么这么做？接下来它又会做什么？"自动化系统并没有明确地说明自己正在进行哪些操作。因此，设计师所面临的挑战就是如何令类似的系统明确显示出自身意图。人类并不希望系统将全部目标和子目标无穷无尽地和盘托出，但是这些系统必须能够在恰当的时机以恰当的层级和形式传达其意图。只有这样，人类团队成员方可感知自己能够了解电脑同事的"想法"，并且心旷神怡地与它们共事。

[实际应用]

意图描述可以有多种应用。其中之一就是用于培训那些需要定期指挥他人的工作人员，从而提升他们的沟通技能。事实上，在执行一项任务之前，只需花几分钟时间，就可以清晰地描绘出意图。很可惜，这种对于意图所做的清晰描述，其好处——预先将可能出现的错误扼杀在襁褓中，在下属未提出求助时即伸出援手——并不容易被人所认识到。

我们曾经前往陆军战争学院，观察一位美国陆军军官在训练开始前传达其作战意图。他的思路之清晰让我们叹为观止，同时，看着他的下属们各司其职，我们居然感到了些许无聊。他们不会犯下任何可笑的错误。与其他队伍不同，他的队伍不会走错路线，或者陷入无意义的斗争之中。每个人都知道自己的职责所在，任务也能稳妥地圆满完成了。意图陈述如果在工作项目开始之前就清晰地完成，那么项目执行的顺畅就是相应的结果。

想要通过培训提升沟通意图的能力，不能奢求完全照搬某一张步骤清单。更有价值的一种方法就是设置一些练习，向受训者提供反馈，让他们知道自己的命令是如何被他人所理解的。我们所设置的培训，其根据是陆军中校拉里·沙图克的科研成果。我们首先会安排团队领导者描述自身意图。之后，主持培训的人员会提出一个意外事件。团队领导者需要写下他们预期下属将会如何随机应变，同时，下属也需要写下自己将要采取的应对方式。之后，我们会比较双方的笔记。很显然，这必然可以揭示出若干不符之处和令人惊异之处，我们随即据此推测，究竟应该如何斟酌意图的描述，才能使得指令的传达准确无误。我们曾经将此方法应用在美国海军陆战队班长的培训中，我们发现，这一方法在准备演习的过程中发挥了积极的作用。

关键要点

- 通过意图的沟通，团队成员可以"读懂"施令者的"想法"。
- 意图沟通对于团队协作来说必不可少。没有人能够事先预测到所有可能发生的情况。因此，意图的真正用途在于"随机应变"和"及时调整"。
- 我们总结出了沟通意图当中最关键的七种类型的信息。
- 意图的描述必须反映出团队成员的专业知识、情境的稳定性以及目标界定的清晰程度。
- 读懂他人思想的能力，取决于对该人的熟悉程度以及该人所描述意图的清晰程度。

SOURCES
OF
POWER

The Power of the Team Mind

第十四章
团队心理的力量

团队决策中的若干属性是其所独有的，无法通过个体决策的研讨予以揭示，譬如，团队汇聚出思想的能力要远超任一单独个体的技能。本章将重点关注"团队心理"这个概念，力求探讨团队的思维过程。之所以运用这一概念，就是要强迫我们将团队视作一个具有智能的整体，同时也将注意力集中在团队的思维过程而非单独的思考者身上。

团队心理的重要性

通常情况下，人类会以自身比较熟悉的现象作为比喻对象，去理解那些新异的现象。"电脑"就是一个不错的比喻，"生理过程"也是。但是，"心理"这个概念则是一个拙劣的比喻，因此用它来研究任何事物似乎都不理想。我们并不知道它是什么，它在哪里，甚至不知道它究竟是不是所谓的"心理"。

尽管如此，相对于个体心理而言，团队心理更加易于研讨。请读者试想，如果想要推测个体的心理，需要掌握哪些类型的信息。

首先，我们可以通过行为来推测心理活动。在这一点上，研究团队心理与个体心理同样容易。举例说明，机组成员在飞机飞行的过程中就在不断"发射"出行为，即飞机的行为表现。机翼的改变、无线电通话、引擎的调整，全都属于机组成员所做出的且可以被观测的行为。改变机翼的或许是第一长官，进行无线电通话的或许是机长，不过所有这些行为全都是机组成员所采取的行动。

其次，我们可以通过自身意识层面上的经验去推断心理过程。我们可以看到并且感受到事物，让知觉的内容占据我们的心理。在研究个体心理时，这些内容模糊不清，难以揭示。但是，若研究对象是团队心理，则不存在这样的困难，只需进行观察并且细心聆听。团队所探讨的事项，甚至包括团队成员所做出的手势，全都属于团队意识内容的一部分。我们将其称为团队的"集体意识"。局外的观察者如果对于相关任务足够熟悉，亦可如团队成员一般，充分理解集体意识。

最后，我们通过个体所未意识到的行为（或者是大脑中的生理或电活动，或者是个体无意识行为的一部分，需要通过梦的解析与"弗洛伊德口误"方可一探究竟）去推测心理过程。具体的线索可以是转瞬即逝的面部表情，也可以是其他非言语姿态。在理解个体思维的过程中，要做到这一点是相当困难的。而对于团队来说，则只需单独采访不同的团队成员，询问他们并未与同事分享的观点。如此，我们即可揭示出那些从未纳入集体意识之中的思想内容。这同时也属于团队心理的潜意识层级。

示例四十三展示了我们为美国宇航局所开展的另外一项故障模拟研究。

示例四十三

直流发电机

B-727型飞机共配有三台发电机，其中至少要确保两台正常运行，飞机方可平稳飞行；至少要确保一台正常运行，飞机方可确保安全。727的三台引擎各有一台专属的发电机。

某次起飞不久，一台发电机出现故障，停止运行了。这并非罕见之事，甚至并未引起足够的重视。但是，正当飞机为着陆而首次下降高度时，另外一台引擎的油压却降低至35磅每平方英寸——这是决定引擎应该继续运转抑或关闭的一个临界值。借助此次故障情况，我们可以明白机组成员将如何作出决策。

支持引擎应该继续运转观点的人认为，引擎越多，非机动力越足。支持引擎应该关闭观点的人则认为，如果燃油不足，那么引擎可能受到损坏。而倘若油压持续降低，那么机组成员还是不得不关闭引擎。假设这发生在飞机着陆期间，所有人都忙成一团乱麻，那么就会出现混乱的情况，增加大家的压力，从而加大了误操作的可能性。

我们所观察的一位机组成员提出了折中的解决方案：将出现故障的引擎设置为备用状态，一旦飞机需要更多的电力，则迅速将其启动。这个决定是在冗长的讨论之后才作出的，作为一名观察者，笔者并不清楚飞机着陆时各引擎的运转情况。事后，我们将机组成员召集起来，开展航行后的访谈。笔者首先会提醒他们引擎所出现的故障，然后询问他们，在飞机着陆时，共有几台引擎在运转。

副机长说道："两台。"飞机着陆时他是操作员，他脸上的神情显示，他对自己的答案信心大增。

机长说："一台半。"他的意思是，一台运转正常的引擎，加上一台备用的引擎。而副机长并没有意识到其中一台引擎处于备用状态。

飞机工程师答道："一台。"他提醒机长，如果要启动一台处于备用状态的引擎，需要花费一到两分钟，因此着陆期间该引擎实际上难以发挥作用。

这个故事看似令人啼笑皆非——三个人说出了三个截然不同的答案——但是，并不好笑的是，说出最不合理的答案的人正是驾驶飞机的人。如果当时飞机需要额外的动力，那将是不可能完成的任务。

在团队的潜意识及其集体意识之间，存在着不相匹配的情况。上述示例中的团队并没有搜集到足够关键的信息去判断机械的准确状态，而且，在意识层面上，他们从来都没有意识到，针对同一问题，内部竟然存在着不同的解释。

团队心理具有以下功能：

● **工作记忆**。这是我们在短时间内记忆某种信息（如电话号码）时所需要的能力。对于团队心理而言，信息呈现之后，众人会对其进行讨论，之后，团队会转向下一条信息，转而忘掉上一条。

● **长时记忆**。即永久性地储存信息的能力，既适用于个体，亦适用于团队。团队必须储存信息，以供后续提取。如果某名持有特定信息的成员脱离了团队，那么该信息即可能处于丢失状态。按照魏格纳的观点，在团队中，信息将以冗余的形式进行存储，也就是不止一个人会掌握某一信息。

● 有限注意。人类在某一时间段内只能专注于一件事情。团队在某一时间段内也只能讨论一个议题。他们必须小心谨慎地引导自身的注意力，以便"聚光灯"照射到正确的位置之上。

● 知觉过滤。人类在体验世界的过程中，会通过一系列感觉机制，将机械能量转换为神经活动的模式。同理，团队也无法直接获取经历，必须依赖第二手的报告，因此可能出现不准确的情况。

● 学习。团队需要以多种多样的方式进行学习，譬如，学习新的操作步骤，放弃效率低下的行为以及思考如何提升工作效率。

团队心理与个体心理之间还存在诸多其他共同点，当然不同点也很多，因为没有哪种比喻能够做到完全严丝合缝。比喻的价值在于可以对我们所感兴趣的一个现象进行初探；团队心理比喻的价值在于可以增加我们对于团队理解的结构性，借此，我们可以判断认知心理学的研究结果究竟可以在多大程度上应用到实际生活中。

如何构建团队心理

为了了解如何构建团队心理，马文·桑德森与笔者比较了我们所共同研讨的若干团队。我们将最优秀的团队和最拙劣的团队进行了对比。

示例四十四

最佳团队：野外消防员

美国森林消防部门的职责是处理森林火灾。该组织采取"事件指挥"的结构，与部队类似。事件指挥官的幕僚中，包括谋划、执行、后勤、人力资源等各方面的专家。

马文·桑德森驻扎在爱达荷州的一个火灾现场。该地火势迅猛，已蔓延了六个山峰。他观察到，事件指挥官从全国招募了四千名消防员，组建成一个团队。短短几天之内，他们就建立起了工作组织，并派遣他们投入到灭火任务之中。即使在安全稳定的官僚主义背景下，管理四千人所组成的庞大组织，发号施令，开展行政工作，尚属不易。在这里，不到一周的时间，一个组织就已经建立完毕，而且人们对其充满信任之情，不惜冒着生命危险奋勇工作。

他们为什么如此优秀？

经验。他们每个人都经验丰富。我们在报纸上所看到的都是大型火灾，但是在爱达荷州，仅仅每个季节所发生的火灾次数就不可忽视。关于这一点，军队是截然不同的，军人无法频繁地参与战争，只能够通过训练来维持勇武之气，而消防员则可积累起大量的第一手经验。所幸，他们所抗击的对手无法改变策略，也无力购置新型武器。由此，前一年累积到的经验，在下一年仍可发挥效用。顶层指挥官和管理团队更是拥有数十年的丰富经验。

强悍。某些突击队成员全年都在抗击火灾。他们在夏季和秋天的时候奋战在美国西部各州，随后，再转战至澳大利亚和新西兰，在当地夏季和秋季火灾高发期与火灾进行抗争。其消防团队成员一年中有半年都在全美各地从事灭火工作。

稳定。每个核心事件指挥团队，每年都会并肩奋战，而且持续已有数十年之久。这一点与军队系统不同——士兵们每隔几年都会换人。

内部升迁。每一个人都是从底层擢升起来的。每个人都是循序渐进地提升官阶。最底层的团队成员知道他们的长官也是同样一步一步奋斗出来的，所以他们认为长官们了解他们执行命令时的那些微妙感觉。这种相互理解可以给团队成员增添信心，因为奋战在一线的成员从内心深处期待自己的长官技艺更加精湛、能力更加突出。

网络。这是一个联系紧密的集体。大多数指挥官及其团队成员先前都曾有过共事经验——即使来自不同州的消防人员，过去都有可能并肩与大型火灾抗争过。

这些因素结合在一起，构建出了一个冷静而且富有竞争力的团队。尽管短时间内召集起一支大型的力量非常困难，但是指挥官们和谋划者们具备类似的经验，即便当时的队伍规模可能并不令人满意。事实上，每名团队成员都了解自身的职责所在，行动的开展平稳而且目的明确。没有任何精力被浪费掉。需要作出的艰难决定，大家过去也曾经面对过。举例来说，常见的一种决策情境，就是在哪里设立灭火点——用推土机在火场前推出一个半圆形区域，用来消耗火焰燃料，达到灭火的目的。很多人喜欢沿着火线建立灭火点。因为灭火点越小，建立起来就越省力。其缺点是灭火点越小，风险越大；如果风向改变，火焰方向亦会随之改变，那么辛辛苦苦建立起来的灭火点也就失去了效用，这将浪费消防人员的宝贵时间。对于优秀的团队而言，作出这种类型的决策不需要太多时间，只需要考虑到地形、天气、树木特点、树下灌木丛的范围、推土机操作员的熟练程度以及类似的因素即可。

指挥人员每天会碰两次头，协同作出艰难的决策。多年合作之后，团队成员已经知道如何共同作出谋划了。他们无须将时间浪费在繁文缛节上，他们的自我概念强大到能够虚心接受他人的批评，不必遮遮掩掩。他们对于团队士气相关的问题十分敏感。即使有人并不同意指挥官的意见，如果并非必要情况，他们不会在会议上当面对质。更理想的处理方式是私下里沟通相左的意见。他们不会将时间浪费在毫无意义的争执上，不希望其他成员感到团队已然分崩离析了。

还有另外一个因素有助于团队协作的建立，那就是：团队成员知道他们将来还会共事多年。灭火的过程，也不啻为一个在职培训的过程。他们能够抓住这样的机会，让同事去应对先前并未处理过的问题，借此帮助这些同事不断成长。团队领导者不会将表现欠佳的人调走，反而会帮助他们寻找他们能够担负起的责任。这是消防文化的一部分：锻炼继任者的素质，保证团队可持续发展。

不妨将此团队与我们所观察到的最拙劣团队——危机管理团队——进行对比。通常情况下，采用危险原材料的生产企业会建立一个危机管理团队，用于处理紧急情况——火灾、爆炸甚至恐怖袭击。马文与笔者观察了核武器生产企业所建立的若干类似的危机管理团队（该研究受到了美国能源部的资助）。我们研讨了这些团队进行培训练习的情况，却没预料到他们的能力居然如此之差。

危机管理团队之所以军心涣散，其中一个重要原因就是这些团队的领导者必须是公司的行政人员——因为他们需要负相关法律责任。可惜，这些行政人员对于危机管理毫无经验可言。他们每年也就参加几次危机管理培训练习而已，每次练习也只持续一到两天的时间。练习的过程中，他们甚至并未完全了解自身的基本职责。公司确实设有一名安全主管，但是，由于这个岗位并不能增加利润，其职级一般比较低下。除此之外，紧急情况出现的概率也很小。在某些工业领域，从事安全工作的相关人员知道，在自己二十年的职业生涯中，发生一次紧急事件的概率不超过百分之五十。

示例四十五

危机管理团队的反应时间

训练情境如下：一群右翼恐怖分子潜伏进入生产核原料的工厂，并劫持若干名秘书作为人质。危机主管担心这是"围魏救赵"之计，或许还有其他恐怖分子闯进了H区——储存核原料的区域。因此，他告知安全主管，务必确保安保的人数加倍。之后，危机管理团队收到信息，恐怖分子已经侵入了H区。危机主管火冒三丈。他抱怨道，这次培训练习与实际情况并不符合。他刚刚下达了增加安保人员的命令，却无济于事。

笔者审阅了关于这次演练的笔记，随后发现，危机主管下达命令之后的整整三十一分钟，团队才收到了恐怖分子闯入H区的通知。我在头脑中回顾了整个事件发生链条。首先，主管下达了命令。命令传达到H区的相关人员，花费了十分钟。安全主管要不停地接电话。执勤的警卫必须找到小组主管，让他接听电话。命令的确传达到位了，但是接受命令的人当时或许还在谈论其他事宜；举例说明，H区的安保主管想要快速地介绍人质的情况。因此，又过了至少十分钟，H区的安保主管才开始执行命令。执行命令又花费了多少时间呢？他没办法让下属就地"克隆"，加倍安保力量。他要打出更多的电话，协调增加人员，确定哪里的安全形势不那么严峻，再给该处人员打电话将其召集到现场。之后，他还要安排交通事宜，将所有人运送至H区。他甚至还要考虑到恐怖分子开展伏击的可能性，亲自设定往来路线。当时处于一种危险的情境，只有在空闲的时刻，才会有人拿起电话呼叫总部。如此看来，从恐怖分子攻击H区，到电话通报，又要多花费五到十分钟的时间。加起来一共多长时间？至少几个小时。

尽管如此，危机主管仍然因为"自己的命令在三十一分钟之后尚未被执行"而感到惊诧。他认为练习当中存在疏漏之处。显然，他并不知道自己的命令需要多长时间才能得到执行，也不清楚自己所在团队的反应时间。

这次事件让我们想起了一名婴儿伸手去抓一只缓慢弹跳的球。婴儿想要碰到那只球，但是，他的反应时间太慢，以至于当他的小手伸到球的位置时，球已经弹到其他地方去了。所以，婴儿再次伸手，抓向自己眼睛所看到的球的位置，再一次他没能考虑到自己的反应时间。家长看到这样的场景哈哈大笑。这并非一个简单的抓球游戏，而是另外一种游戏，帮助婴儿准确地了解自己的反应时间，借此推断应该什么时候伸出手来。

危机管理团队同样不了解自己的反应时间。结果，它固守着反应的时间水平线，去控制事态。

在这个危机管理团队中，我们还看到了其他的问题。他们对于H区采取了微观管理的方法，依赖于照片捕捉恐怖分子的动向。再一次，他们忽略了接收和发送照片之间的时间间隔，以及思考对策和下达指令之间的时间间隔。整个团队都以照片为基础调动H区的安保力量，反而剥夺了身在现场的人的决策权。这些问题全部纠结在一起。鉴于这个危机管理团队的表现如此之差，训练组织者不得不替换掉危机主管，防止整个团队的士气完全陷入低迷当中。

团队决策的四个决定性因素

以团队心理为比喻，克莱因、扎姆博科以及桑德森选定了儿童发展中的四个特征，并将其渗入到团队的建设中。这四个特征分别是：竞争力、认同、认知技巧以及元认知。图十八展示了这四种特征。同时，它还提供了一整套的问题，可以用于评定团队在某一维度上的成熟程度。我们发现，这个理论框架在评价团队建设水平方面非常有效。

团队竞争力

新生儿除了条件反射之外，几乎没有任何"竞争力"可言。随着时间的发展，他们才慢慢地学会如何自如地使用自己的手臂和手指以及其他身体部位。他们要经过大量的练习才能学会如何抓住物体、推开物体、快速靠在椅背上，这样爸爸妈妈才能给他们系上安全带。团队，同样要受到其成员竞争力的限制。任何对于团队能力的评估，都必须考量到个体的能力等级，尤其在团队成员更换频繁的情况下，更应如此。

每一个人实际上都在制约着团队其他成员的竞争力。

团队同样还依赖于共通的行为习惯和日常守则。成熟的团队在履行其基本职责时，一切都应当如行云流水般顺畅。

团队认同

新生儿并不了解自己的身体和外部世界的界限之所在。他们并不知道自己长有手臂。他们看到手指状的物体在自己眼前来回晃动，却不知道自己可以直接控制它们。同样，我们观察到，欠成熟的团队也并不知道自己能够控制什么。团队成员本身仍然在学习自己的职责范畴。更高等级的团队则完全解决了这一问题。团队成员们既思考自身的职责，同样也会考量整个团队的任务。

假设你向欠成熟团队的成员解释全局目标，他很可能回答："别跟我啰唆这些了。只要告诉我你希望我做什么，我把事情做完，就行了。"与之相比，在经验丰富的团队中，每一名成员都会尽力去了解整体的目标状态是什么。他们意识到，自己可能要去助他人一臂之力，以寻求协助，或者要暂时以团队的目标为先——即使这意味着需要暂时放下自身的职责。经验丰富的团队拥有整齐划一的认同感，成员们会以自己与团队的关系来界定自我。不成熟团队的认同感则支离破碎，眼界仅限于个体的任务，忘记了

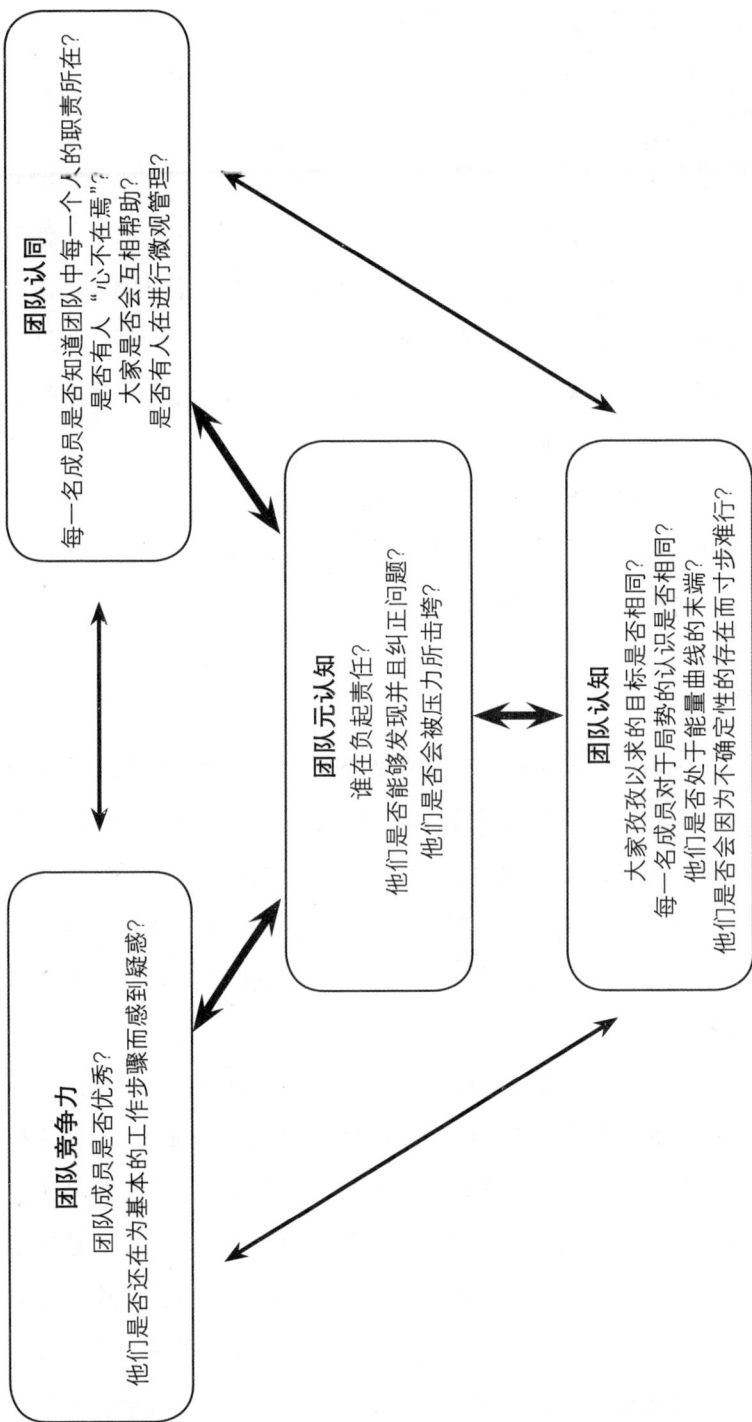

团队认同

每一名成员是否知道团队中每一个人的职责所在？
是否有人"心不在焉"？
大家是否会互相帮助？
是否有人在进行微观管理？

团队元认知

谁在负起责任？
他们是否能够发现并且纠正问题？
他们是否会被压力所击垮？

团队认知

大家孜孜以求的目标是否相同？
每一名成员对局势的认识是否相同？
他们是否处于能量曲线的末端？
他们是否会因为不确定性的存在而寸步难行？

团队竞争力

团队成员是否还在为基本的工作步骤而感到疑惑？
他们是否在为基本的工作步骤而感到疑惑？

图十八　高级团队决策模型

团队整体的职责之所在。

认同感的产生是一个缓慢的过程。首先，团队成员必须了解自己的工作。之后，他们必须理解团队整体所进行的事业。接着，他们必须掌握如何自如地协调工作、互相合作。最终，在掌握了基本素质之后，他们才可以抽出注意力来关注团队整体所面临的挑战。即使团队成员经验丰富而且曾经在其他团队中任职，想了解每一名同事的特征仍然需要花费一定的时间。团队认同的成长，会持续很长一段时间。

在团队没有建立起足够的认同感时，成员们会对每个人的角色和职能——每个人负责什么——感到困惑不解。某些团队成员会处于悠闲的状态，而让其他同事担负起职责。有一些团队成员或许会不顾其他人的需求，结果有可能会导致在某一成员陷入困境时，没有人伸出援手。在某危机管理团队进行练习的过程中，安全主管及其两名助手的工作压力过大，需要不停地打电话，协调整个工厂的工作。邻桌的公共关系部门成员，则坐在桌前无事可做，直到几个小时之后，才有人意识到应该帮助安全部门的人打一下电话。

在团队没有建立起足够的认同感时，其领导者很可能被低层级的任务吸引住注意力，无法去理解当大家全部履职尽责时将发生什么。为了形象地说明微观管理的问题，我们再次举一个危机管理团队的示例。

示例四十六

对公司的贡献尚不如一名秘书的危机管理者

公司刚刚建设了一个新中心，内部设有电脑、指挥桌以及其他相关设备。管理团队就在这个新中心开展了一次演练。危机主管坐在主桌前，同桌另有四名负责安全、执行以及相关事务的员工。演练期间，主管突然想到要马上着力实施某一行动。他亲自打电话，请求附近的美国空军基地派出直升机进行支援。他没有告诉任何人自己正在做什么。相反，他离开主桌，来到秘书所坐的位置，当时，秘书正在向电脑系统中输入信息，通知所有人关键的事项。主管自己写了一下直升机相关的信息，并将其交给秘书。之后，他站在秘书的身后，监督其是否有出现打字错误。

危机主管并没有达到履职尽责的要求，其他团队成员在需要帮助的时候，并没有办法向他请示。他甚至连一名秘书都不如，后者至少可以输入信息。在打字并且修订直升机相关信息的这段时间，他只不过是一名秘书助理而已。

即便经验丰富的团队，也曾经历过成员角色及成员职责混乱不堪的情况，他们也了解其严重后果。一位在都市区域任职的消防指挥官告诉我们，他每次救火的时候都会随身带上一个牛奶箱。之所以这样做，是因为在他刚刚升任指挥官时，总是情不自禁地跑去帮助别人，冲到火灾现场，着手救援工作。当然了，这就导致在他离开自己本来的位置之后，如果有决策需要完成，手下的团队成员根本不知道去哪里找他，时间都浪费在"找领导"上了。他逐渐意识到作为上级应该怎样指挥他人，也认清了自身职责所在。他了解到了自己冲动的个性，因此，作为一种历练，他总是带着牛奶箱，将其作为自己的基地，督促自己一直守在箱子四周。他会坐在上面，站在上面，一只脚踩在上面，无论如何绝不远离牛奶箱。他逐渐了解到了自己在团队中的职能所在，也了解到了自己应该如何最大程度地配合他人工作。

团队认知

倘若想区分较高层级和较低层级的团队，只需提出几个关键问题即可。

第一个问题是团队如何描述其目标及意图？答案在本书第十三章中曾有详细介绍。

第二个问题是团队对于情境理解的一致程度如何？这个问题当中也涵盖了"团队成员是否拥有发表不同观点的机会"、"团队是否会将这些观点进行汇总"以及"能让成员们了解指导工作的前提条件包括哪些"。某些团队会采取额外的工作措施，随时通知成员们情境的变化情况。

第三个问题是关于时间水平线。团队会付出多大程度的努力来思考可能遇到的问题并且未雨绸缪？某些团队过度关注眼前的事物，难以发挥效能。示例四十五"危机管理团队的反应时间"就告诉读者，如果仅仅跟随事态而不提前准备，将发生什么。

第四个问题是团队如何处理不确定性，如何随时掌握漏洞及模糊的情况？若团队总是要将所有的信息收集完毕才展开行动，那么"机遇之窗"早就已经关闭了。有鉴于此，优秀的团队会学习如何与不确定性共处。另外，他们还会每时每刻警示自身所作的前提假设及猜测，以防出现错误。

至此，我们一直在关注团队的谋划工作。一旦计划实施之后，团队的优先事项就会随之发生变化。现在，团队需要每一名成员都去追求共同的目标，并且确保众人对于眼前情势的理解相互一致。

识别出情境是非常重要的，团队也需要付出努力，来交流每个人的识别情况，以形成共识。情境知觉会整合到目标的本质当中去，而团队也必须通过一定的措施来沟通意图。这其中关键性的线索极其重要，团队必须安排合适的人员，去寻找这些线索，并且对其进行解释和沟通。此外，在某些成员埋头执行任务的时候，还必须有人"抬头"向前看。最后，团队还必须处理不确定性这一问题，并且可能要调和相互冲突的观点——虽然每一名成员都对自己的认知感到信心十足，但他们可能会跟其他成员意见相左。

团队元认知

所谓"元认知"，指的是对"思考"本身所进行的思考。此概念出自儿童的相关研究，用来描述儿童如何反思自己的思维策略。婴儿能够了解自身在记忆方面所存在的局限，并且为了克服这些局限而掌握若干策略，譬如，在不确定自己能够理解某段文字的时候，知道何时再重读一遍。儿童只有在其行为足够稳定、可以预测将要发生什么并且采取必要步骤时，方可发展出优秀的元认知能力。元认知依赖于清晰的认同感。

与个体相同，对于团体而言，元认知也属于一种重要的发展成分。一个团队应该了解自身的能力大小，获取强烈的认同感，并且对情境产生一致的理解。在这些意识产生之后，团队方可监控自身的表现，通过策略的选择，来规避缺点，发扬优势。

看着婴儿不断成长，其乐趣之一就是了解孩子如何掌控思想、"摆弄"不同的概念。儿童认知发展的关键主题之一就是控制思维流。

这一点同样适用于团队。掌控思维流的能力高低，是区分不成熟团队和成熟团队的分水岭。不成熟团队的成员很难产生有价值的思想，通常情况下，其所提出的思想都会让团队无所适从——某些有用，而某些则无关紧要。时不我待，团队必须迅速掌握所有相关的情况。不成熟团队的成员有可能激动地将自己所了解的情况告诉其他人，却没有思考这些话语是否适用于眼前的任务。经验丰富的团队则更加小心谨慎，他们会汇总其他人的意见，并且在所有的信息之间建立起联系。他们会在恰当的时机提出新的视角，同时又小心翼翼地不偏离主题。在团队的决策会议上，所有这些想法都必须予以处理。如果处理对象过少，则最终的结果将令人失望。如果对象过多，则又超出了团队的承受范围。

这就是团队心理的能量所在：创造出新颖并且出乎意料的解决方案、行动选项以及解释方式，汇总所有团队成员的经验，"生产"出优于每名独立个体能力的优秀"产品"。

这一过程之所以如此困难，是因为没有人能够事先预测思想将在何时出现、又会以什么样的方式互相组合。没有人能够了解每一个人的所思所想。没有人能够确定团队成员将提出哪些建议或者经验之谈。团队的思想取决于当天谁露面了、谁感到警觉、谁又昏昏欲睡、谁全神贯注、谁又心不在焉、成员们说出了哪些思想、这些思想出现的顺序以及这些思想结合的方式。倘若不同的思想被表述出来，或者以不同的方式结合起来，那么任何会议都可能走上不同的方向。团队尽可去控制思维流，令其前后一致、互相联系。可惜，即便是优秀的谋划团队，也难以控制其思维流，因为没有人能够事先知晓尚未发生的事。

仅仅关注利弊的权衡还不够。团队如果遇到困难，还必须改变其工作方式。请阅读以下示例，其选自北加利福尼亚州一场大型森林火灾中，我们对一位事件指挥官的访谈。

认识到自己不应该"攻"火的消防员

大火的熊熊之势是所有人未曾目睹过的，已然完全失控。指挥官们召集起各单位的消防人员，做好前期准备之后，即将他们派遣到全州各处。但是，消息一条接一条地传来，没有哪个团队取得了实质性进展。

指挥团队召开会议，讨论工作中存在的疏漏之处，他们意识到，问题在于他们一直在"攻"火，而他们真正的职责应该是"灭"火。可惜，所有人都没能成功灭火。

他们决定，停止与全州的火势进行"对抗"。他们罗列出所有的火情，选出其中凭借现有资源可以最轻易扑灭的一个。随后，又选择第二容易被扑灭的，以此类推。通过这种方式，他们将消防员派遣到最容易产生业绩的地方。终于，他们能够各个击破地扑灭火势了。

这种策略上的转变并不轻松。最困难的一点在于任由大火燃烧。消防人员一直在努力遏制火势。现在，森林消防部门却告诉他们，就让大火肆虐燃烧，他们要被派遣到其他的地方。这会让人感到自己被"背叛"了。

还有若干火场整个秋天都在燃烧，并持续到冬季。某些火场，譬如克拉马斯地区，则势头迅猛，春天到来时，竟然死灰复燃。这一次，消防人员有时间和精力着手处理当地最顽固的火情了。

与野外消防人员不同，绝大多数团队都难以克服自身存在的问题。有时候，团队甚至会在相反的方向上越走越远，由于想掌控一切，反而束手束脚。为了详细介绍不懂得如何管理自身的团队，我们再一次请出笔者最喜欢的批评对象：危机管理团队。

热衷于召开核心会议的危机管理团队

　　很显然，团队的情况已经失去了控制，危机主管下定决心，希望"拉紧缰绳"。他通知团队，为了确保每一名成员都掌握工作情况，将定期召开核心会议。他的策略听起来似乎合情合理，可惜，他并不知道自己做了什么。

　　演练情境的前三个小时中，局势持续恶化，危机主管站起身来大声地宣布"开核心会议"，结果打扰到了所有忙前忙后的人。平均计算下来，他每隔九分钟就要召开一次核心会议（笔者为他计算过时间）。雪上加霜的是，他任由会议偏离主题，而且连会议结束也不宣布一下。员工们就又开始做手头上的工作了。

　　任务最艰巨的当属安保部门。他们一直在拨打电话，尽力争取跟相关人员开展对话，但是成功的概率很小。正当他们拨打电话时，主管召集人员召开核心会议，大家只好挂断手中的电话。之后，主管会询问他们是否跟某某人通过电话了，他们坦诚地表示尚未接通，结果，主管会申斥他们，并且为了监控他们的工作进度，召集更多的核心会议。

　　某些情况下，领导者在监督团队进展、诊断问题以及采取纠正措施的过程中，会不断受挫。我们曾经就见证过领导为逃避职责而采取的各种各样的方式。

消失不见的领导者

　　团队的职责是制订出一份为期两天半的工作方案。问题出在有两三名成员坚持主导讨论过程，其他成员则被忽视了。雪上加霜的是，讨论进行得异常混乱，某些成员只得起身而去，到隔壁房间参加其他会议。团队领导者因为自己无法维持秩序井然的气氛而不断受挫，但是，每到大家自由发言的时间，他又是那个言辞最为固执的人。

最后一天，按照计划，我们本应上午开展工作，午饭后做情况简报。上午的会议与之前没什么差别。大概十点的时候，我们休息了一会儿，之后重新集合，进行最后的讨论。我们等待着领导者，可他一直没有露面。一种猜测是他回到自己的房间休息去了。我们给宾馆打电话询问，但是他已经退房了。另外一种猜测是他在宾馆外面散步，却被打劫了。倘若真是这样，那么他的行李应该还在宾馆。我们查证了一下，发现他的行李也不见了。第三种猜测是会场上有人无法忍受再继续讨论下去，因此谋杀了他。这个假设也具有合理性，至少动机令人信服，而且谋杀嫌疑犯还很聪明，知道要把行李藏起来。第四种猜测是他已经无法忍受，因此在没有通知任何人的情况下，自行飞回了加利福尼亚。这就是实情。

这种情况下，需要正确使用元认知来改变团队工作的方式。但是领导者并不知道如何提供元认知。持续出现的干扰和"摆姿态"，让众人无法努力协作，也使得大家无法找出理清讨论思路的方式。

图十八中，四种要素之间通过若干箭头相连。而元认知的核心功能之一就是探查团队协作中的其他方面（竞争力、认同以及认知）所出现的问题，并且做出调整。竞争力之所以与团队认同相互联系，是因为只有在团队达到一定程度的能力等级之后，方可使成员认同整个集体所采取的行动；随着团队构建出强有力的认同感，团队成员之间才会互相监督，帮助彼此，以实现团队目标。竞争力之所以与团队认知相互联系，原因在于前者是一个限制性因素，只有团队成员掌握了基本的工作步骤，才能将足够多的注意力放在重要问题（如情境知觉）上。随着他们对于时间水平线和不确定性的掌控更加自如，他们会发现自身对于基本工作步骤的执行也更加平顺。而团队认同之所以与团队认知相互联系，则是因为强有力的认同感可以帮助团队确定众人的目标是否一致，对于情境的知觉是否相同。随着团队的认知过程逐渐成熟，个体的认同感也将更加强烈。

我们可以利用上述关于团队心理的思想来分析"美国海军文森号误击

客机"的神秘案例，本书第六章中曾对该事件进行过详细介绍。舰长正在水面舰艇上监控战斗情况，此时，一架空中客车飞机靠近了。在关键时刻，舰长问道："4474目标在做什么？"他所使用的追踪号码是先前与空中客车绑定的，实际上该号码已经换成4131了。某些船员将"4474"输入到电脑当中，发现当时使用该号码的目标正在下降高度。其他人使用了新的号码，4131，则发现飞机正在上升。随后，在充满疑惑与含混的情况下，舰长作出决定，击落未知飞机。

在此过程中，某些事情没有发生。当舰长询问"4474目标在做什么"时，没有人纠正他。某些舰员知道追踪号码发生了变化，但没有告知舰长。如果他们说出口，则最终的决策或许会迥然不同。结果，追踪号码的误用，仅仅停留在潜意识层面，没有人对其进行细致思考。导致此次事故的原因过于复杂，我们无法从中单独选出一个，就认定它是团队协作出现失误的罪魁祸首。但是，至少是因为没有人纠正舰长的错误，才使得一半的舰员都误以为飞机正在下降。

之所以没有人纠正舰长，原因很多。或许，没有人意识到舰长犯了错误；或许，知道舰长犯错的人并没有意识到误用追踪号码的后果；更有可能的一种情况是，有人意识到了错误所在，但是鉴于美国海军中"不可纠正上级军官"的文化传统，而没有吭声。过往的海军事故记录中，确实存在因为下属不敢纠正上级错误而导致事态一发不可收拾的案例。

"团队心理"这一概念的目的就是帮助我们在不被任何个体干扰的情况下，去审视团队。或许，团队的领导者并不优秀，但如果其他成员能够予以弥补，则工作也可圆满完成。又或许，团队虽然坐拥众多杰出人才，但是他们因为执着于争论而无法完成任务。在评价一个团队时，我们可以自行分析其成熟程度。倘若将团队比作儿童的话，我们可以询问那名儿童的发展程度如何？他对基本工作的掌握仍然不够熟练，还是已经完全丧失信心了呢？他能清晰地进行思考，还是说因为思考的内容而磕磕绊绊、无法忍受呢？他足够了解自己的工作方式，还是根本不了解呢？将团队视作一个有思考能力的有机体之后，我们可以通过全新的视角去欣赏其所富有的能力。

避免掉入团队心理的陷阱

团队心理通常以"意外"的方式进行运转。换言之，那些不会一味地追随某一思想，而且以行动为导向的团队，也并不总是清楚自身所采取行动的原因。"混乱"这个词，指的是我们所观察到的团队，其思维方式在通常情况下都并非系统性的或者可以预测的。他们的思想和信息流难以预测，他们错误地认为自己可以掌控思想、掌控自己的行动，事实上，有些时候他们甚至连那些最基本的统领团队的思想都无法掌控。

无法预测的思想

除非团队领导者刻意召开一次会议，否则，事先就预测出哪些思想将在会场上提出来几乎是不可能的事。能够进入集体意识的仅仅是所有团队成员思维中的一小部分内容。还有多数优秀的思想从来就没有机会表述出来——这些优秀的思想倘若能够加以结合，就可以实现振奋人心的大突破。没有哪名团队成员能够知道其他成员所没有说出口的话，因此团队并不知道自己的损失在哪里。

无法预测的注意流

在绝大多数操作性情境下，团队都会受到各种类型的打扰，从而导致注意力分散。在胡德堡进行观察期间，马文·桑德森针对一次长达五小时的谋划会议撰写了一份脚本，并且计算了其中一种元素或思想之后出现相关元素或思想的次数。在他所认定的六十四个段落转折点中，只有五个（百分之八）被评定为"自然转折"。此外，二十六个转折可以判定为"尚属讨论背景之内"。超过一半的转折（三十三个）都没有做到前后连贯。最常见的类型"与背景无关的问题"出现了十九次（占到百分之三十）。谋划会议之所以转折到全新的无关课题，有很多无关紧要的原因。有些人在接到电话或者短信之后，就指出之后的简报中要增加透明度，随后，讨论的议题就转向了"在何处增加透明度"上。更重要的是，马文发现，即使在中途插入的议题被解决之后，团队通常也不会返回到先前的话题上，反而会开始讨论又一个新议题。讨论的流向受到人们所提出建议的随机驱动，无法严格遵循议程安排。

能够掌控自身思想的错觉

通常情况下，当团队成员进行事后回顾时，他们会认为内部之间的交流是前后一致、指向明确的。由于他们已经知道团队最终所采纳的行动方案，因此，他们就会不自觉地追踪作出决策的路径，编造出情节清晰的故事。尽管如此，作为观察者，我们可以目睹他们费心去设定行动方案、作出决策、选择工作方法的过程，也因此了解其中出现的疏漏、磕绊以及令人困惑的情况。

干扰

即使外部没有干扰，团队自身也会出现相互打断的情况。某名成员也许刚刚阅读到一篇非常有趣的文章，急于跟他人分享；另外一名成员则很想知道怎样填写新的时间表格。

这一过程与"自由联系"相类似。人们通常认为，下一个人的发言应该与上一位的观点存在一定的联系。短期来看，成员的确会在自己的发言与上一位的发言之间，寻找并且填充两者之间的联系。但是，这些联系可能差异巨大，而且贫乏无力。团队成员经常不知道怎么突然就开始讨论某一问题了。在不成熟的团队中，即使事先制定了会议议程，也很难保证讨论不会偏离正轨。

能够掌控自身行动的错觉

通常，在我们所观察的团队中，都会有人——通常是领导者——在会议结束之前宣布："好的，我觉得集体讨论的时间已经够长了。现在大家着手实施吧。"可惜，某些情况下，这些话语是在大家根本未就行动方案达成共识时讲出的，这令我们感到错愕。尽管如此，会议成员们还是会心满意足地收拾好自己的办公用品，准备大干一场。事后询问起来，他们根本就无法清晰地描述出工作目标。一旦工作开始之后，大家都会从别人的所作所为中寻找线索，临时进行调整和协调。之后，当领导者看到属下所取得的成果之后，大家又会编造"故事"，以显示所有人从头到尾都是朝着现有成果而努力的。

神经生理学的研究表明，即使在无法控制自身思维的情况下，个体仍然会误以为自己拥有掌控能力。为了详细说明这种"自认为能够掌控自身行动"的错觉，请参看以下示例。

如果个体会误以为能够理性地掌控自身的行动，那么团体出现同样的情况也就不会让我们感到惊讶了。

示例五十

理性的错觉

神经心理学家迈克尔·哥扎尼格曾经开展过一项科学研究，其研究对象是一群癫痫症状特别严重的患者，为了控制病情，医生切断了这些病人双侧大脑之间的连接部位，借以阻止癫痫的痉挛发作在两个大脑半球之间循环传递。

每名病患都单独参加实验，哥扎尼格首先会向投射到病患大脑右半球的视野呈现一张手写纸条，纸条的内容是请病患做一些简单的动作，譬如"起立"或者"踱步"等。接下来，哥扎尼格再将纸条呈献给大脑控制言语的左半球，请病患解释为什么他们要四处踱步。结果，病患无一例外地会编造一些答案，譬如"我就是想伸展一下大腿"或者"我感到渴了，要去拿一杯可乐"。大脑左半球并不知道自身行动的真正原因，但是毫不犹豫地编造了一个合理的借口。一种解释是人体大脑中存在着某种"理性引擎"，其职责就是观察我们的行为，并且推测其理性原因之所在。

掌控着团队的思想

经验丰富的桨手都知道一种现象，他们称其为"摇摆"，也就是四名或者八名桨手在同一时刻划水，感觉船马上就要飞出水面一样。这时候，桨手们不再担心个人的行为，转而尽力去协调每个人的动作，获得这种一致性的能量，恰似将光束聚焦成一点，形成激光一样。

在团队会议的开放式发言阶段，每个人都要准备演讲。有时候，会发生这样一种情况，那就是某一观点捕捉到了所有人的注意，并且成为后续讨论的焦点。我们或许可以说，这一思想"捕捉"到了团队。它让整个团体的观念趋于一致。虽然该情况一般不会维持太长时间，甚至在绝大多数会议中根本不会发生，但是它一旦出现，就可以帮助我们一窥团队的心理。

个体心理的真相

笔者之前一直在使用个体心理的概念去理解团队决策过程。现在，我希望利用研究者对于团队的理解，以团队互动作为思维的比喻对象，来更加深入地探讨个体的思维。

读者读完本书后，如果加入某一社团或者参与团体讨论时，不妨将其视作从内在了解自身思维过程的一个良机。种种混乱、意外、受到压制的思想、随机出现的联系、意外发现的"珍宝"……这些全都会发生在你自己的头脑当中。你之所以不会意识到这一点，是因为人类无法体会到大脑当中所有的波动。我们无法知觉到自身压抑的思想。通常情况下，人类的思维看似井井有条，目标明确，毫不拖泥带水，但认真观看团队进行思维的过程后，我们会察觉，这种复杂的思维过程或许最接近我们大脑中所发生的复杂情形。

上述所有团队认知的"意外性"特征，也都适用于个体心理，与我们自己的思维方式拥有相同的特点。现在，我们终于能够欣赏到新思想的形成是多么具有偶然性。我们能够理解，为什么在对整体局势没有一清二楚的情况下，人类就产生了相应的思想、采取了相应的行动。我们能够明白，不同的思想在大脑之中安静地齐头并进，直到其中一部分上升到了意识层面。我们能够看到，诸多思维"航线"甚至无法获得个体的知觉。

[**实际应用**]

研讨"团队"以及"团队心理"概念的动力就是要形成开展相关培训的思路。我们发现，在很多组织中，培训是并不具备连贯性的，这一点在美国国防部体现得尤为明显。某些高级军官坚持认为他们已经提供了优秀的团队培训，其他人则坦承培训当中仍然存在弱点。在努力找出这种"观点不一致"的原因的过程中，我们发现答案是：对于团队培训的无知。

团队培训需要涵盖特定的过程：

一、在给定条件下，确定团队需要掌握的一系列职能与工作程序（如"如何沟通意图"、"如何取长补短"等）。

二、评价团队在给定条件下对于职能和工作程序的掌握情况。

三、确定工作中的弱点所在。

四、以量身定做的练习作为形式，开展特定的培训，借以传授经验或者克服缺点。

不满意于现有培训的军官们知道，满足上述标准的培训从未开展过。却没有人沉下心来思考团队为什么表现欠佳，更没有人设计出全新的练习情境以培养官兵必须的技能。

满意于现有培训的军官们认为，他们针对官兵必须开展团队协作的情境，提供了相关培训。假如团队分崩离析，观察员或许会评价众人糟糕的工作结果，却忽略了团队内部出现的问题。这些军官并不知道，如果深入探讨团队的策略或者竞争力，将大有收获。他们并不知道自己不知道这些事，因此他们也无法意识到工作当中的疏漏之处。

笔者曾经在陆军战争学院演讲，建议该校应该如何调整训练工作，以开展目的性更加明确的团队培训。一位少校教职人员对我的观点表示异议。他追问道："你凭什么宣称我们并不知道如何开展团队培训呢？"我回答了他的问题，然后完成了我的演讲。最终，他仍然不希望做出任何改变，但是他的理由发生了变化。他说道："你凭什么认为我们能够评价这些团队协作过程呢？我们这所学校根本无法满足各种前提条件的要求。"

在研讨过不同的领域之后，我们意识到，许多现存培训练习之中已经涉及了团队的方方面面。我们可以很轻松地加入额外的材料，并且将其转化为指导团队培训工作的机遇。借助这些既有的培训练习，我们可以提升团队开展决策的能力或者帮助团队熟悉任务本身的特征。

这些项目中包括了卡洛琳·扎姆波科所负责的团队决策培训（该项目受到陆军研究学院的资助）。我们的合同监控员欧文·杰克比，希望我们借助团队心理的相关思想去培训高级军官。我们的合作对象是隶属于华盛顿特区美国国防大学的武装力量工业学院。该校主要负责培训军衔为中校（美国陆军和空军）以及上校（美国海军）级别的军官。卡洛琳设计了一个团队决策的高级模块，被武装力量工业学院所采纳。在她的领导下，我们以图十八中的理论框架为基础，将初始的思想转化为一系列重要的维度和关键的行为。这一高级团队决策模型，已经成为学院在教授战略决策的过程中所使用教材的一部分。教员们希望学生能够实地观察团队如何开展行动并且做出调整。该模型也可以帮助学生预期即将面临的困难，采取必要的变革措施，提前着手进行准备。

我们还将这一团队决策模型应用到其他领域，譬如，由核电厂建立起来的危机响应组织。按照美国核管理委员会要求，所有的核电厂都要建立危机响应组织，并且必须定期接受检查。危机响应组织的成员在核电厂中都另有其他主要的职务，通常只有在演练时才会集结在一起。

1995年，杜克电力公司雇佣克莱因联合公司，研讨其旗下一家核电厂危机响应组织的团队决策过程。戴夫·克林格重点负责这一项目，并且配了一位独立的顾问人员道格·哈灵顿。他们不仅使用高级团队决策模型作为诊断性工具，还观察了响应组织的演练情况，并采访了各关键岗位的人员（由于危机响应组织必须随时集合，因此每个职位都配有数名人员同时担任）。

　　存在的一个突出问题是成员们并不了解自身的角色和职能，而且对于情境知觉也无法达成共识。戴夫和道格与团队共同重新设定了角色和职能，还重新设计了危机响应组织工作区域的布置。另外一项变革就是在演练行动后开展访谈，借此更透彻地了解团队决策过程。在该项目中，我方共提出了超过五十条变革举措，涵盖了组织架构、工作流程、应急中心的物质环境等多个方面。

　　在此项目实施的十几个月期间，戴夫和道格大幅削减了应急中心的人数。起初，一间屋子里塞了八十多个人。由于工作负担繁重，因此杜克电力公司认为他们需要多安排一些人手，但不知道如何分配职责。戴夫和道格则发现，从某种程度上来说，工作负担繁重的原因恰恰就在那些无关紧要的人员身上。于是，他们砍掉了若干助理和无关员工的岗位，结果团体的业绩反而上升了。项目结束的时候，整体人员数已经降到了三十五个，工作负担非但没有上升，反而有所下降。

　　除了精简人员之外，电厂经理和应急谋划主管决定，在核管理委员会观察员莅临年度演练之前，就着手推进重大的变革举措——不再进行事先预演。对此，我们感到非常紧张。按照以往规律，鉴于先前电厂表现欠佳，很有可能需要将演练次数从每年四次提升至每年六次（每次演练的花销在二十五万美元到五十万美元之间），而且每年还要接受一到两次的正规测评（每次测评的花销在五十万美元到一百万美元之间），花费如此巨大，因此电厂的人员非常希望改革能够成功。

　　他们决定改变工作房间的布置，将必须互通信息的工作人员安排在一起。他们移动了状态显示板，这样一来，坐在指挥桌前的观察人员就可以随时掌握相关信息。他们重新设计了显示板、着重突出工厂状态、工厂内的团队状态、团队一起工作的状态、最新发生的事件以及目前的当务之急等信息。在先前的演练中，状态显示板往往被人忽视，如今却可以在情况简报的过程中用于介绍现存问题以及处理手段。另外一项重大的变革就是界定团队领导者的预期内容。在演练过程中，启动应急中心之前，危机主管需要在指挥桌前，提醒每一名团队成员应该预期到哪些情况，哪些情况无须进行预期。这就将团队置于一个不断向前看的位置，防止由冗余、模糊以及毫无意义的任务和信息所带来的拖累效应。

这些举措效果如何呢？在诸多方面，电厂员工的工作面貌都焕然一新了。办公室内显著地安静下来。大家都感觉新一次演练中面临的问题要比上一次演练简单，但是实际上这次演练的挑战性更高。团队成员之所以认为演练变得简单，是因为他们已经获得提升，不再各行其是。在看到团队的表现之后，核管理委员会削减了该电厂每年需要进行演练的次数，降至每两年一次，并且对上一次该厂的失败表现既往不咎。现在，该电厂已经成为危机响应组织建设的典型示范单位。

● 团队是一个智能整体。

● 团队认知可以从以下三个来源进行推测：团队的行为、团队的集体意识以及团队的潜意识。

● 团队心理体现出一些我们所熟悉的特征：其工作记忆容量有限；必须永久性地储存若干信息；注意广度有限；可以同时处理若干信息，且其依赖于信息的筛选过程。

● 团队心理可以发展出基本的竞争力与日常守则，让团队成员形成清晰的认同感，学会如何管理思维流，并且掌握如何监控自身从而在必要情况下进行调整。

● 团队心理的相关思想可以帮助我们理解个体的思维方式，包括思维的"意外性"本质。

SOURCES
OF
POWER

The Power of Rational Analysis and
the Problem of Hyperrationality

第十五章

理性分析的力量

"超理性"的困扰

"超理性"是一种心理混乱状态，它指的是个体在处理所有的决策和问题时，冀图使用纯粹的理性途径，而且仅仅依赖于逻辑分析和推理分析的方法。其初始阶段经常被误以为是批判性思维的健康发展过程。之后，人们才会发现，由于缺乏坚实的、实证性的或者逻辑性的支撑依据，个体居然丧失了采取任何行动的动机，其最终结果就是因为分析而麻痹无力、束手缚脚。

为了理解超理性所带来的困扰，我们可以使用生理疾病来作为类比。请读者试想两种能够损害视力的疾病。其中一种眼部疾病是黄斑变性，也就是中央凹和视网膜的中央区域受到损伤。中央凹位于视网膜中心位置，内含锥体细胞，负责眼球的精细分辨功能。当我们仔细观看一件事物的时候，实际上就是在将中央凹对准该物体。笔者曾经认为，这就是视觉损害领域内最严重的疾病了。我能够想到这种眼盲所带来的困扰。每当个体去盯住一件物体时，都需要将其置于视野的中心位置，结果影像反而消失了。第二种眼部疾病叫作色素性视网膜炎，意味着边缘视觉的损伤。我曾以为，这种疾病并不如黄斑变性那样严重，试想有哪个人需要过多的边缘视觉呢？

事实证明笔者的观点是错误的。色素性视网膜炎是更加令人痛不欲生的一种疾患。为了理解原因所在，请伸出你的手臂，尽量伸直。抬起拇指，盯住你的指甲。此时，整个指甲区域就是被中央凹所捕捉到的视野。其他部分则属于边缘视野。倘若你失去了边缘视觉，那么，你的两盏"聚光灯"

就只能无穷无尽地摇来摇去，每件物体、每个方向都需要费力定位。没有了边缘视觉，个体甚至都无法安静地坐下来读书，因为只有边缘视觉才能够指引眼球的运动。

超理性就像是色素性视网膜炎，其所包含的全部思维过程都仅仅动用了一种力量之源：开展理性分析的能力。本章中，笔者将审视超理性这一主题。但是，我不会全然陷入"右脑—左脑"、"整体—线性"等对比的窠臼之中。这样做通常意味着我仅动用了自己的右脑，喋喋不休地嘲笑只会运转左脑的人。这是毫无意义的。除此之外，设若没有逻辑性的思考，本书也不会出现在读者眼前。

肯尼斯·泰南，英国散文家、制片人、戏剧作家，曾经提起过别人给他指出的一条建议"在辩论中，永远不要站在'反智'的一边。你将发现，那些为你欢呼的人，恰恰将是你所厌恶的人"。理性分析是智慧活动的里程碑，也是一种非常重要的力量之源。我们并不鼓励读者朋友作出不合理的冲动型决策。

本书的主题是"经验式"的力量之源。本章会将其与"分析式"的力量之源进行对比。人类运用直觉和模式匹配的能力来源于自身经验。人类运用心理模拟的能力，取决于开展心理模拟所需的知识与经验。与之相比，我们针对情境进行分析的能力，则需要独立于经验之外的理性思维。统计学家、逻辑学家和决策分析家不论面对任何领域，都可提出指导性意见。

理性分析的本质

理性分析是一种专业化的、较强大的力量之源，在多数任务中，它扮演着受限的角色；在一部分任务中，它占据着决定性的角色；某些情况下，则完全没有扮演任何角色。理性思维就如同基于锥体细胞的中央视觉，为人类提供了精细分辨的能力，但是它无法完成朝向的判断，在夜间亦无法发挥作用。"分析"帮助人类分辨出了不同的思想，而"计算"则让我们在嘈杂的数据中寻找到趋势所在。我们需要边缘视觉来判断在哪里可以应用

"分析"和"计算"。

理性分析降低了重要行动选项被忽略的概率。它使得我们可以在诸多选项当中进行广泛的搜索，而不是在少数选项之间进行深入的搜索。与其他力量之源相比，它更接近于从不犯错的决策方法。而且，它使得决策者可以充分使用陈述性的知识。

没有理性分析，人类就无法在科学和技术领域做出激动人心的重大突破，也无法制造医药界及其他学科领域的奇迹。"决策树"与"成本—收益分析"的确能够理清复杂选项的意义，但是理性分析亦存在着若干局限之处，这将让人们感到惶恐。不论怎样，如果分析属于力量之源的范畴，那么它必然会存在一些局限和边界条件。

在英文中，"理性"（rational）这个词源于拉丁语词根"ratio"，意思是"作出估计"。为了用"估测"——或者说"计算"——的方式，进行思维活动，我们需要做到以下几点：

● 分解。我们必须分析一项任务——将任务、思想或者论点分解为若干小单位。如此，方可针对它们开展各种形式的计算。了解如何将某物分解为其组成成分，本身就是一种不可忽视的力量之源。

● 去情境化。由于情境会增加模糊性，因此我们必须找出那些独立于情境之外的单元。我们希望将情境中的重要部分表征为额外的事实、规则以及元素。为达此目的，我们需要寻找到一种表征世界的形式方法，将世界看成一种表征、一幅图画、一个模型。我们会着力构建起理论和地图，借此指代对于任务或者仪器设备的理解。

● 计算。我们会将一系列"形式过程"（formal procedure）应用到各元素上，譬如，演绎性的逻辑规则与数据分析。

● 描述。所有的分析与表征，都必须接受公开的检验。

追随这些规则，通常都可以取得杰出的成就，尤其是在科学和技术领域更是如此。理性思维是一项重要的力量之源。在解决问题时，它可以为人类提供井井有条、富有系统性的方法。对于某些任务，譬如操作复杂的仪器设备（包括核电厂），我们希望操作员能够掌握相关理论，对工厂的设施分布能够形成心理模型；我们希望他们在面对故障时，能够分解问题，找出其根源所在；我们希望他们能够收集到客观准确的数据，供他人进行审阅与核查。之所以要将思维过程公开化，是为了让集体达成共识，而且，针对同一问题，我们可以建立多个小组，分别负责不同的部分。必须让各小组都知道，他们的工作最后可以顺畅地结合在一起，这可以有效鼓舞员工士气。

理性思维的局限性

缺乏基本元素

进行分析也就意味着将某一情境或者问题分解为其组成部分。但是，所谓的"原始元素"并不是自然而然存在的。组成成分的界定是较为武断的，取决于个体的目标以及计算的方法。对于消防人员、保险索赔理算员和纵火调查员而言，火灾的基本元素就是截然不同的。

"逻辑原子论"认为，思想和概念可以分解为其自然组成部分，在20世纪20年代到20世纪30年代的哲学家中风靡一时。不过从那以后，哲学界就抛弃了这一概念。在心理学界，"原子图式"通常也被证明是主观臆测、效果不佳的。在心理学领域，一般而言，研究者无法将自然的情境缩减为一套可靠且有效的符号单元系统，亦无法应用逻辑运算。

分解任务方面，并不存在所谓的"恰当"方式。不同的人会形成不同的图式。即使是同一个人，根据自身所追求的目标不同，所采取的图式也会发生改变。如果我们冀求于事先界定出基本元素，那么我们或者要选择一个人工的或者范围较狭窄的任务，或者为了符合所谓的基本元素概念，甘于承担扭曲情境的风险。又或者，执行任务时，我们或许应该接受"经验"在分解任务的过程中所占据的重要地位。绝大多数情况下，人类都会将分析式和经验式力量之源结合在一起，完成任务。很少有人会陷入超理性的陷阱之中。

模糊的规则

规则与步骤一般以"如果……然后"的形式呈现。听起来似乎十分简单，但是困难的部分在于如何判断前提条件——也就是规则中的"如果"那一部分——是否得到满足。正因如此，研究者在探讨理性推论时，更喜欢采用不受背景影响的人工问题，不留下任何容许模糊性存在的空间。在实验室之外，我们发现很难排除情境的影响，让人们一致认为前提条件已经得到满足，进而可以执行该规则。在示例三十六"戈本号的逃脱"中，邱吉尔所下达的命令就是一条规则：如果面对超级大国的军事力量，则不要与之进行对抗。我们是否可以断言海军少将厄恩斯特·特拉普里奇违背了规则呢？当时的情境背景，当时的那种模糊状况，使得人们很难判断相对于特拉普里奇的十二艘舰船而言，戈本号是否构成了超级大国的军事力量。

绝大多数人都能够敏锐地感知到，为了执行某一规则或者命令，需要作出多少判断和解释。人类很少能够面面俱到，针对全部可能的情况事先做好准备。相反，在理解规则或者命令背后的意图时，我们会尽量降低其困难程度。

进行计算的困难程度

即使我们知道需要应用哪些规则、执行哪些规则，我们仍然无法运行运算等式或者提出论据。通常情况下，为了实施计算性的方法而作出的估测都比较困难。如果说计算方法要求我们去估计概率或者应用性，估测它们的数值或者作出其他非自然的判断，我们将束手无策。为了开展分析而进行估测的过程中，经验式的力量之源并不能发挥多么突出的作用。

相互组合引起的"爆炸"

理性分析中的"形式方法"（formal methods），在考虑大量的因素（此种情况多出现于自然情境之下），并且探究元素间的不同排列形式所蕴藏的含义时，通常效果不佳。随着知识的增加，需要进行搜索的"关系"数目也呈指数级增长。施安克与欧文斯指出："'推论'所存在的突出问题就在于其数量过多。譬如，如果我们根据某一事实可以作出五个推论，在每一个推论的基础上又可作出另外五个推论，以此类推，可见，即使只有少数几个步骤，但如果各个推论结合起来，其复杂程度绝对是令人难以承受的。无论是机器还是人类，对复杂事物的处理能力并非无穷无尽的。"

在人类的日常生活中，我们面临关系数量"爆炸"的情况并不多见，因为我们很少依赖于计算性的方法去解决问题。我们会运用经验式的力量之源分析情境，并且设定出可以掌控的心理表征。之后，只有在必要情况下，我们才会使用分析式方法来提升解决方法的精确度。

没有经验式力量之源的协助，分析式方法将遭遇到种种限制。真正的问题，并不是"理性"，而是"超理性"。

不一致性是解决问题的关键

笔者一向是"一致性"的忠实信徒。我的乐趣之一就是探查其他人的行动及思想中所存在的不一致之处。我总是津津乐道于妻子的不一致之处，妻子对此已经学会了容忍。她总对我反复说一句话："愚蠢不堪的一致性，恰似小小思想中的妖怪。"之后，她就去做更重要的事情了。

我们都知道，一致性是特别重要的，因为"不一致"会导致诸多错误。举个例子，你的朋友需要借用你的汽车，因此，你把车开到朋友那里，两个人交换座位，开到你的家里，然后你下车，你挥手道别，走进家门，这才意识到，房间钥匙和汽车启动钥匙放在一起了。大脑中的某一部分告诉你，为了进家门，必须拿回那串钥匙。大脑的另一部分，或许仅仅相隔几个神经元，则让你知道，你必须把钥匙留在朋友那里。不知为什么，这两种思想竟然从来都没有相互产生连接。如果我们能够侦测到不一致性并且将其消除，那么我们就同样能够消除其所引发的错误。

理性分析之所以富有吸引力，恰恰在于它是一种能够削减并且消除不一致性的策略。我们能够将复杂的任务、计划或者信念分解成较小的组成部分，然后分析出其中的不一致之处。令人心痛的是，近来有若干哲学家质疑地指出，人类无法可靠地侦测到不一致之处。谢尼亚克指出，我们无法仅仅通过使用"真理表格法"，就确保所有的信念保持一致，"试想，在真理表格中，每一条线上的各种组合，都可以在光射线穿过质子直径长度的时间内完成核查，这是一个比较合理的'超级循环'周期。我们再试想，有一天，计算机可以持续运转两百亿年，也就是从宇宙诞生的'大爆炸'至今的大致时间。即便如此，如果某一信念体系中仅仅包含138个在逻辑上互相独立的主题，将其核查完所需的时间和资源，即已超过了上述超级计算机的能力范围。"

按照这种观点，我们预期，任何人都无法维持完全一致的信念体系。事后回溯错误并且找出不一致之处固然容易，但那是因为事后之故。我们无法事先就彻底铲除不一致性。

哈曼检验了另外一种不一致性，那就是我们固执地秉持某一信念，即使我们已经不再接受其基础证据的情况下仍然如此。为了认识这种不一致性的类型，我们必须进行甄别、编码，并且在记忆中存储所有与该信念相关的证据。

谢尼亚克提出了另外一种类型的不一致性，他称其为"记忆分区"。换言之，个体大脑中储存着很多不一致的信念，但是这些信念由于存储在不同的背景之下，所以互相之间并未产生联系。谢尼亚克举出了两个例子。第一个是"在弗莱明发现盘尼西林之前至少十年，一大批微生物学家都已经知道，霉菌可以在细菌群中产生干净的斑点，他们也知道，这些露出的斑点意味着该处并无细菌生长。但是，他们并没有考虑到霉菌可以释放出杀菌物质的这种可能性"。另外一个例子是"史密斯相信，明火会引燃汽油……同时，史密斯相信他手中的火柴可以产生明火……，此外，史密斯并不想自杀。但是，为了判断某一桶油罐是否是空的，史密斯决定探头进去看看，同时，他手中居然拿着火柴，用于照明"。

　　弗莱明的故事看似与不一致性无关，但是史密斯的故事则息息相关。尽管如此，两个故事都体现出了相同的模式：所秉承的信念以及所采取的行动之间的不一致性。一旦我们发现了错误或者错失的机遇，我们就可以按图索骥，找出那些并不相互联系的信念。如果寄望于所有储存在记忆中的信息都要不停地相互对比，以便寻找到结合点之所在，并且探讨其内在含义，那无异于是一种苛求。若想寻找出有趣的联系，就必须开展穷尽式的记忆搜索。如果真的搜索成功，那么我们应该感到自豪。但是，如果信息隶属于不同的记忆分区，那么搜索成功的概率就会大幅度下降。

　　上述事例表明，人类无法完全摒弃不一致性、信念的固着以及记忆分区现象。事实上，通过某种方法的确可以保证人们能够找出不一致性，并且发现不同信念之间的联系。这种方法就是：将信念的数量保持在较低的程度。如果我们仅凭少数几条信念，或许少于十条，即可度过生活的苦海，那么我们的确有机会去"清洗"所有的不一致性。

　　还有更加糟糕的消息。一致性或许并不如我们想象得那样有用。强纳森·格鲁丁曾经指出，建议电脑交互界面设计师"将所有的不一致性去除"的做法，并不合理。他怀疑这种建议究竟是否足够明智。在他的家中，他不会将所有的刀都放在同一个位置。用来进食的刀具放在一个抽屉里；用于自己商店的氧化锡刀具放在一间单独的房屋内；一套大型雕刻刀放在厨房橱柜的一只木柜中；瑞士军刀则与其他野营装备放在一起。如果将所有刀具放在一起，那么找到刀具非常容易，不过大多数刀具也就此都被放在了一个不方便的位置上。格鲁丁将使用功能的一致性作为自己的指导性原则。这要比特征一致性花费更多的精力、判断以及领悟。仅仅认定某一个物件属于刀的范畴还远远不够，你还必须理解其使用方式。如果仅仅满足于特征的一致性，并且期待这种策略让所有事项都井井有条，那么你必然失望而归。

　　同样的问题也会出现在电脑屏幕上。设计师是否应该采纳程序一致性呢？请试想下述规则，你从菜单中选择某一操作，电脑就会一直维持这种模式。"上次选择之操作"策略对于某些功能来说是比较合理的，譬如，对于字体的选择。一旦我选择了某一字体，系统就会一直使用该字体，直到我做出更改为止。"上次选择之操作"规则同样适用于搜索文件。一旦我在搜索框中输入了一个姓名，并且指示电脑搜索该信息，我很有可能还要继续搜索剩余的文档，寻找该姓名在其他哪些地方还出现过。搜索功能会保持该姓名，直到我做出更改为止。"上次选择之操作"规则并不适用于剪切和粘贴操作。当我剪切了某一文件，接下来我最可能进行的操作就是将其粘贴到其他位置。我的电脑会预测到这一点，并且自动转换模式，降低操作难度。设计师已然意识到，用户不会一个接一个地剪切句子或者段落。

倘若设计师们坚持一致性原则，即只要用户进行了某项操作，就将其作为默认状态，那么用户体验一定会受到不利影响。他们必须理解用户使用电脑的方式，根据用户需求开展设计。总之，他们必须保持功能的一致性，而非特征的一致性。

因此，我们应该提高警惕，避免仅仅关注于特征层面上的一致性，而忽略了我们孜孜以求的功能层面上的一致性。"严谨"无法担当"想象"的替代品。"一致性"也并非"顿悟"的替换物。绝大多数情况下，我们都会选择一致性，从而避免不一致性所带来的问题。这是一个值得追求的目标，但是，奢求不切实际的一致性程度，则迈入了超理性的误区。人类的经验能够帮助我们预期到不一致性的冲击力，并且设定出减少不一致性的努力程度。

逻辑与真理是形同陌路的。逻辑的目标就是找出不一致的信念，并且提出与固有设定相一致的新信念。逻辑并不会考虑人类的信念是否正确。一个讲求逻辑的人，虽然信念具有一致性，但其所思所想可能全部都是错误的。

尽管人类总是无法精确地计算不一致性，但我们可以对它们提高警惕。为了探查到异常现象，我们总是去尽力地感知不一致性；异常现象会促使我们去"诊断"眼前情境，开始进行问题解决。人类会努力去探查不一致性。以下示例就说明了如何通过寻找不一致性来解决问题。

丢失的隐形眼镜

星期六的早晨，我躺在沙发上，读着西默农撰写的悬疑小说，小说的主角是梅格雷探长。梅格雷徜徉在巴黎的大街上，寻找着下一名罪犯。与此同时，我的妻子发现了一个令人不快的事实：她的一只隐形眼镜不见了。在我趴在地板上寻找眼镜之前，我们两人一起回顾了一下事件经过。

前一天晚上，我们邀请客人来共进晚餐。客人走后，她摘下了隐形眼镜。她当时坐在餐桌旁，小心翼翼地摘掉眼镜，下面就是桌布，这样一来，即使眼镜掉出来，她也能够接住。她觉得当时可能有什么事令她分心了。她将每只眼镜放在单独的小盒子里，盖上盖子，又将眼镜盒带到了浴室中。今天早上，她拿起隐形眼镜盒，打开第一个小盒，却发现它空空如也。

她觉得，很有可能自己在把隐形眼镜放到盒子里时，眼镜卡在了她的手指上。这种情况之前从来没有发生过，这次却引起了她的忧虑。

我们推断，丢失的眼镜应该就在两个地点：第一种情况，妻子摘眼镜时操作不当，眼镜掉在了桌布上或者饭厅的地板上；第二种情况，眼镜今天早上掉了出来，在浴室的某处。还有第三种可能，那就是眼镜掉在了饭厅的地板上，结果被人踩碎了或者踢到了非常隐秘的地点。我们两个人都竭力去压制这三种假设的想法。

接下来的三十分钟，我仔仔细细地搜查了饭厅，结果一无所获。我确信，眼镜不可能在那两个地点，第三种假设一定是正确的：眼镜掉在了饭厅的地板上，又被人踢到了一个永久"休眠"的位置。我已经竭尽全力了，所以重新坐下来开始读书。

我的妻子则十分迫切地想要找到隐形眼镜，她继续自己一个人去寻找。一个小时之后，她再次请求我的帮助。但是我们完全没有什么新的线索。尽管如此，我手中所读的小说情节，渐渐在我的头脑中弥漫开来。我马上回顾了一下事件经过，然后，斜靠在沙发上，想象着自己也在抽着梅格雷探长最喜欢的香烟。之后，我用带着法国口音的声音告诉妻子："去浴室，到衣物篮那里，拿出折叠好的桌布，小心翼翼地打开，平摊在地板上，你就会发现自己丢掉的隐形眼镜了。"

我再次回到了小说的世界中。听到妻子胜利的欢呼声之后，我的嘴角露出了一丝淡淡的、得意的笑容。

这是笔者最成功的一次案例（事实上，这也是我唯一一次成功的案例，有机会让它出现在纸上，我非常兴奋）。事情的真相是，前一天晚上，我的妻子卸下隐形眼镜时，的确有一只眼镜滑了出来，落在了桌布上。把眼镜盒拿到浴室之后，我的妻子开始为第二天做准备，和往常一样，她把桌布折叠起来，包住所有的食物残渣和碎屑，以免弄脏地板。之后，她把桌布放在衣物篮中，等到下个洗衣日时再加以抖动和整理。这是她的一贯做法。再之后，我们就寝休息。星期六的早晨，她拿出一张干净的桌布，做了几件琐事，然后准备戴上隐形眼镜。

我们的信念当中之所以存在不一致性，正是由于记忆分区的现象。我的妻子和我都知道，星期五的桌布放在了衣物篮内。我们都知道隐形眼镜是在周五晚上摘下的。可两个人却一直在星期六才换上的干净桌布上寻找失物。两块桌布的颜色甚至都是完全不同的：黄色（星期五）和蓝色（星期六）。但是，两个人都没有意识到这种不连贯性，直到最后一刻，才通过心理模拟区分出两张桌布。我坚信，功劳应该给麦格利特探长。只有和他一样的人，才能可靠地捕捉到不一致性的存在。

● 理性分析是一种既有优点又包含不足的力量之源。

● 超理性是一种在不恰当的情况下，试图针对情境应用演绎性和数据性推理及分析的情况。

● 超理性之所以并不合理，主要有以下几个原因：

　○ 不包含任何基本要素。

　○ 规则较为模糊不清。

　○ 计算的建立需要主观臆断。

　○ 形式分析将会退化成组合性的"爆炸"。

　○ 强行开展形式分析，会干扰到非理性的思维模式。

● 一致性在自然情境下极少出现。

SOURCES
OF
POWER

Why Good People Make
Poor Decisions

第十六章

为什么"好"人
会作出"坏"决策

"坏"结果并不等同于"坏"决策。在已有知识的基础上所作出的最佳决策，仍然可能并不令人满意。笔者所感兴趣的案例是那些个体因为"决策方式"而后悔的情况，而不是因为"结果"而后悔的情况。我将坏决策以及我们后悔自己所作所为的情况按照下述方式进行定义：在同样的情况下，以现有知识为基础，如果存在更优的决策方式，则个体即会认为先前的决策质量欠佳。仅仅知道"结果并不令人满意"，没什么意义；知道"自己在哪些方面欠考虑"，才有意义。

支持分析式决策方法的人认为，决策欠佳的原因在于人类的思维方式存在"偏差"或者说"谬误"。自然主义决策的研究者对此并不认同。我们拒绝承认"错误推理"这一理念，并且认为决策之所以欠佳，是因为受到诸多因素的影响，包括缺乏经验等。"决策谬误"的解释方法更为人所知，因此我们首先对其进行探讨。

不合理决策的根源是谬误的观念吗

卡尼曼、斯洛维克以及特沃斯基开展了一系列研究，证明决策者十分乐于使用多种多样的"启发法"——也就是一些简单的推理步骤，通常情况下皆可解决问题，但并不保证完全正确。这些研究显示，在决策过程中，人类更加依赖于那些可获得性较高、对于情境更具代表性的信息。我们经常会基于已知的事实，加以相应的调整，来对事物进行分析。

卡尼曼、斯洛维克以及特沃斯基精心设计了他们的研究，以确保作为研究对象的启发法将产生欠佳的结果。其实验原理为：正是因为启发法如此重要，所以即使它们会导致错误，人们仍然会采用它们。这些研究所使用的任务都可以事先计算好相应的概率，据此，研究者即可以设定出客观的评价标准。研究的策略并非一味揭露人类的决策能力之差，而是通过这些结果去发掘概率判断背后的认知过程。

由于这种策略的采用，很多专业人士认为，上述研究并不只是探讨了启发法而已，主要是解释了人类认知过程中所存在的谬误。研究策略亦逐渐被称作"启发法与谬误"范式。迄今为止，研究者已经发现了大概二十多种决策谬误。大多数研究者在解读上述成果时都认为，它们揭示出人类的谬误是与生俱来的，而且人们会经常误读证据。有鉴于此，决策错误的罪魁祸首一定就在于这些决策谬误。杰·鲁索与保罗·舒梅克所合著的《决策陷阱》(Decision Trap)一书中的内容，都致力于消除决策谬误所带来的影响。"启发法与谬误"学派表现活跃，影响深远，尤其在美国和英国更为如此。但是，当前它也遭受到了一些攻击。

罗拉·洛佩斯指出，从普遍的视角来看，上述研究并没有揭示出所谓的谬误。举例说明，卡尼曼和特沃斯基曾经使用过如下的实验材料："请思考字母R。R在单词首字母位置上出现的次数多，还是在第三个字母的位置上出现的次数多？"这一示例本来是为了证明人类的可获取性启发法。由于人类回忆起R在一个单词首字母位置上出现的难度，要低于回忆起R在第三个字母的位置上出现的情况。因此，绝大多数人认为，R会更多地出现在单词的首字母位置。这个答案并不正确。它显示出，在决策过程中，我们会依赖于可获取性的相关信息。

洛佩斯认为，类似字母R这样的实验材料是经过精挑细选的。在全部的二十个辅音当中，有十二个更多地出现在单词的首字母位置。卡尼曼和特沃斯基却选择了那八个最常出现在单词第三个字母位置上的作为材料。他们所选择的问题，全都是可获取性启发法会导致错误答案的情形。若干研究已经发现，如果加入情景因素，那么决策谬误的概率将大幅缩减；而且，在自然情境下，经验丰富的决策者也很少使用启发法并出现谬误。

这是一种极具讽刺性的局面。在所谓的"谬误"当中，比较重要的一个是"验证性谬误"——也就是说，个体倾向于搜寻那些验证自身假设的信息——如果搜索反驳自身假设的证据能够获得更多信息的话。验证性谬误在很大一批实验室研究中都有所体现（但是在自然情境下所开展的研究中则没有发现）。有意思的是，科学研究中最常使用的一种策略就是通过某一理论作出预期，并且验证该预期是否准确，如果准确，则可借此提升该理论的声誉。科学家每时每刻都在寻求验证，虽然若干科学哲学家——如卡尔·波普尔——曾经规劝科学家应该转而去尽力反驳自己所钟情的理论。使用启发法与谬误范式的研究者一方面批评实验参与者的思维存在偏差，另一方面却在积极地开展研究去验证自己的理论。

自然决策情境下，为何会出现错误

自然主义决策的研究者越来越怀疑错误是否可以被清晰地界定出来，又是否能够将其归结于"存在谬误的推理"。吉姆·瑞森，现供职于曼彻斯特大学，他发现，系统操作员之所以会出现错误，往往在于他成了一系列"由于错误的设计与实践而产生的问题"的受害者。瑞森提出了"潜在病原体"这一术语，来指代所有因为拙劣的设计、拙劣的培训以及拙劣的工作步骤而产生的问题。问题根源或许一直不为人知，直到有人因此犯错，才最终被发现。戴维德·伍兹及其就职于俄亥俄州立大学的同事认为，所谓的决策错误根本就不存在。如果我们尽力去理解个体可以获得的信息、个体努力追求的目标、个体经验的水准，我们就不会再因为决策错误而去指责哪一个人。当然，这并不代表我们不应该认真审视欠佳的决策结果。相反，我们必须对其予以高度重视。发现错误是进行调查的开始，而不是结束。真正需要我们完成的工作是找出导致欠佳决策结果的一系列因素。

为了更明确地找出导致欠佳决策的原因，我审阅了同事与我在不同领域所搜集到的数据，一共涵盖了超过六百个决策点。我找出了结果欠佳的决策点，即决策者希望自己当时的行动更加明智的情况。判断的标准主要依赖于决策者自身的评价，只选取那些他们承认自己当时做错了的案例。笔者将其中二十五个决策归类为"错误"。由于样本量较少，因此研究结论具有一定的猜测性。

笔者将这些错误分为三类。在全部二十五个决策中，有十六个决策的原因是缺乏经验。譬如，由于火势看起来不够迅猛，因此消防指挥官没能及时拨打电话，调配增援人员。指挥官没有意识到，起火建筑属于"气球结构"，如果支撑框架被毁，则整体都将变得十分脆弱。后来，指挥官了解到了这一点，他认为自己应该不会重蹈覆辙。

决策欠佳的第二种原因是缺乏信息。举例说明，一名机组成员在起飞之前没有搜集到完整的天气预报信息，因此无法选择备降的地点。控制演练的人员设定的情境为模拟飞行的飞机出现了故障。结果，直到这时候演练人员才发现，天气预报的信息不足，无法用其选择备降地点。第三种欠佳决策的原因在于心理模拟，最小解释法谬误。决策者虽然注意到了问题的迹象，但将其敷衍搪塞过去了。他们给自己找了一个理由，刻意去忽略那些提示异常现象出现的信息。正因如此，他们才没能及时侦测到异常现象，自然就无法阻止问题的发生。

示例五十二

失之交臂的诊断

在新生儿急救护理中心，某名护士被安排去照顾本不属于她自身职责范围内的一个婴儿。她注意到，婴儿出现了胃胀现象，粪便中带有血迹，同时还包括三立方厘米的抽出物。所有这些都是坏死性小肠结肠炎的症状，说明新生儿的肠道受到了严重的感染。护士并没有采取任何行动，结果，第二天，婴儿的疾病就达到了极其严重的程度。

护士之所以没有及时对婴儿加以救治，是因为她将上述所有的症状都搪塞过去了。胃部的肿胀，让护士想起了新生儿急救护理中心先前对该婴儿姐姐的处理方法。婴儿姐姐的胃部同样也肿胀得极其不正常，因此护士认为这是该家族的一个遗传特征。粪便中的血迹剂量不大，或许与婴儿所插的鼻胃管有关系。最后，那三立方厘米的抽出物实在太少，不足为虑，就其本身而言，也不应该认定为异常现象。

整件事情反映出的问题在于决策者很容易就会忽视与己见不相符合的证据，并且将早期的警示信号搪塞过去。这些问题使得决策者无法侦测到问题的早期警示信号，因为他们无法识别出异常现象，亦无法感知到问题的紧急程度。这些问题还可能导致决策者误读当前的情境，搪塞掉某些关键的信息，无法考虑到其他的解释及诊断方法，或者让决策者面对复杂情况而感到迷惑。最后，这种经验上的欠缺还可导致决策者无法意识到自身行动方案中的弱点所在。

压力对决策的影响

我们通常会将欠佳的决策归因于压力作祟。这是一种过于简单的想法。支持"压力可以导致决策失误"的证据，实际上并不具有说服力。请读者试想我们曾经观察过的人员，消防指挥官、护士、飞行员等，他们全都在时间极其有限、风险极其巨大、情况极其模糊等自然条件之下，作出了优秀的决策。请回忆本书第十章所介绍的研究，其结果表明，国际象棋大师即便在时间极其有限的情况下，仍然能够妙招迭出，平均每走一步棋只需六秒钟的时间。我们无法承认"压力会导致决策失误"这一前提假设。

笔者并不是说压力源全无效应。我的观点是压力的确会影响我们处理信息的方式，不过它无法导致我们根据既有信息作出错误的决策。它无法占据我们的头脑，逼迫我们作出欠妥的选择。时间、噪声和模糊性等在内的压力源将产生如下效果：

- 压力源无法赋予人类搜集充裕信息的机会。
- 压力源会损伤人类运用工作记忆筛选出有价值事物的能力。
- 压力源会分散人类用于手头任务的注意力。

在时间压力之下，显然我们无法搜集到全面的线索。因此，如果决策效果不佳，那并不是由于压力状态占据了我们的大脑，而是由于我们没有机会去搜集全部的事实信息。附带一提，数据表明，经验丰富的决策者为了适应时间压力，会将注意力集中到关系最为紧密的线索上，同时忽略其他的线索。

压力源还会干扰人类利用工作记忆在头脑中复述事物的过程。这一因素对于那些需要进行心理模拟的任务而言，更具破坏性。原因在于，建构心理模拟、思考如何执行计划，这是一种专注程度较高的心理活动，有些时候还需要使用内部言语。尽管如此，笔者尚未查找到任何能够证明"噪声及其他干扰因素会影响心理模拟"的相关研究。

压力源产生的第三个效应就是捕捉我们的注意。如果我们要适应噪声、疼痛和恐惧等诸如此类的干扰源，就必须监控自身。我们必须能够掌控自身对于压力源的应对方式（如超理性）。现在，我们需要同时做两件事情：作出决策，同时应对压力源。通常，我们所需要处理的任务数越多，表现也就越不理想。

当人们运用理性分析等策略进行决策时，压力源的影响程度最大。设若我们认定人类通常会构思出多个选项方案，再对其加以对比，那么就必然得出结论：压力会导致决策效果退化。与之相比，如果人类使用识别启动决策策略，那么压力源的干扰效果则几乎可以忽略不计，尤其是在决策者的经验较为丰富时这种情况更加明显。

如何应对不确定性

关于"不确定性"，一种定义为（引用李普施兹与肖尔的原文）："威胁到行动开展的疑虑。"倘若关键的信息不全面、不可靠、模糊不清、前后不一或者过于复杂而无法解释，决策者就会感到束手无策；在大多数情况下，行动就会被阻碍或者忽略；同时机遇的窗口也将紧闭。鉴于达到百分之百的确定性并不可能，决策者必须在对事件无法形成充分理解的情况下，果断采取行动。某些决策者糊涂鲁莽，被流言蜚语所迷惑。还有一些决策者则总是要搜集到尽可能丰富的信息，结果反而导致迟迟无法着手解决问题。

"不确定性"是"快速估测情境之能力"的相反面。为了了解疑虑将如何阻碍行动的开展，请参见图十九"不确定性如何导致疑虑"。但凡是"经验"可以促进"识别出熟悉性"的地方，"不确定性"都会导致"迷惑不解"和"缺乏理解"。但凡是"经验"可以令决策者"快速决断"之处，"不确定性"都会导致"踟蹰不前"。

在探讨不确定性的时候，人们有时候会将很多东西混杂在一起。研究文献显示，在对不确定性进行讨论时，会涉及到风险、概率、信心、模糊性、不一致性、不稳定性、混乱性以及复杂性等方面。它们涵盖了对于"未来状态"、"情境本质"、"行动结果"以及"偏好"的不确定性。由于如此多的概念全都塞进了"不确定性"这一个词语里，研究者必须对其内涵进行澄清，方可探讨人类如何才能应对不确定性。

施密特和克莱因提出了不确定性的四个来源：

一、信息缺失。无法获取信息。信息尚未被接受到，或者即使被接收，但是在需要时无法定位。

二、信息不可靠。信息来源的可靠性较低，或者即使信息本身高度精确，但其来源被知觉为并不可靠。

三、信息模糊或者相互矛盾。解释信息的合理方式不止一种。

四、信息繁复。难以将不同层面的数据加以整合。

我们还可以分析出不确定性的几个存在差异的层级：一是数据层级；二是知识层级，该层级上，个体主要通过数据进行推断；三是理解层级，该层级上，各种推断得到整合，成为对未来的规划，亦成为对事件的诊断及解释方式。

不确定性是不可避免的吗？很显然，未来的技术进步，将使得人类可以获取的信息量大增，但是我们也不能过于乐观，认为信息的增多必然可

不确定的数据（丢失、不可靠、模糊、复杂）

不确定如何获取更多的数据

是

识别可以产生四种附加效果
- 无法设定线索的优先级：超载
- 不确定应该采取哪些行动：需要等候更长的时间
- 无法形成预期：持续感到吃惊
- 缺乏眼界

对于任务的改变感到不适

是否有效？

表示怀疑

感到你走进了一个陷阱当中

无法想象情境的起因，无法判断典型性

发现异常现象时

为时已晚

（一）整合版识别启动决策模型

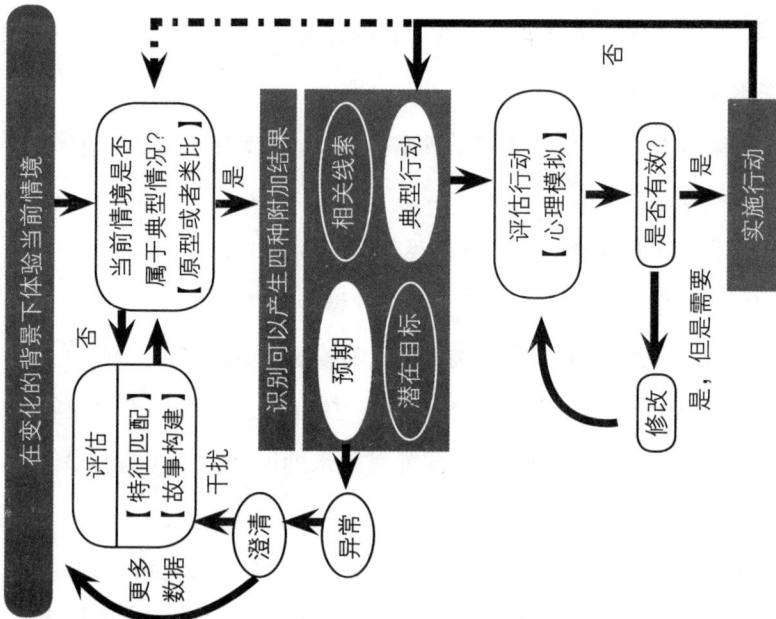

在变化的背景下体验当前情境

当前情境是否属于典型或者类比？【原型或者类比】

否

是

评估【特征匹配】【故事构建】

干扰

更多数据

澄清

异常

识别可以产生四种附加结果
- 相关线索
- 典型行动
- 预期
- 潜在目标

评估行动【心理模拟】

是否有效？

否

修改

是，但是需要

是

实施行动

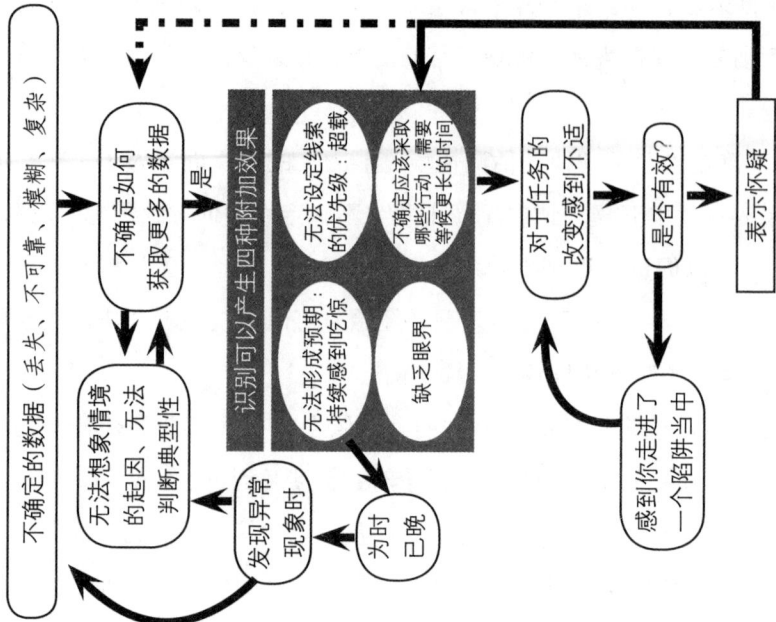

图十九　不确定性如何导致疑惑

以减少不确定性的程度。更有可能发生的一种情况是，在信息时代，不确定性所带来的挑战将会发生变化。一方面，决策者仍然要受到信息缺失的困扰。过去，信息之所以缺失，是因为无人收集；未来，信息之所以缺失，是因为无人能够成功找到相关信息。另外，信息搜集技术的提升，可能转化为更加迅速的决策循环周期。可以借助以下示例进行类比，商业海运领域之所以引入雷达技术，就是为了提升安全性，避免船只在视线模糊的情况下相互碰撞。可惜，雷达技术所产生的实际效果，则是船舶行驶速度提升，事故率仍然与之前没有差异。在决策领域，我们预期将出现同样的情况。谋划循环将大幅加快，因此计划制订过程中的不确定性程度将与过往别无二致。此外，沟通技术的进步意味着客户期待更加迅速的决策——由此导致人类不再像过去那样，拥有充足的时间进行反思。

某些论者倾向于认为，可以借助信息技术的手段除掉某些类型的不确定性。譬如，智能电脑系统可以搜索所有的信息内容，寻找不一致之处，并将其予以删除。这是一种不切实际的梦想。下一代计算机仍然无法完全消除由不一致性所引发的不确定性。

伟大的指挥官可以克服不确定性所带来的问题。对于历史事件的分析表明，优秀的军事领袖，如格兰特和隆美尔，都会接受不确定性不可避免这一事实。他们不会被束缚住手脚，也不会因为疑虑而踯躅不前，相反，他们能够积极塑造战场态势，既决断又谨慎地开展指挥工作。他们能够向防守一方施加强力，将不确定性的负担转移到对手身上。他们即使没有事先就谋定好所有的意外情况（这样做一定会被战争所淘汰），也能够灵活处置战事。在战场上，既定的计划极易受到不计其数的问题的干扰。假设某一计划包括六个步骤，每个步骤的成功概率是百分之九十，那么绝大多数决策者对该计划都会感到信心十足。实际上，由于概率需要相乘，因此成功概率仅仅略超过百分之五十而已。百战百胜的指挥官会欣然接受概率的"诡异表现"，不会将时间浪费在无关紧要的细节之上。我们的推测是，即使不确定性将长期存在而且不可避免，人类仍有可能作出明智的决策。

鉴于不确定性不可避免，因此决策永远都不可能臻于完美。一般情况下，我们认为只要搜集更多的信息就可以提升决策质量，可惜，在搜集的过程中，我们难免会错失一些机遇。优秀的决策者知道何时应该果断行动，何时应该稍安勿躁。最重要的是，即使面对不确定性，他们仍然会勇往直前。

"专业知识"对决"迷信"

笔者一向认为，除了理性分析之外，专业知识也属于一种重要的力量之源。经验丰富的人们会以不同的眼光看待世界。在他们的大脑"储存库"中，有更多的工作方法可以加以运用。他们会更加迅速地意识到问题所在。他们的心理模拟更加丰富，可以用于问题的诊断和行动方案的评估。他们在大脑当中还存储有更充裕的类比对象记忆。

专业知识有时也会让人类陷入麻烦当中。它会让我们用刻板的方式去看待问题。典型性的感觉如果过于强烈，我们就有可能忽略问题中的微妙信号。又或者，因为我们知道得太多，所以会将这些信号搪塞过去，如同示例五十二中"失之交臂的诊断"一样。总体而言，这些缺点的代价并不惨重。但是，在恰当的时候，我们更应该运用新鲜的眼光去看待面临的问题。

更令笔者感到困惑的是想要从经验中有所收获是何等之难！通常情况下，人类无法挖掘出明确的因果联系。因为干扰的因素不可胜数，而时间间隔也增加了问题的复杂程度。经理们在发现自己成功——按时完成了工作项目且未超出预算——之后，不禁会问，这成功的原因是什么，自身的素质，下属的能力，昙花一现的好运气，上级行政人员的出手干预，上述因素的共同作用，还是由其他原因所共同导致的呢？没有人能够给出明确的答案。我们可能从经验当中得到错误的教训。每当我们将过往经验汇编成故事时，都将冒着理解错误和策略选择错误的风险。

这种情况类似于历史学家针对史上大事件（如"大萧条"）所开展的争论。富兰克林·德拉尼·罗斯福于1932年被选为美国总统，为了让国家东山再起，他采取了诸多有力措施。某些历史学家和经济学家认为这些举措十分有效，其他人则认为罗斯福新政让国家雪上加霜。大萧条在美国历史上的地位极其重要，每一个具体细节都饱经研究，可惜我们仍然无法确定罗斯福的政策是否恢复了经济的繁荣。

鉴于解释因果关系如此之难，立法者永远都无法累积起高等级的经验水平。当然，他们完全有能力成为一名优秀的政治家，譬如，他们可以跻身于最具影响力的委员会之中，与游说议员者建立起紧密联系，为有需要的民众提供帮助等。尽管如此，他们却无法理清一纸法令与社会改变之间的因果动态关系。他们的心理模型既不灵活，也不丰富。政治家在寻求连任时，经常拿自身经验作为诉求点，实际上，他们所诉求的仅仅是自己开展工作的高效，并非他们在判断法律条文质量方面愈加深邃的智慧。

这就引出了"迷信"这一问题。绝大多数人都认为，迷信仅存在于原始文化当中，原因在于未开化的人类无法解释因果关系。我们知道，在某些文化中，人们从来都没有认识到受孕与九个月之后的产子存在关系。我们也听过许多"魔幻性思维"的相关故事，譬如，为了保佑谷物生长繁茂举行宗教仪式等。生活在理性社会中的公民，应该不会受到此种迷信的侵扰。

虽说如此，我们却也一直在遵从着形形色色的仪式，虽然没有任何证据表明这些仪式有效。我们会通过形形色色的法案，虽然并无证据表明这些条令能够改变人类的行为。我们鼓励那些因为种种问题而感到压抑的人们去寻求心理咨询的帮助，虽然并无证据表明心理咨询对那些问题存在缓解作用。企业会狂热地鼓舞士气、增强员工的工作热情，虽然并无确凿证据表明这些措施有效；他们为了提升工作效率，会进行改组，虽然并无确凿证据表明新的组织架构更加合理。我们会阅读到最新出炉的、令人恐慌的报告，将某些食物与癌症的发作联系起来，据此极力奉劝我们调整饮食，虽然对于绝大多数报告来说，并无证据表明其对人类的寿命存在实质性的影响。

简而言之，跟未开化的族群一样，我们的生活同样受到迷信的掌控，只是迷信的内容发生了改变，但是它们掌控人类的程度并无变化。原因在于，日常生活中绝大部分重要的问题，都无法明确分析出因果关系。人类不得不依据"信念"、"谣言"和"先例"行事。

在某些领域，如灭火、照顾重症婴儿或者驾驶飞机，专业知识可以累积起来。在其他领域，如选择股票、制定政策或者养育孩子，原因与结果之间的间隔时间过长，而且反馈也模糊不清。吉姆·杉图曾指出，在下列前提条件下，人类无法真正地获取专业知识：

- 该领域处于动态变化当中。
- 必须针对人类行为开展预测。
- 缺少获得反馈的机会。
- 任务重复次数不够，无法建立起典型性的知觉。
- 可尝试的机会较为匮乏。

在这些情况下，我们应该小心谨慎，不可误以为"经验一定能够转化为专业知识"。在这种类型的领域，经验会让我们在处理事务时更加得心应手，显示出我们在该领域已经摸爬滚打多年。但是，除了这些自然而然处理的日常事务外，我们的专业知识或许也就乏善可陈了，真正积累起可靠专业知识的机会，可能并不存在。

利亚·迪·柏罗曾经探讨过"组织内的成员学习不同种类复杂技能的方式"这一问题。她发现，掌握了例行公事的员工与真正的专家之间还是存在着一定的区别。如果她分配违背常规的任务，专家能够迅速注意到异常之处，并且寻找出解决方法。为了达成理想目标，他们可以随机应变。

对于专业知识的积累，我们究竟该持何观点呢？艾里克森和查内斯所开展的一项研究结果表明，只要进行足够的练习，任何人皆可成为任何领域内的专家。鲁索和舒梅克的研究表明，人类的思维先天就存有谬误。杉图则提出了一种折中观点，他认为，某些领域内的专业知识更加容易获得。简而言之，并不存在明确的答案。但是，针对专业知识累积的方式，我们则可以针对若干基本的原则，提出更加鞭辟入里的问题。

提升决策表现的一种方法就是在思考其他针对情境的解释和诊断时，须更加小心谨慎。进行心理模拟的过程中，很可能出现"最小解释法"谬误，导致个体无法意识到问题的早期警示信号。为克服此问题，可以采用本书第五章曾经介绍过的"水晶球"方法。该方法的要义在于，在看待眼前情境的过程中，试想有一个水晶球可以预知未来，它会告诉你，现有的解释方法出现了错误，因此你要尽力构思出新的想法。每当你初步构思出一种新的解释方法时，都要考虑到更加全面的各个因素以及更加细微的差别之处。这将帮助个体不再仅仅执着于单一的解释方法。水晶球方法并不适用于时间压力较大的任务。但是，如果时间充裕，我们可以借助于该方法的练习，去体会"执着于某一假设之上"的感觉。这种判断力将有助于我们在时间紧迫的情况下作出优质决策。

第二项应用就是要接受"所有的错误都是不可避免的"。在复杂的情境中，无论付出多么艰辛的努力，仍然无法完全避免错误的出现。简思·拉斯姆森在开展核电厂相关的研究中得出了这一结论。核电厂本身就是最为关注安全问题的一个领域。简思指出，典型的处理问题的方法不过是制定防控措施，减少问题的出现概率，譬如：增加警示数量、保安数量、自动关闭机制以及其他的防控措施。这些工作的确可以减少失误数量，但是也要付出相应的代价，错误仍旧会出现，事故也持续会发生。在一个大型防卫系统之中，如果事故能够"穿透"所有的防卫机制，那么操作员如果想要将其探测出来并且进行纠正，则难上加难。请读者回想示例四十二"飞行管理混乱系统"。本来为了减少错误的电脑模块，反而制造了一个更加棘手的麻烦。

鉴于深度的防卫措施也无济于事，拉斯姆森提出了另外一种应对措施：无须建立防卫机制，要接受故障和错误的出现，但是要让它们的存在更加明显可见。我们可以尽力设计出更加合理的人机交互界面，协助操作员迅速意识到错误的出现，然后进行诊断及应对。我们不能完全依赖机器（扩展来说，也包括设计师的智慧），而应该信任操作人员的能力，确保他们可以借助相关工具，在整个事件发展过程中都维持合理的情境知觉。

关键要点

- 决策谬误无法解释欠佳的决策。

- 压力不会导致错误的决策策略，但会限制我们在进行决策过程中所考虑的信息。

- 绝大多数欠佳的决策或许皆为知识及专业知识不足的结果。

- 如果某一领域处于动态变化之中，反馈匮乏，而且经验的数量及变异性都较为欠缺，那么相关经验很难直接转化为专业知识。

SOURCES
OF
POWER

Conclusions

___

第十七章

总　结

本书旨在探索人类在决策方面所具备的长处和能力。虽然经验千奇百怪，但即便如此，我们仍可透彻地理解周遭的世界。即使无法达到高等级的专业知识水平，即使面对着不确定性和重重压力，一般情况下，人类都能够找到有效的方法，实现目标、改善目标。

笔者将关注点放在了"长处"之上，"力量之源"之上，它们非常难于研究和理解。这些能力反复出现在自然主义决策的相关文献中。如我们所知，它们很难检验，但研究者不可因此而刻意将其忽略。

本书所探讨的力量之源，一般用于人类弃用演绎式推理或者概率理论的情况之下。过去十到十五年间的自然主义决策研究，孜孜以求地给这些力量之源正名。我们着力去理解人类真正所使用的决策策略包括哪些以及为什么这些策略存在合理之处，我们并不会将"理性的缺乏"看作"智能的失效"。

由于研究对象都是十分优秀的决策者，这让我们的工作如虎添翼。我们会尊敬他们、钦佩他们。这种钦佩或许会扰乱我们的研究结果，但也可能起到锦上添花的作用。其他很多研究多采用毫无经验的决策者，执行毫不熟悉的任务，只有研究人员知道正确答案是什么，如此一来，被研究者所能做出的最佳表现，也不过是"不犯错"而已。研究者可以利用被研究者来探讨自己的理论，但是无法从被研究者身上收获什么领悟。研究者与被研究者的关系是一方无所不晓，另一方懵然不知。

在我们的研究中，这种关系颠倒过来。我们所研究的决策者无所不晓，我们则懵然不知，力图去寻找答案。同事和我不会将参与研究的决策者称为"研究对象"。相反，我们更加乐于使用"参与者"或者"专家"这些称谓语。我们的目的并不在于"验证假设"，而是"追随求知欲的引领，一窥专家所用策略的真相"。

日常生活中，我们如何决策

请读者不要被本书中所提及的这些专家类型误导，包括消防人员、飞机驾驶员、护士及其他人员。其实，每一个人在不同的情境下，作出决策时，都会调用相关经验。去商场买东西的时候，我们如何确定哪条结账队伍最快？穿越路口的时候，应该追随哪辆车？这些都是日常生活中的琐事。在工作、家庭、学校当中，类似的例子不胜枚举。

之前各章所探讨的力量之源，与起源于认知心理学的主流研究针锋相对。只要学界还认为"理性与分析过程是理想的推理方式"，那么研究者就会前赴后继地去解决"信息是如何被接收并且加工，然后得以存储和提取"这一难题。电脑既已被用作人类大脑的比喻物，因此，人工智能的真正挑战就在于如何寻找到正确的程序或者正确的架构，将决策看成"判断可能性与实用性"的过程。研究人员的工作就是要理解"人类为什么会输出一些错误或不一致的值"。不论是人工智能，抑或理性选择策略，研究思路都已明确界定。

与之相比，本书所探讨的思维过程既不符合人工智能的框架，也无法纳入理性选择策略的框架之内。笔者在本书中所探讨的力量之源，不仅无法剔除零碎散乱的资料，反而会增加它们的数量。我们发现，现在就想确定"人类在自然情境下究竟使用何种决策策略"，还为时过早。研究者着力于针对相关现象建构模型，但实际上对这些现象本身还知之甚少。我们需要将更多的精力用于鉴别人类评判情境、作出决策以及解决问题的策略之上。

经验不容忽视

经验不容忽视，这一点人尽皆知，似乎无须我们浪费过多口舌。但是，绝大多数决策领域的研究，所招募的决策者都非常欠缺经验，而针对决策所给出的建议，也大多数是针对经验欠缺的个体所作出的。本书中所介绍的力量之源与过往不同，它们全部依赖于经验。

专业知识依赖于知觉技巧。单纯通过事实与规则的教授，很难使个体的能力水准获得大幅提升。或许，在类似于"数学"等领域，教师可以通过概念的讲授帮助学生迅速提升考试成绩。但是，在自然的情境下，知觉学习需要经过大量的案例研讨方可得到发展。因此，我们不可奢求借助于神奇的培训方法，就一蹴而就成为专家。我们可以令培训效率提升，但永远无法令其取代经验累积的地位。

以电脑比喻思维的做法并不全面。针对问题解决和决策的机械式描述，侧重于数据元素的储存、提取和操纵。这是专业知识的一个方面，也的确与许多任务存在关系。但是，还有其他更加重要的方面存在。

优秀的问题解决者和决策者本身就是科学家和实验者。为了了解生活中重要的因果关系，他们会积极主动地搜索并且使用"故事"与"类比"——不论是自己的，还是借鉴他人的。

优秀的问题解决者和决策者是善于变通的人。他们能够在头脑中模拟所有类型的事件和过程。他们会模拟与自己所接触的人的思维方式。

本书所描述的力量之源，其运作方式并非分析性质的。

● 它们生生不息，可以将决策从一个机遇引导至下一个机遇，但不会浪费精力在所有的排列组合之中进行筛查。

● 它们使得决策者可以重新定义目标，同时搜索实现现有目标的方法。

● 它们为了速度，将牺牲精确度，也因此可以容纳错误的存在。

● 它们是构建个体经验根基的方法。经验可以被编纂为"故事"和"类比"。

● 它们可以与存在交互作用的原因相互结合，应用于特定背景之下。

本书所描述的力量之源，既有优点，也有不足。另有其他一些力量之源，譬如"分析"和"计算"，可将任务分解为抽象的元素，并且针对这些元素加以运算。在多数困难的任务中，我们会将不同的力量之源结合起来，根据情境需求将其加以整合。笔者希望，我们不应再对"分析式"与"非分析式"策略加以生硬的区分，反而应在不同的力量之源间进行更加有趣的对比、寻找更加有趣的联系。

让思维看得见

在本书前面各章中，我们已经详细介绍了若干不同的力量之源，本书还提及了一系列其他判断技巧与能力，它们本身皆可扩展为一章的内容，包括：

- 判断情境的典型性；
- 判断典型目标；
- 识别出典型的行动方案；
- 判断问题的可解决性；
- 探测异常情况；
- 判断问题的紧急程度；
- 探测机遇所在；
- 进行精细地区辨；
- 探测行动计划之中的疏漏之处；
- 探测导致行动计划出现疏漏的障碍所在。

将力量之源联系起来的方式很多。图二十展示出了其中一种方法。在该框架中，两大核心力量之源分别是"模式识别"（直觉的力量）以及"心理模拟"。因此，它们的位置十分显要。"故事讲授"的内在过程与心理模拟类似，因此两者位置相近。"比喻和类比之运用"的内在过程似与模式识别相近，所不同之处就是模式识别中特定的比喻和类比必须要融合在一起，因此这两者要放在一起。这四种力量之源涉及的是内在过程，即思维的方式。

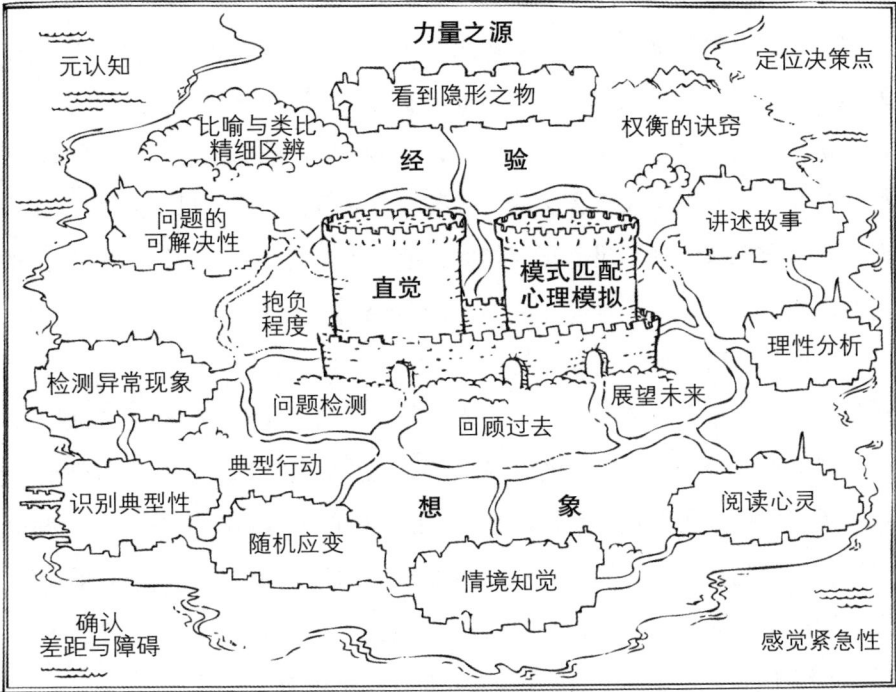

图二十　力量之源

　　另外三个力量之源的基础是上述四个力量之源，因此它们被安排在周边的位置。这三种力量之源涉及的是"活动"——使用基本的四种过程的方式。"专业知识"的来源，既包括模式识别，也含有心理模拟。提升"随机应变解决问题"能力的途径，同样既包括模式识别，也包括心理模拟。而人类"阅读他人心灵"的能力，则取决于我们针对他人思维进行心理模拟的程度。额外的力量之源，则根据族属相似性进行安排。图二十展示了笔者看待各种心理过程方式的概念图。

这是科学吗

　　本书所关注的一个基本问题就是人类如何在自然的情境下作出决策并且解决问题。本书介绍了若干研究及研究者所付出的努力，以回答这个问题。

我们可以将探究方法划分为若干类型。哲学的探究方法注重运用逻辑规则来得出结论。科学的探究方法则注重使用加以严格控制和可以重复的研究方法。伪科学的探究方法，虽然貌似也开展了严谨的研究，却徒具其表，其所得到的研究结果并不可靠。那么，本书所使用的探究方法属于哪种类型呢？显然，它并不属于哲学的。某些程度来看，它属于科学方法，但是研究之中存在着各种不足。正因如此，笔者才花费了大量的笔墨来描述研究方法，以便读者自行判断这些结果是否可靠。

开展科学研究的标准究竟是什么呢？简单地说，那就是其他人必须能够重复研究者所采取的数据采集方式，以确保论点提出的基础是"证据"，而非"争吵"。对于本书所介绍的研究而言，这就意味着其他研究者必须能够按照我们的方式去收集数据，并且按照我们的方法对结果进行分析和编码。其他研究者使用我们的方法开展访谈并不容易，不过，我们先前所发表的文章曾详细介绍了访谈方法，以便其他人加以重复。近年来，有诸多研究已经重复了我们的研究结果，尤其是在识别启动决策模型领域。

我们的研究数据存在一个问题，那就是绝大多数研究都使用了访谈法，没有进行正规的实验——每次改变一个变量，观察其效果。不过，某些科学学科同样不会执着于"操纵变量"，譬如地质学、天文学以及人类学。自然主义决策研究相对心理学而言，或许更加接近于人类学。某些情况下，我们会观察决策者的实际行为，但是几乎在所有的研究中，我们也都会分析决策者的内省过程。我们会请决策者描述他们的想法，并分析他们的回答。当然，我们无从判断他们所说的内容是否真实，也不知道其中是否有些内容属于胡编乱造。为了判断研究结果是否可靠，我们需要重复这些研究，当然，更好的一种情况是，其他学者能够重复我们的研究。尽管如此，没有任何人能够确切地分辨决策者所说的话是否真实可信。

由于内省法的使用，难免会有人质疑我们的研究是否可信。尽管如此，其他的科学研究方法同样存在其特有的问题和局限性。自然主义决策的相关研究会搜集并且报告数据，它们足以作为新颖的思想和假设的来源。有声思维研究方法获得的数据较为"温和"，模糊不清，难以解释。尽管如此，观察并且询问人类如何在自然的情境下执行现实性较高的任务，仍然对科研领域大有裨益。

实验室研究的严谨本质令研究者对于结果的可重复性信心倍增，但是，"严谨"并不意味着我们必然能够将结果推而广之。奥洛萨努与康诺利曾经提出质疑，认为实验室情境下所获得的研究结果或许不可以完全应用到实验室之外。他们介绍了有关"鸣禽行为"的一个研究。现在已知，整个繁殖周期中，鸣禽在求偶、筑巢、交配和照顾幼子的不同阶段，鸣叫方式都各有不同。先前的研究因为仅仅在实验室中进行，导致其结果非常混乱，难以解释。他们介绍的第二项研究表明，在实际的法庭内和实验室情境中，法官与假释官对于案件的判断并不相同。

无论是实验室研究，还是实地研究，都需要应对研究项目本身所存在的缺点与不足。探讨自然主义决策的学者，必然对自己无法控制研究中的若干混淆因素感到忧虑。采用严谨控制的实验室范式的学者，则难免对他们所取得的成果无法推广到实验室情境之外感到忧虑。

最后的思考与最后的知觉

读者是否注意到，当你用一下午的时间，徜徉于博物馆，认真地观看各种绘画和雕塑后，走出馆门的那一刻，整个世界都感觉不再一样了？缤纷的色彩更加明艳，而不同形状之间的对比也更加令人震撼了。我们去博物馆是为了观看"物体"，但是观看的"过程"本身也受到了影响，那是我们在走出博物馆的一刹那，随身所携带出馆的一种东西。

笔者写作本书的一个目的，就是希望改变读者看待周遭事件的方式，哪怕仅仅是很短的一段时间。本书提出了很多论点，不过，"论点"可以被反驳掉，但我真正想影响的是读者的"知觉"。

当你与其他人在一起，倾听他们的"故事"，并且将自己的"故事"讲给他人听时，你或许会发现，自己聆听他人以及发表观点的方式已经发生改变。

当你就某一任务为他人提出指导，或者受到他人的指导时，你或许首先会判断沟通过程中是否有重要的意图被疏漏，又或者你会叹服于某些"意图沟通"的方式居然如此卓越。

当你想象某事的发生方式，或者想象如何令某事发生时，你或许会更加小心翼翼地构建并且体会自己的"心理模拟"。

当某人在争论或者解决问题的过程中提出示例时，你或许会将其看作一种非正式的实验，一种"类比"，一种经验的载体。

当你有机会跟"专家"共事时，你可以更近距离地进行观察，找出他所发现但被你所忽略的事物包括哪些。

当你成为"团队"的一员时，你会注意到丰富多彩的经验如何被表达出来并且相互融合。你会发现自己专注于思想创造和结合的方式，欣喜于自身竟然有机会仔细考虑内心的所思所想以及如此轻松透彻地掌握了各种"力量之源"。